至旭川
至旭川
交番
611
道の駅
「道草館」
至旭川
空港
グリーン
ヴィレッジ
1160
大雪遊水公園
忠別発電所
至美瑛
1116
忠別川
旭岳
トンネル
忠別ダム
忠別湖
213

東川町市街図

611
東川小学校
幼児センター
文化ギャラリー
東川高校
東川中学校
郷土館
羽衣公園
東川町役場
開拓百年
記念公園
道の駅
「道草館」
卍
1160
GS
交番
GS
石蔵のバス停
GS
東川神社
JA東川
ホクレン
ショップ

大雪山

神々の遊ぶ庭《カムイミンタラ》を読む

写真文化首都「写真の町」東川町 編

執筆 清水敏一・西原義弘

新評論

ピウケの滝

忠別川へ注ぎ込むピウケナイ川の上流にあるこの滝は、地図の改定の際にどういうわけか滝の記号が消え、幻とされ、2008年4月にNHKの取材班と存在を確かめに勇駒別（旭岳温泉）からスノーシューで3時間ほど歩いて見に行った。高さ30mほどであったが、このさらに上流には50mもの滝がもう一つ存在していて驚いた。

ギンザンマシコ

春の大雪山のハイマツ帯で、繁殖期を迎えたギンザンマシコが活発に動いていた。周りにはまだ多くの残雪。夏には通れないような奥のハイマツ帯を残雪を踏みしめて回り込みながらゆっくりと歩いていると、赤いオスと黄緑色のメスがつがいで時々枝先に止まったりしている。春の暖かい日差しと小高い鳴き声が、長き冬の終わりと短き夏の到来を告げていた。

ニペソツ

200万年前からの度重なる噴火により形作られた台地状の大雪山にあって、珍しく急峻な山容でこの孤高な山を厳冬期の晴れた日に見られたらさぞ美しいだろうと憧れ、幌加温泉から地図を頼りにスキーで登り、2日かかってようやく見ることができた。しかも風もあまり吹いていなかったようで前日までの雪が美しい樹氷を作り出し、山頂から幾重にも広がる稜線と雪のグラデーションにしばし見とれていた。下山のスキーと温泉もまた格別であった。

朝焼けの大雪山（右）

夜明け前にテントから出てヘッドライトを点けながら登り始め、白雲岳頂上で旭岳や熊ケ岳の方を見ながら撮影した一枚。この時期の残雪のゼブラ模様はこの地域特有の強風により凹みに大量の雪が吹き溜まっているのを物語っていて、穏やかな朝を迎えながらも、荒々しい形相の山容に畏敬の念を抱かざるを得なかった。

梅《ばい》花《か》藻《も》

大人になっても持っていたい自分だけの秘密基地と呼べるような場所に、毎夏群落で清流の小川に咲いている。年によって密度は違うし、一瞬で散ってしまうので今年はいつ頃が見頃だろうとそこへ行くのが楽しみである。と同時に、屈強なヤブ蚊との戦いは避けられないので蒸し暑さを我慢して防虫ネットなどで完全防備での冒険となる。

サンピラー（右）

大雪山旭岳ロープウェイに乗り、スキーを楽しんでいると厳冬期の夕方などによく見かける光の柱。高台から見える樹林帯と雲間から差し込む光になぜか悠久の時の流れを感じてしまうのは僕だけだろうか。

新緑の岳樺《だけかんば》

夕方、勇駒別（旭岳温泉）から車で下っていると、靄《もや》が道路に這うように立ち込めていた。この年４月の大量の降雪により、若葉芽吹く新緑の６月になっても雪が残っていたおかげで、見られた幻想的な風景に思わず息を呑んだ。

エゾモモンガ（右）

気温は氷点下 20度にはなろうかという１月のある日、天人峡の森を夜明け直後から歩いていると偶然斜め後ろ上の方から、ぶわっと滑空し近くの木に飛びついた動物がいた。それが初めての出会い。こんな小さい体をして、極寒の中、樹々の冬芽などを食べながら懸命に生きる姿に心を鷲掴みにされ、虜になった。この出逢いがなかったら写真は撮り続けていなかったと思う。

初冠雪の大雪山と紅葉

北海道一の高峰・旭岳（標高 2,291m）の初冠雪は、毎年日本一の高峰・富士山と競うように９月下旬に訪れる。

鮮やかな紅葉と新鮮な雪化粧のコントラスト。北海道に来て初めての秋を迎え、その景色に出逢い、心震わせ大雪山の虜になった。

以来、毎年のようにこの時季になると今年はいつその日が訪れるのだろうと心がソワソワする。私は、この時は９月に入ってから天気予報と毎日睨めっこをし、前日に旭岳山頂を越えてすぐ近くの裏旭野営指定地という場所でテントを設営。スタート時は雨だったが、翌朝、テントを開けて外を眺めると、辺り一面銀世界。まだ厚い雲に覆われていたが、日差しが垣間見え高鳴る気持ちを抑えながら、旭岳山頂へ。しばらくすると、雲が開け、鮮やかな紅葉が顔を出し、稜線には朝の光に照らされる白く鮮やかな冠雪。その瞬間を捉えようと、テレビ局のヘリも滑空していた。

目まぐるしく様相が移り変わる春から秋という季節に終止符を打ち、長く厳しい冬の訪れを告げる初冠雪。この景色は私にとっては何度見ても飽きることの無い感動の瞬間。

柱状節理の紅葉と忠別川

９月上旬から始まる大雪山系の紅葉前線も、１か月後にはこの天人峡渓谷にもおりてくる。噴火によって作り出された岩体を、忠別川が何万年もかけて削り出し200mもの絶壁・柱状節理を作り出した。1910年代から大雪山系に調査研究で入る度に、ここを通った植物学者の小泉秀雄も「壮観な景色」と絶賛していたのもうなずける。断崖絶壁の広葉樹の黄や赤の紅葉、忠別川の水しぶき。そこに夕刻の斜光が当たると筆舌に尽くしがたい表情を見せてくれる。

ニセイカウシュッペから見る大雪山連峰

普段、西側から見ることが多い自分にとって、北側から見る大雪山は新鮮であった。文人の大町桂月が残した一節「富士山に登って、山岳の高さを語れ。大雪山に登って、山岳の大さを語れ」という言葉がぴったりな山並みで、足が攣《つ》りながらも山スキーで1日かけて登った甲斐があった。麓にはアイヌのソウウンベツ（滝の多い川）にちなんで桂月が名付けた層雲峡がある。

ハゴロモホトトギス

ホトトギスの胸の斑紋のような斑点があるこの花は、登山道脇の湿った所に点在して咲いていた。ユリ科の気品漂う小さき容姿は、登山の歩をしばし休ませる。

（＊口絵のキャプションは撮影者の大塚友記憲による。）

まえがき

北海道の最高峰である旭岳は標高二二九一メートル、東川町のふるさとの山でもある。少し前までは標高が二二九〇メートルであると信じられてきたので、東川っ子は学校で教わったのか、友達同士で伝えたのか、「ニンニク団子」とゴロ合わせで標高を覚えていた。

近年のＧＰＳ観測による標高の見直しで、わずかだが一メートル高くなって、ゴロ合わせも「ニンニク一番」となってしまった。なんだか中華料理店の名前のようだが、旭岳を紹介するときのフレーズとしてはよさそうだ。それはともかく、「旭岳が一番」と、東川町民はその美しい姿を麓から眺めながら、常に誇りに思っていることは力説しておきたい。

大雪山国立公園は、南北六三キロ、東西五九キロという国内最大級の広さを誇り、神奈川県の面積に匹敵するという。『郷土史　ふるさと東川　Ⅳ　資料編』によると、ここにある山々に初めて探検や調査に入ったのは、江戸時代後期に生きた松浦武四郎や松田市太郎らである。安政四（一八五七）年に書かれた記録の一部を引用しておこう。

四月　松田市太郎が上川を探検し、「石狩川水源見分書」に石狩山（現在の旭岳）を記す。
また、キムンクンベツ（東川）を経て、オトコマウチ（志比内付近）に泊る。
五月　松浦武四郎の「石狩日誌」では、石狩岳（旭岳）と記す。また、「丁巳《ていし》東西蝦夷《えぞ》山川地理取調日誌」の「丁巳第六巻再篙《こう》石狩日誌巻の四」五月三十日に、キンクシベツ（東川）を経て、シベナイ（志比内川）に上る。同書の聞取「エオロシ・ノカナン・リコマヘツ（勇駒《ゆこまん》別）・シチュクベツ（天人峡）・ホロソウ（羽衣の滝）」と記す。（前掲書、年表六ページ）

そして、明治のころから多くの人たちが登りはじめ、さまざまな文献書誌を残してきた。まさに歴史、文化の山でもある。調査や研究であったり、登山や冬の縦走であったり、自然の保護活動であったりと、山と人とのかかわりにおいて多様な姿をもった興味深い山ということができる。

ちなみに、「大雪山」という山は存在しない。大雪山国立公園を形成している広大な山並みの総称として「大雪山」がある。このエリアには、冒頭に紹介した旭岳をはじめとして、松田岳（二一三六メートル）、北海岳（二一四九メートル）、白雲岳（二二三〇メートル）、凌雲岳（二一二五メートル）、北鎮岳（二二四四メートル）、赤岳（二〇七八メートル）、少し南に忠別岳（一九六三メートル）、トムラウシ山（二一四一メートル）、さらに連なるようにオプタテシケ山（二〇一三メートル）、十勝岳（二〇七七メートル）などがあり、山頂に立てば、「富士山に登って、山岳の高さを語れ。大雪山に登って、山岳の大さを語れ」と大町桂月（九五ページの**コラム4**参照）に言わしめた壮大な山群が一望できる。

これらの山々の間には五色ヶ原、沼ノ原などの湿地や台地も広がり、ハイマツ帯に囲まれるように池や沼が散りばめられており、その一帯は夏、色とりどりの高山植物のお花畑で埋め尽くされる。そして、山麓は見渡すかぎりの大樹海となっている。アイヌの人たちは大雪山を「カムイミンタラ（神々の遊ぶ庭）」と崇拝の念で見ており、キムンカムイ（山の神）のヒグマや、コタンコロ・カムイのシマフクロウが君臨した野生の別天地でもある。

北海道の屋根と称される大雪山は、国内でもっとも早く初冠雪を観測すること、そして日本一早い紅葉の名所としても知られ、雪と紅葉の取り合わせも珍しくなく、大勢の観光客で賑わい、一一月には早くも降り積もった雪を求めて全国から精鋭が集まるクロスカントリースキーの聖地でもある。

本書の主題である「人とのかかわり」という面から大雪山を眺めると、そこには熱い思い入れや凡人の想像をはるかに超える努力、時には執念が込められており、数々の感動の物語が秘められていることが分かる。人の心を突き動かす魅力ある山、それが大雪山だと言えそうだ。

このような視点から改めて東川町に位置する旭岳を見ていくと、分厚い大事典が完成するほど多くの人がこの山を愛し、多種多様な業績、足跡、作品を残してきたことが分かる。またそれは、過去形で終わっているのではなく、現在も、これから先も永遠に、多くの人たちが旭岳に思いを寄せ、時には汗水を滴らせながら各人の得意分野でさまざまなアプローチを続けていくことであろう。

それほどに人を惹きつけてやまない旭岳の一端を、文献書誌を借りて紹介していこうと思い立ち、さまざまな人の語り口を拝借しながら「大雪山見聞録」というような形で本書を書き進めることにした。とはいえ、ここで紹介できたのはほんのひとつかみでしかない。紙幅の関係もあるが、ごく一部しか紹介できなかったことを申し訳なく思っている。いうなれば、本書は未完であるのかもしれない。東川町において、大雪山見聞録や物語を書こうという機運が引き継がれ、今後さらに、新たな物語が東川町から発信されることを願っている。

東川町民が愛してやまない大雪山旭岳をめぐるエピソードの数々、登山をするかのごとく読み進めていただきたい。きっと、スポーツ感覚だけでなく、自然、歴史、文化といった側面を味わうことになるであろう。もし、まだ訪れたことのない読者がいたなら、是非「カムイミンタラ（神々の遊ぶ庭）」に来られることをおすすめしたい。

もくじ

裾合平のチングルマ群落（撮影：大塚友記憲）

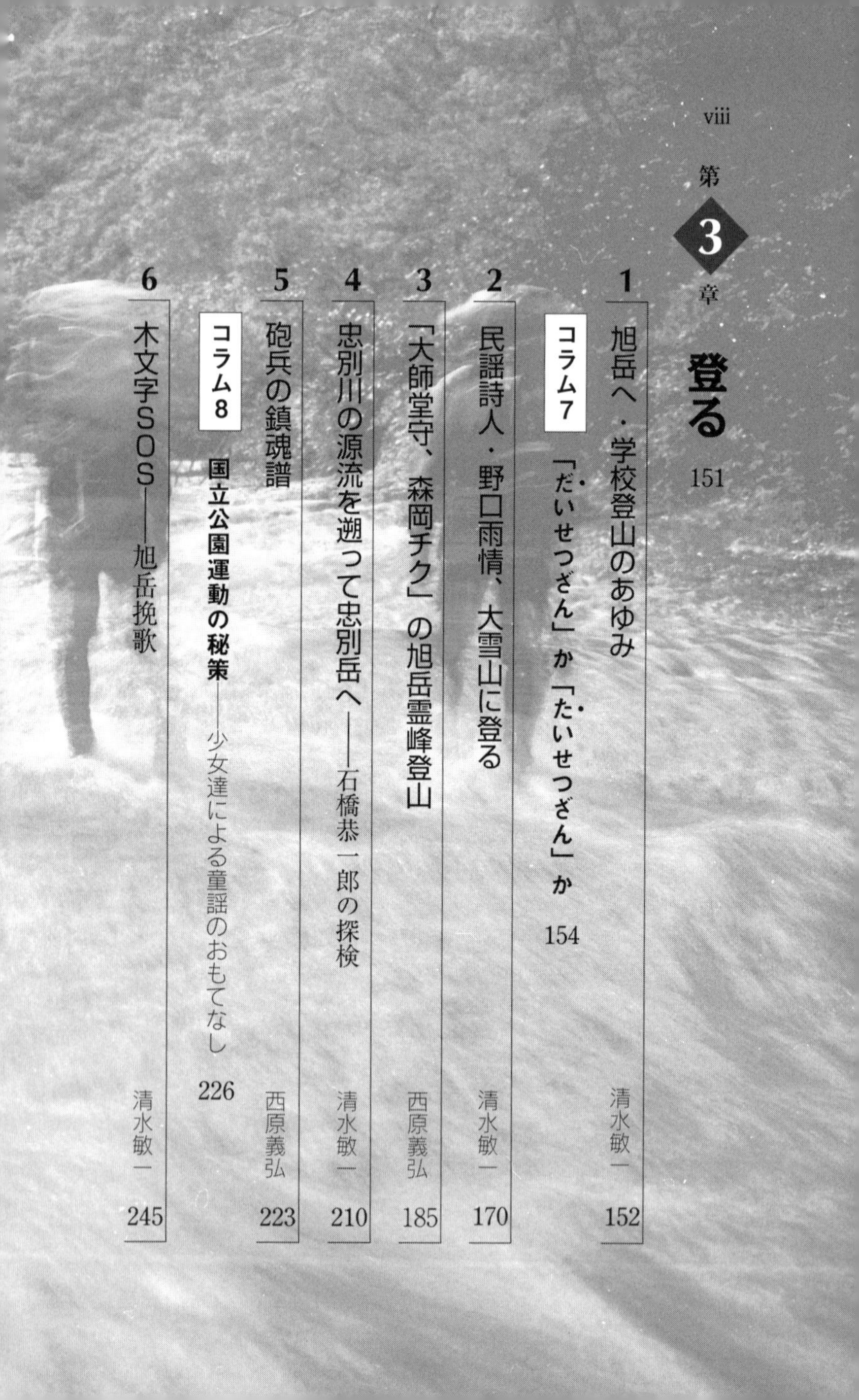

第3章 登る 151

クワウンナイ・滝の瀬十三丁（撮影：大塚友記憲）

凡例

・本・映画・歌のタイトルは『 』で記した。なお、著作集などに所蔵されている作品や冊子のたぐいは「 」とした。
・雑誌・新聞は〈 〉で記した。
・組織・団体名などの固有名詞は「 」で記した。
・引用した文献においては、一部、筆者のほうで現代語表記に変えている。
・登場人物の敬称は略させていただいた。

大雪山——神々の遊ぶ庭《カムイミンタラ》を読む

第1章

雪

雪（撮影：大塚友記憲）

1　旭岳に降る雪の結晶は美しい——吉田六郎

大雪山に降る雪は美しい。「中谷宇吉郎 雪の科学館」(1)が発行した『天から送られた手紙［写真集 雪の結晶］』には、「美しい雪の結晶が降る北海道・大雪山のふもと」と書かれてある。「雪」という一文字が降るのではなく、「美しい雪の結晶」が降るのである。

この写真集には、吉田六郎が旭岳温泉の雪洞で撮影した三〇枚の雪結晶が収められている。雪をライフワークとして、旭岳山麓に通いつめた吉田の歩みを振り返り、彼の残した業績を紹介していきたい。吉田は七一歳を迎えたときに、「吉田六郎（記録映画監督・撮影）受賞と略歴と自己総括」をB5版九枚にまとめている。ここでは、この資料を参考にして記述を進めることにする。なお、写真と映画の撮影歴や受賞歴は、章末に掲載したので参照いただきたい。

吉田は、一九一九（大正八）年三月、秋田県平鹿郡十文字町仁井田屋敷西六五で、半農半商の父元治、母キノの七人兄弟の六番目として生まれた。一六歳で重病を患って医師も危ぶむ命であったが、奇跡的に一命をとり止め、その後は付録の人生と達観し、独自の人生を歩んだ。

二一歳のときに「国際写真サロン入選」（全日本写真連盟・朝日新聞社共催）を、二二歳のときに「全日本写真サロン特選」（同共催）を受賞したことをきっかけに、一九四三年、「日本映画社(2)」に入社した。戦局が厳しくなっていった翌年、北海道大学低温科学研究所に派遣されることになったのだが、これが運命を決めることになった。

この研究所では、主任研究員の中谷宇吉郎をはじめとして多くの科学者が、ニセコアンヌプリ山頂(3)に完成していた着氷観測所に詰めていた。そこには、旧日本海軍の艦上戦闘機「零戦(4)」が運び上げられていた。吉田は戦時研究補助員として、翼やプロペラへの着氷の撮影を担当した。着氷の成長具合を観察するには、実物を見ているよりも微速

(1)　中谷宇吉郎の生家があった片山津の近くに一九九四年一一月開館。建物は雪の結晶の六角形をイメージしている。ダイヤモンドダストや過冷却の実験、氷のペンダント作り体験など楽しく学べる。住所：〒922-0411　石川県加賀市潮津町イ106　TEL：0761-75-3323

(2)　一九三九年、国策で設立された映画製作会社。太平洋戦争中はニュース映画を手がけた。戦後、中谷宇吉郎も科学映画づくりで関与した。

(3)　北海道後志総合振興局かつニセコ積丹小樽海岸国定公園内にある標高一三〇八・二メートルの山。ニセコ連峰の主峰である。

(4)　着氷実験に使われていた機は谷間に投棄されていたが、翼部分が一九九〇年に確認され、二〇〇四年に回収したのちミュージアム「倶知安風土館」に展示している。住所：〒044-0006　北海道虻田郡倶知安町北6条東7丁目3　TEL：0136-22-6631

旭岳と原生林の森（撮影：大塚友記憲）

度撮影した映像を見るほうが、徐々に伸びていく成長メカニズムが分かりやすい。吉田は、映像記録面の研究補助員として長くこの研究を支えていたのであろう。

戦後、北海道大学の内部で中谷は、軍部に協力したとのそしりを受けて不遇の時期があったようだが、飛行機の着氷の研究は戦闘機にかぎったものではなく、北極回りの航路などでも生かされる大事な研究である。終戦によって一旦はＧＨＱ[5]に接収された低温研であったが、中谷が取り戻す折衝にあたって、ＧＨＱ科学担当博士の理解を得て北大に返還されている。このことからも、研究者としての中谷の評価が高かったことが分かる。

不屈の精神で研究を続ける中谷を吉田は師と仰ぎ、科学的な考え方に強く影響を受けていった。そして一九四七年、『霜の花』の映画を撮ることになった。霜について中谷は、随筆「雪を作る話」のなかで興味深いことを書いているので紹介しよう。ただしこの話は、人工雪に成功する一九三六年よりももっと前のものであり、霜の映画を思い立つ一〇年以上も前のエピソードである。

雪の降る日は毎日のように廊下に持ち出した顕微鏡を覗いていたのであるが、いくら北海道でもそう毎日雪が降ってばかりもいない。それで雪の降らぬ時は合の手として、実験室や廊下などの窓に出来ている「霜の花」の写真を撮ることにした。その「霜の花」にも雪の結晶と類似の色々の変った結晶が見られるのでなかなか面白かったのである。そんなことをし

ている中にその年の冬の終り頃になって、もう雪も降らず「霜の花」も余り咲かなくなって来た。その頃になって私は次の問題としてこの「霜の花」を人工で作って見ようという気を起した。それで食塩と雪とで銅の箱を冷やして置いてその面へ水蒸気を送ってやって、「霜の花」を作ることを試みた。それは案外簡単に出来たのである。もっともそれは、悪友の一人に「便所の窓にだって出来るものだから、実験室で出来るのは当たり前じゃないか」といわれて、大笑いになってしまった。（出典：中谷宇吉郎著『雪』所収、「第四　雪を作る話」一二五〜一二六ページ。一部改変）

しかし、笑い話で終わらせないのが物理学者の目であり、直観である。便所の窓に凍りつく霜の結晶の形が異なるのは、ガラス面に付着している有機化合物の薄膜によるものではないかと中谷は気付いた。こうした霜をつくる試みをしているうちに、雪の結晶も人工でつくれるはずだという発想が生まれた。凡人には思いつかない発想である。

さて、科学映画史に名を残す『霜の花』は、吉田が窓ガラスにできる霜の成長を微速度撮影したほか、撮影に吉野馨治、小口禎三の名前がある。また、徳川夢声《とくがわむせい》(6)がナレーションを、伊福部《いふくべ》

（5）　太平洋戦争が終結し、日本で占領政策を実施した連合国軍の最高司令官総司令部のこと。

昭《あきら》が音楽を担当し、一九四八年七月に完成している。伊福部は釧路出身で、北大農学部を卒業したという変わった経歴の作曲家であるが、何よりも『ゴジラ』（本多猪四郎監督・東宝・一九五四年）の映画音楽を作曲したことで知られる日本を代表する音楽家の一人である。

『中谷宇吉郎随筆集』（岩波文庫）の編者である樋口敬二は「解説」で次のように書いている。

昭和二十四年、宇吉郎指導のもとに『霜の花』、『大雪山の雪』、『北方の霧』などの科学映画をつくった日本映画社教育映画部に対して、朝日文化賞が贈られた。同時に受賞したのが、谷崎潤一郎、坂田昌一であることを考え合わせると、この意義の大きさがわかる。（前掲書、三八〇ページ）

中谷は、吉田をはじめとして『霜の花』の製作メンバーらと一九四九年、岩波書店に「中谷研究室プロダクション」を設立したが、翌年の一九五〇年には「岩波映画製作所」へと発展している。その際、吉田も発起人に名を連ねている。吉田は、岩波映画製作所から科学映画『雪の結晶』、学術映画『アイヌの川漁』、教育映画『蚊』、『かえるの発生』といった作品を次々と世に出していった。いずれも傑作で、各賞を総なめにする勢いとなり、日本の科学映画史に燦然と記録されている。

そのなかで、大雪山とゆかりの深い作品が『雪の結晶』である。旧運輸省の三鷹低温実験室で人工雪の成長を微速度撮影した吉田は、さらに旭岳山麓で天然雪の結晶の微速度撮影を担当した。一九五〇年二月初めから月末までのほぼ一か月間、北大物理学の中谷教室の学生・研究生と岩波映画のスタッフが、勇駒別《ゆこまんべつ》（現・旭岳温泉）にあった旭川林務署の道有林監視員詰所「仰岳荘」（現・アートビレッジ「杜季」）(7)に逗留して撮影を続けた。

その後、吉田は撮影拠点を旭川営林局神楽営林署の「白雲荘」(8)（一九一八年民営化）に移した。管理人の工藤虎男は、戦争で手榴弾《しゅりゅうだん》に飛ばされて右腕が不自由だったが、誰の手も借りずに自宅を建てたという技能の持ち主であるだけでなく、山岳救助活動のリーダー的存在であった。工藤にとっては、映画撮影に必要な雪洞づくりは朝飯前だったことであろう。事実、ヒュッテ前の岩場を巧みに取り入れて、頑丈な雪洞を造り上げている。

一九五九年、吉田は四〇歳を機に岩波映画製作所を退社し、東映株式会社と自由契約を結んだ。そして翌年、教育映画『雪・結晶の観察』の企画・監督・撮影を担当した。その撮影のために「一

（6）（一八九四～一九七一）無声映画時代の人気弁士だったが、トーキー出現で劇団を結成。漫談、俳優、作家と幅広く活動。NHKラジオの吉川英治作『宮本武蔵』の朗読では、間の取り方が絶妙で人気を高めた。
（7）住所：〒071-1472　北海道上川郡東川町勇駒別旭岳温泉　TEL：0166-97-2222
（8）住所：〒071-1472　北海道上川郡東川町勇駒別温泉　TEL：0166-97-2131

光源二色照明法」を考案し、手づくりの装置を駆使して撮影に臨んでいる。二二分のカラー映像は、美しく斬新な雪の結晶が注目を集め、東京都映画祭金賞に輝いた。

撮影機材の改良でも、さまざまなアイデアを凝らしている。特筆すべきなのが、新たに考案した「吉田式大型ベローズ・組合せ微動台システム」を専門業者につくらせたことである。この映画用の大型蛇腹接写装置で撮影した『新昆虫記・蜂の生活』（東映、カラー四〇分）は、画期的な撮影技術がたたえられ、文部省特選、文部省芸術選奨、アジア映画祭最高賞、日本映画賞技術賞、同教育文化映画特別賞に輝いている。

一九六二年に独立して「科学映画研究所」を創立、吉田は四三歳になっていた。恩師である中谷は、この年の四月にがんのために六一歳で亡くなっている。恩師を失ったころ、吉田のもとに甥である吉田嗣郎《つぐお》が入門してきた。嗣郎は叔父を「師匠」と慕っていたわけだが、その叔父の偉大さを知ったのは、偶然見た科学映画『霜の花』だった（以下では、名前のみの表記とする）。

吉田六郎が使っていた旭岳温泉の雪洞
（写真提供：吉田和子）

嗣郎は、一九四〇年に横浜市で生まれている。空襲が激しくなってきた四歳のとき、両親の故郷である十文字町（現在の秋田県横手市）に疎開した。戦後になって、小学三年生のとき、美空ひばりが角兵衛獅子の杉作役で出演している『鞍馬天狗　角兵衛獅子』（嵐寛寿郎主演、大曾根辰夫監督、松竹、一九五一年）を先生に引率されて課外授業として観に行った。しかし嗣郎にとっては、『鞍馬天狗』の次に上映された『霜の花』のほうが強烈だった。「霜はこんなにきれいだったのか」と驚き、エンディングロールに「吉田六郎」の名前を発見して二度驚いた。叔父が映画の仕事をしていることは父から聞いていたが、作品を見たのはこのときが初めてで、かっこいいと思うと同時に、大きくなったら叔父さんのようになりたいと真底思ったという。

ちなみに、嗣郎は自ら設立した「ネイチャーシネプロ」の代表として四〇年間にわたって一四〇タイトル余りの生き物や自然関連の映像作品を発表している。それらは科学技術映像賞、動物愛護優秀映画コンクール、教育映画祭などで評価され、多くの作品が文部大臣賞や科学技術庁長官賞などを受賞している。読者のみなさんもよくご存じの、ＮＨＫの人気番組『ダーウィンが来た！』や『動物奇想天外』（ＴＢＳ・二〇〇九年まで）でも企画提案制作をするなど活躍は目覚ましい。そんな嗣郎の回想と寄稿を交えながら、叔父六郎について書き進めていこう。

二人が一緒に活動するようになったのは、一九六一年、六郎が企画・監督・撮影した文化映画『水鳥の生活』（東映）が最初である。嗣郎は、テレビ技術専門学校を卒業後、撮影助手としてこの映画づくりに参加した。ロケ地は、千葉県浦安町から皇室の鴨場がある同新浜にかけての一帯で、現在はその一部が東京ディズニーランドになっている。

当時は、春の大潮になると沖合四キロまで干潟が現れ、何十万羽もの水鳥が飛来する楽園であった。六か月間に及ぶロケのためお金がかからず、給料のほとんどを貯金に回し、撮影終了後、以後の仕事のために普通運転免許を取ったというから、社会人としては幸先の良いスタートをきったといえる。それから約四年間「科学映画研究所」のスタッフとして在籍し、自然映像作家の卵として貴重な一時代を過ごしていった。

六郎は、皇室ゆかりの映画にも監督・撮影の手腕を発揮している。昭和天皇が研究されていた『那須高原の植物』と『海の生物誌』、そして今上天皇が皇太子時代に研究されていた『日本のハゼ』を完成させている。皇室の作品を三本も手がけた稀有《けう》な監督兼カメラマンといえるだろう。もちろん、嗣郎も撮影助手として加わっている。

『海の生物誌』では、昭和天皇が研究されていたサンゴの仲間「ヒドロゾア」の生態を撮影するために嗣郎は潜水士の免許をとり、工作の達人である六郎は、海中撮影用カメラを入れるためのハウジングを自ら設計して鍛冶屋につくらせている。当時は市販品がなかったのだ。防水が一番の問題だったが、生ゴムで蓋を覆い、ゴム紐でぐるぐる巻きにすることで解決している。

フランス製の35ミリカメラ「カメフレックス」をハウジングに入れて撮影をはじめた。撮影は北海道厚岸町の北海道大学臨海実験所(9)や青森県浅虫の東北大学臨海実験所(10)、そして沖縄の石垣島など、日本の東から南までに至り、撮影期間は二年にわたった。

石垣島の海で撮影しているとき、ハウジングの中が鏡のように光っていることに嗣郎が気付いた。カメラの止め台の下に海水が入ったのだ。とっさにジェスチャーで監督に合図を送り、海水がカメラに入らないようにそっと傾けながら浮上し、事なきを得ている。ハウジングの生ゴムの覆いが船べりに当たって、小さな穴が開いたのが原因だった。

嗣郎は、潜水して大観する海の世界によって、自然観や人生観に大きく影響を受けたという。師匠の六郎も、山で雪の結晶を追う一方で海にも潜っていたわけだが、その師匠である中谷も、一九五一年八月一七日、製作に尽力した潜水探測機「くろしお号」(11)に試乗して海に潜っている。海中に漂う無数の懸濁物《けんだくぶつ》がライトに照らされて、まるで海に降る雪のように見えたという。この光景に目を見張った中谷をはじめとして「くろしお号」の研究者によって、世界で初めて「マリンスノー」と名付けられたことは有名なエピソードである。

(9)　一九三一年、主に寒流系生物を研究する目的で釧路市から東へ約五〇キロのアイカップ岬に造られた実験所。
(10)　一九二四年、陸奥湾の豊かな海の生物を研究する目的で創設された東北大学理学部研究科附属の施設。
(11)　呼称は読売新聞社が読者から募集して名付けた。全高三・一メートル、重量四・五トン、潜水深度二〇〇メートル、搭乗人員二～四名。「潜水探測機の会」が北大水産学部に寄付した。

話をマリンスノーから大雪山に降る雪の結晶に戻そう。

一九七四年、六郎は二五年ぶりに旭岳山麓への二度目の入山を果たし、約四〇日間にわたって滞在し、カラー写真「天然雪の結晶」を約一〇〇〇枚にも上る撮影をやり遂げている。そして、一〇年後の一九八四年、科学万博用の七〇ミリ映画『雪の結晶』の撮影を指導するために、旭岳山麓に三度目の入山をした。嗣郎もこの年二月、六郎を旭岳温泉に訪ねてゆき、忘れられない三日間を過ごしている。

当時、羽田から旭川へは東亜国内航空(12)が飛んでいた。一九八四年二月二六日、羽田発九時一〇分の123便で出発し、旭川空港には一〇時五〇分に到着した。旭川駅前に移動し、午後一時ごろのバスに乗って旭岳温泉の白雲荘に着くと、師匠の六郎が出迎えてくれた。白雲荘の前には、管理人の工藤の手によって雪室が完璧に造られていた。

中に案内されると、撮影装置が整然とセットされてあった。雪室の中は常に氷点下で、光軸を一直線に保つために三脚台や

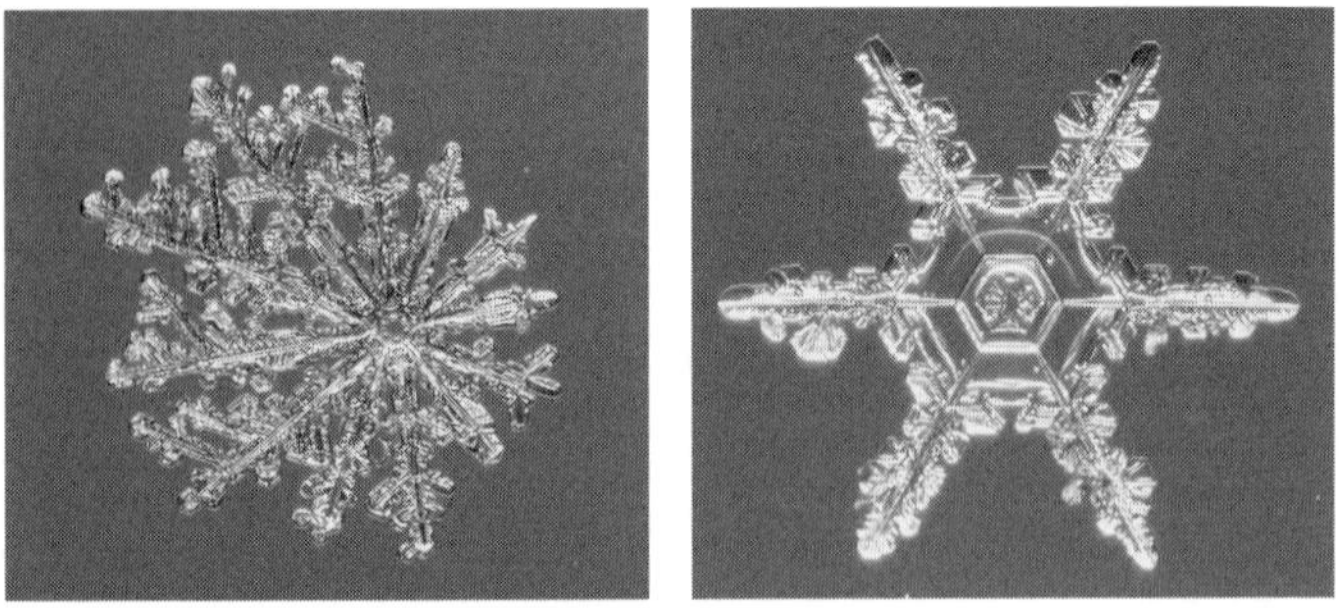

吉田六郎が一光源二色照明法で撮った雪の結晶（写真提供：吉田和子）

アングルの土台部分に水をかけて結氷させ、コンクリートのように固定させるという方法がとられていた。中谷が十勝岳麓にあるヒュッテ白銀荘のベランダでやっていた手法である。随筆「雪の十勝」で、中谷は次のように書いている。

雪のコンクリートという極めて重宝なものがある。木箱の周囲を雪で固めて、ばけつに一杯の水を流しかけると、五分も経《た》たぬ中《うち》にすっかり凍りついてしまって、立派なコンクリートの実験台が出来る。顕微鏡写真装置も同様にしてこの実験台の上にくっつけてしまうのである。（『中谷宇吉郎随筆集』所収、「雪の十勝」一〇ページ）

雪のコンクリートで装置を固めるまでは中谷とまったく同じだったが、六郎の撮影方法と写真のできあがりはまるで違っていた。先にも述べたように、六郎は「一光源二色照明法」を考案し、実用化していた。それによって焦点が結ばれた写真は、快晴の空を思わせるブルーを背景に、雪の結晶が立体的に見える画期的な写真に進化していた。

⑿　一九七一年、日本国内航空と東亜航空が合併して発足し、日本航空（ＪＡＬ）、全日本空輸（ＡＮＡ）とともに日本の三大航空の一社となった。社名を「日本エアシステム」に変更したのち、日本航空に吸収合併された。

嗣郎は到着したその日から、雪洞や白雲荘で「一光源二色照明法」を伝授されていった。どのような照明方法なのかと思って筆者が訊ねると、嗣郎は次のような手紙を送ってくれた。

雪はガラスのようなもの。白から黒の階調で表すのでモノクロームになってしまう。背景をブルーにすることによって目に鮮やか、その美しさを一層引き立てる効果がある。美しい雪の結晶を撮影するための必然のアイデアであり、まさに、必要は発明の母である。

装置はまず、ランプハウスにタングステンランプをセットしてある。ランプは一六ミリ映写機用で、フィラメントが縦に六本ある。次に光を収束するコンデンサーレンズがあり、そして十字微動台、フィルター、顕微鏡装置となる。フィルターには、バックを青地にするためのブルーセルがおよそ半分ほどに張り付けてある。光源、コンデンサーレンズ、フィルター、対物レンズ、接眼レンズまで、光軸が一直線であること。ずれていては良い写真は撮れない。

顕微鏡で雪の結晶の画像を見ながら、微動台でブルーフィルターを動かし、バックはブルーに、被写体はフィルターをかけない光線で照明する。手順を書くとこのようになる。写真館で人物を撮る場合は、背景と人物にそれぞれライトを当てることは簡単だが、顕微鏡では、被写体とレンズの距離が短いこともあって非常に難しい。

それでは、旭岳温泉の雪洞でどのように撮影を行っていたのか。それについても、嗣郎は次のように書き送ってきた。

宿ではアフリカ東部原産のテラピア(13)を養殖していた。夕餉《ゆうげ》にそれが運ばれてきた。窓の外は雪に覆われた原生林が白く浮かんでいる。師匠は窓枠に一五〇Wのアイランプを天空に向けて設置した。これは撮影に適した雪が降ってくると、キラキラ輝いて見えるので、適切な雪の探視のためにこうするのだという。

テラピアは淡泊で旨い魚であった。師匠と酒を酌み交わしながら、窓外にも目をやりながら、来し方を語り、今を語った。そして一光源二色照明法について語りあった。この夜、良い雪は降らなかったが、二度と戻らない至福の時間であった。

滞在二日目。スキーをするために、午前中はケーブルで旭岳に登った。ケーブルから見る眼下の針葉樹と落葉樹の林は雪に姿よい樹形を映していた。ケーブルの終点について見ると、旭岳の噴煙がモクモクと白く立ち上がり、黄色い地肌がところどころむき出しになっていて、

---

(13)　忠別漁業生産組合が「湯の沼」で飼育していた淡水魚。水温二〇度から四〇度を好み、低水温に弱く一四度で衰弱する。ピラニアと紛らわしいことから旭岳の鯛、「旭鯛」と呼んで温泉旅館、ホテルが刺身、照り焼き料理にしていたが、名物に定着するまでにいたらず、養殖もやめた。

まさに活火山の様相をあらわしていた。

　レンタルスキーで数回林間を滑った後、白雲荘に戻った。

　夜、師匠と二人で昨日と同じように一杯やっていると、風のない暗闇の空から、ライトに照らされて、キラキラと光るものが静かに舞いながら落ちてきた。師匠は「つぐおさん、さあ始めよう…」と言って、きびきびと防寒具を付けた。二人は撮影のため宿を出た。気温はマイナス一〇度以下を示して絶好の撮影条件だった。

　師匠はまず、撮影セットに電源を入れ、スタンバイにした。次に一〇センチ四方の最高級のビロード[14]を張った板と、細筆を携えて雪室の外に出た。静かに落ちてくる雪をビロードの板に受ける。ビロードには一ミリから二ミリの雪の結晶がくっきりとまばらに並ぶ。その中から形の良い数個を撰びプレパラートに細筆で乗せる。雪室に入り、顕微鏡のステージにセットする。師匠はファインダーをのぞきながら、一光源二色照明装置の微動台を動かし、最も良い照明バランスを撰んでシャッターを切った。

　この夜、私も装置の操作を体験してコツを掴むようにした。こうして繰り返しシャッターが切られた。

使っていた構成機材はすべて六郎の手づくりで、世界に一つしかない貴重なものである。その機材は嗣郎が継承し、大切に今も使用している。超接写の世界を撮影するためにつくられた大型の蛇腹装置も、雪の結晶の撮影時には組み合わせて使われた。単に大型蛇腹装置とは呼ばず、「六郎式接写装置」と呼称して師匠の業績をたたえ、永く残していきたいと嗣郎は言っている。

六郎は、『雪の結晶』の撮影指導が終わったあとも、引き続き約四〇日間にわたって山籠もりを続けた。いったい、なぜであろうか。どうやら、ライフワークとしてきた雪の結晶の撮影を締めくくろうと思ったようだ。このとき、6×7判で約五〇〇枚も撮影している。さらに三年後の一九八七年、雪の結晶の立体写真を撮るために四度目の入山をし、約五〇日間の長丁場で6×7判のカラー写真約七〇〇枚を撮影している。

雪の結晶の立体構造を明らかにするために、「一光源二色照明法」を「理論的にも実際的にも完成」させたと六郎自身が「受賞と略歴」に付記している。[15]続けて、「来山した北大低温研の小林禎作博士に吉田の照明法の実物を

一光源二色照明装置を操作する吉田六郎（写真提供：吉田嗣郎）

（14）なめらかで、光沢のある織物。ビロードはポルトガル語で、英語はベルベット。

解説する。教授はこれまで数種の文献でそれに触れているが、既製品の改装では得られない機構の完璧さに瞠目」とも書いている。

一九七〇年、小林は北大の〈低温科学〉[16]に「雪の結晶の二色光源による顕微鏡撮影法」を発表した。そのなかで、「雪の結晶の持つ美しさを描こうとするには、ある地色の背景に、白く結晶を浮き上がらせるなど、カラー撮影の技法が有効である。科学映画家の吉田は、雪の結晶のカラー映画をこのような技法で撮影した」と、一光源二色照明法を図解入りで解説している。

六郎のように6×7判の大きいサイズのフィルムを使うのは、顕微鏡などと接するマウントを特注しなければならず、誰にでも撮れるものではない。ブルーを背景にした旭岳に降る雪の結晶写真は、発明と工作の名人だった六郎でなければ撮れなかった特別な写真といえる。六郎は「自己総括」を次の一文で締めくくっている。

「少年の日の病が癒えて後を附録の人生と考えれば大きな附録であったように思える。更に余力で、世界の何人とも当分は不可能な『雪の結晶大判カラー写真』も大量に撮影したが、思い残すことは特製本に印刷して世界的にも末永く残す目処がたたないことである」

この一文は、一九九五年一一月二九日、東京麻布の富士フィルムホールで開催された（社）日本映画テレビ技術協会主催の「科学映画を見る会」において自らの作品『蚊』が上映され、そのときの来場者に配布された資料に書かれていたものである。嗣郎の作品『光とレンズ』も同時に上映され、二人は久々に肩を並べて座り、会話が弾んだという。

その二日後に永久《とわ》の別れが訪れようとは知る由もなかったが、六郎はそれを予感していたかの如く人生の総括を語り、聴衆に伝えたのである。科学映画が叔父と甥を出会わせ、科学映画が最後の別れ際に立ち合わせた。とても偶然とは思えない、何かの導きがあったと嗣郎は信じている。映写室の席に肩を並べて語ったその二日後の一二月一日、六郎は湯治中の伊豆稲取温泉で心臓の病で帰らぬ人となった。旭岳に降る雪の結晶の美しさを特製本によって世界に発信したかったようだが、それは叶わなかった。

しかし、亡くなったのち、六郎の三男・覚が六郎の遺したフィルムを整理し、「中谷宇吉郎 雪の科学館」による写真集『天から送られた手紙』（一九九九年）の出版に協力し、自らもポストカードブック『雪の結晶』（二〇〇一年）を出した。そして、二〇〇八年には、詩人・谷川俊太郎（一九三一～）の詩の入った写真集『きらきら』を出版し、音楽の教師である覚が自ら作曲した曲も含む、雪の音楽CDをセットにした版も出している。

---

(15)　（一九二五～一九八七）北大低温科学研究所の教授。著書に『雪の結晶　自然の芸術をさぐる』などがある。
(16)　北大低温科学研究所が毎年発行している科学雑誌。一般向けにも分かりやすく伝えていこうという趣旨で編集され、掲載記事は自由にダウンロードできる。

谷川の文は「きれいだね　てんからおちてきた　ほしみたい」からはじまり、「きれいだね　きらきらかがやく　かみさまのおくりもの　かなしいな　あっというまに　とけちゃって」まで、子どもに優しく語りかけるように続いていく。その巻末に、覚が次のように書いている。

> 科学映画監督で写真家の吉田六郎は、中谷博士との出会いによって雪の美しさのとりこになり、照明の当て方など、いろいろな工夫をして、生涯をかけて雪の結晶の撮影に取り組みました。ここに紹介した作品はすべて、北海道、大雪山のふもとに降った天然の雪を、ひとひらひとひら受けとめ、凍えるような寒さの中で顕微鏡撮影したものです。
>
> 自然が作った形の美しさ、ふしぎさと、そこから生み出された言葉のきらめきを感じ取っていただければと思います。（前掲書の巻末より）

『きらきら』の表紙

覚は、『きらきら』を出版させて間もなく、二〇〇九年に亡くなっている。

「中谷宇吉郎 雪の科学館」では、中谷と六郎の業績を知ってもらおうと、二人のゆかりの地で美しい結晶を観察するため「子ども雪博士教室」の親子を募集し、二〇〇四年、二〇〇五年、二〇一〇年、旭岳温泉に体験旅行にやって来た。雪洞に入って顕微鏡観察や雪のレプリカをつくり、東川町の親子と交流している。

そして現在も、旭岳には雪の結晶を撮影するために多くの人が訪れている。千葉県の高校教師、小笠原正は二学期が終わると旭岳温泉にやって来て雪洞の中で撮影に取り掛かり、三学期がはじまる前に帰るということを三〇年以上続けており、ここに郷愁すら感じるという。平べったいイメージの雪結晶だが、実は立体的であり、立体視できる3D撮影に挑んでいる。

日本写真家協会会員である片平孝[17]も常連の一人で、著書『雪の手紙』の巻末には撮影するテント小屋が掲載されている。照明に青く浮き出たテントは、深い雪の旭岳温泉「白樺

---

(17)（一九四三〜　）宮城県出身。東京写真大学（現・東京工芸大学）卒業。サハラ砂漠で塩のキャラバンに同行したことから世界の塩を撮り続ける一方、雪の結晶、積雪などを撮り続けている。

子ども雪博士教室での交流（写真提供：山崎敏晴）

荘」[18]前に設営されたものである。「隙間から手を伸ばせば座ったまま雪の結晶を受け止めることができる」と書いている。

デジタルカメラなどによって撮影方法は大きく変わったが、旭岳に降る雪の結晶の美しさは、これからも永遠に変わることはない。

吉田六郎の受賞と略歴（記録映画監督・撮影など）

・写真『その日』国際写真サロン入選（全日本写真連盟・朝日新聞社）一九四〇年（二一歳）
・文化映画『霜の花』（35ミリ、白黒二〇分、日本映画社、企画・中谷宇吉郎［窓霜の成長の微速度撮影を担当］）朝日賞。一九四八年（三〇歳）
・科学映画『雪の結晶』（35ミリ、白黒二〇分、岩波映画製作所）一九五〇年（三一歳）
・教育映画『蚊』（16ミリ、白黒一〇分、岩波映画製作所、監督・撮影担当）文部省特選、教育映画祭最高賞、文部大臣賞。一九五四年（三五歳）
・教育映画『雪・結晶の観察』（16ミリ、カラー二二分、東映、企画・監督・撮影担当）東京映画祭金賞。一九六〇年（四一歳）
・文化映画『新昆虫記・蜂の生活』（35ミリ、カラー四〇分、東映、撮影担当）文部省特選、文部省芸術祭選奨、アジア映画祭最高賞、日本映画賞、同教育文化映画特別賞。一九六〇年（四一歳）
・文化映画『水鳥の生活』（35ミリ、カラー四〇分、東映、企画・監督・撮影担当）文部省特選、文部大臣賞。

一九六一年（四二歳）

・教育映画『ジガバチモドキの観察』（16ミリ、カラー二〇分、科学映画研究所、企画・監督）文部省特選、文部大臣賞、教育映画祭最高賞、科学技術映画賞。一九六三年（四四歳）

・教育映画『かいこ』（16ミリ、カラー二〇分、科学映画研究所、企画・製作・監督担当）科学技術映画賞、日本紹介映画コンクール銀賞。一九六四年（四五歳）

・文化映画『那須高原の植物』（35ミリ、カラー四〇分、生物映画研究所、企画・富士銀行、監督・撮影担当）文部省特選、教育映画祭撮影特別賞。一九六五年（四六歳）

・科学技術映画『土石流』（16ミリ、カラー二〇分、松崎プロダクション、企画・建設省、監督・撮影担当）文部省特選、科学技術映画祭賞。一九七二年（五三歳）

・テレビ映画『長編ドキュメンタリー北の大地』（16ミリ、カラー二時間、日本テレビ放送全国ネット。企画・セイコー、監督・撮影担当）一九八三年（六四歳）

・カラー写真『雪の結晶』（6×7判、約五〇〇枚、自主取材）一九八四年（六五歳）

・カラー写真『立体写真・雪の結晶』（6×7判、約七〇〇枚、自主取材）

・NHK日本水紀行（出演）の取材に応ずるために旭岳に五度目の入山。

・大雪山山麓に六度目の入山、約三五日。一九八九年（七〇歳）

---

(18)　住所：〒071-1472　北海道上川郡東川町勇駒別温泉　TEL：0166-97-2246

2 大雪山に降った雪の目方を測る――中谷宇吉郎

「雪は天から送られた手紙である」

物理学者の中谷宇吉郎（前節参照）が、世界初の人工雪づくりに成功したころに発せられた言葉である。顕微鏡を覗き、小さな結晶を調べている中谷の写真があまりにも有名なので、中谷といえば結晶や人工雪を連想しがちだが、中谷は「日本の資源は水であり、雪である」と唱え、大雪山に降り積もった雪の目方を忠別川水域で測るという、当時においては誰も想像さえしなかった調査に取り組むなど、旭岳の麓に広がる東川町と実に縁の深い学者である。

随筆家でもあった中谷は、「雪の十勝」「大雪山二題（大雪山の雪、大雪山の夜）」「雪は資源である」「大雪山の積雪量調査」などをはじめとして、大雪山にまつわる話をいくつか書いている。それらを大勢の方に読んでほしいと願いつつ、中谷が残した業績や人柄の一端を、随筆をもとに紹介していきたい。

一九〇〇年七月、中谷は石川県江沼郡片山津町（現・加賀市）に生まれている。その地、片山津温泉には、業績をたたえて「中谷宇吉郎 雪の科学館」[19]（前節参照）が造られている。東京帝国大学理学部物理学科に入学し、寺田寅彦の教えを受けた。そのころのことが『寺田寅彦の追想』

に詳しく書かれているので、一編を紹介しておこう。

一九二三（大正一二）年九月一日の関東大震災[20]によって、中谷は風呂敷包み一つで焼け出された。年末となった一二月二四日、物理教室で開かれたニュートン祭で会計を務めた中谷が、翌日、会計簿と残金を持って初めて寺田宅を訪ねた。震災で物心両面に悩む日が続いていたが、そういうときには決まって、寺田の「曙町の応接間」に出掛けている。「夜、中谷君が来る又十二時過ぎまで話してゆく」と言う寺田に、しみじみと申し訳ないことをしたと述懐している。随筆の名手でもあり、難しい物理学を随筆や絵によって一般の人にも分かりやすく伝えた寺田の影響もあってか、中谷も同じく、印象深い随筆や絵

(19)（一八七八〜一九三五）東京帝国大学理科大学（現東大理学部）卒業。物理学者、随筆家、俳人。飛行船爆発の原因を解明した際、寺田の指示で中谷らが電気火花の実験を繰り返し、中谷が随筆「球皮事件」を書いている。

(20)午前一一時五八分、相模湾を震源とするマグニチュード7・9の巨大地震が発生。東京などが壊滅的な被害を受け、死者・行方不明者は一〇万五〇〇〇人を超えた。

雪と氷の研究で世界的なパイオニアとなった中谷宇吉郎
（出典：『北大百年の百人』103ページ）

をたくさん残すことになった。

終戦直後の混乱期、窮乏のために人々が平常心を失っていたころについて、「硝子《ガラス》を破る者」というタイトルで随筆を書いているので、具体的な話をここからはじめよう。

前節でも紹介したとおり、戦時中、中谷らは「零戦」を使って航空機への着氷防止研究をニセコアンヌプリ（五ページの註参照）で行っていた。戦後になって、山頂の観測所は適当に処分するようにと通報を受けたが、過去五年間にわたって築き上げてきたものをそう簡単には解体したくないと思った中谷は、三日がかりで東京に陳情に行っている。

そして十日ばかりかかって、雪中飛行の研究所を農業物理の研究所として更生させるというちょっと聞くと妙な話をとりきめて、安心して帰って来た。雪中飛行と農業物理というと、まるで縁がないようであるが、もともと雪中飛行の研究と言っても、科学的には雪の本質の研究であって、寒地農業の物理的研究に雪の本質の研究が役に立たぬはずはないのである。その点自然を直接対象とする科学の研究はありがたいものである。（『中谷宇吉郎随筆集』所収、「硝子《ガラス》を破る者」一六七ページ）

これによって、のちに大雪山に積もった雪の目方を測ったり、忠別川の洪水被害調査などにも取り組む「財団法人農業物理研究所」の設立につながったわけだが、中谷が上京しての留守中に大変なことが起こっている。随筆はさらに続く。


それは山頂の観測所がすっかり泥棒に荒されてしまったのである。

孤立した山頂の天辺《てっぺん》にある観測所で、人家からは、どの道を採っても二里《り》近くはある。そういう隔絶した地点にある建物のこととて、泥棒にはいる気になれば、極めて容易である。終戦と同時に、入口の戸は五寸釘《ごすんくぎ》で打付《うちつ》け、窓も全部板を当てて釘付けにして来たのであるが、二階の明り取りの硝子をこわして、中からあけたので、簡単に破られてしまった。

研究室の中は、目も当てられない始末であった。持ち運びの出来る器械類を盗んで行くのは仕方ないとして、全く不必要に窓硝子を大半壊している。大型の器械は、中の真空管だの測器だのという部分品だけを盗《と》って行ったようである。一番不可解なことは、それだけ持って行けばよさそうなものを、盗った後の器械を床にぶちつけて、滅茶苦茶《めちゃ》に壊してあることである。（前掲書、一六八ページ）

雪嵐が吹きすさぶ山頂で二冬を過ごし、やっとの思いで研究装置を完成させたある助教授は、手塩にかけた器械の無残な姿にポロポロと涙をこぼしたという。実は、中谷が海霧《うみきり》を消す研究をしていた苫小牧の飛行場でも破壊行為が同時期に起きていた。

滑走路の海霧を消す研究はイギリスでも行われており、チャーチル(21)の指示で、主な実験には大臣が立ち会うという熱心さで実用化に成功し、ドイツ軍の攻勢を食い止めていた。中谷らが考案した「消霧車」は、トラックに重油の完全燃焼装置を取り付け、それから出る熱気に大量の空気を混ぜて送風機で送り出すというものであった。

のちに分かったことだが、原理はイギリスのものと同じであった。違っていたことは、イギリスのほうは大臣が立ち会うまでの熱心さに比べて、中谷らのほうはエンジンから送風機へかけるベルト五本ですら手に入らなかったという国の非協力的な姿勢であった。低温科学研究所（前節参照）からベルトを借りて試験がほぼ完了し、ホッとしたときに終戦を迎えている。

苦労した末に完成した消霧車は何者かによって壊され、細々《こまごま》とした附属品は盗まれた。借り物のベルトを盗まれると一大事と思っていた中谷らは、取り外して装置の中に入れ、外から開けられないように針金でしっかり縛りつけておいたのだが、影も形もなかった。ベルトがないと低温研究所の機能が止まってしまう。小樽、札幌と、あらゆる所に手を回して、手に入れるまでに四か月もかかっている。

――再建日本の重要な任務の一半は、科学者に負わされているそうである。そしてその任務と

――いうのが、盗まれたベルトの代品を探すことであるというのは、如何にも悲しい現実である。(前掲書、一七一ページ)

中谷は、いたずらに泣き言を並べているわけではなく、世間のいらぬ誤解をなんとか解き放とうとしたにちがいない。次の一節で、それがよく分かる。

――この頃会う人ごとに、よくニセコの研究はもう出来なくなったのでしょう、惜しいことですねと同情される。「何分電気のコードから、蒲団《ふとん》の皮まで盗られたので、どうにもなりません。畳は表の蓙《ござ》だけ切り取って行きましたよ」と言うと、皆が怪訝《けげん》な顔をする。先方では、あの研究は航空気象に関係があるので、航空に関する研究の中止命令にひっかかっていると思っているらしい。しかし米国側からは、研究の激励の言葉は再三受けたが、禁止的の言葉は一度も聞いたことがない。

終戦以来、あの研究所の施設は取り壊した方がいいだろうという勧告を、日本の人たちか

(21)　(Sir Winston Leonard Spencer-Churchill・一八七四～一九六五) 海軍大臣で、一九四〇年にイギリス首相となり、連合軍を勝利に導いた一人。著書『第二次世界大戦』で、一九五三年にノーベル文学賞受賞。

らしばしば受けた。しかし飛行機の研究さえしなければ低温の世界の気象学的研究を禁止されるはずはないと思って、そのままにしておいた。そして、実際にその通りであった。（前掲書、一七一～一七二ページ）

このような事情があって、中谷の研究は航空機への着氷防止から農業物理へと移行していくことになったわけだが、最初の大仕事となったのが、奇しくも東川町の郷土史に「ふるさとの歴史上で、最大の災害といわれるのは昭和二二年に発生した大水害である」と記録された八月の洪水調査であった。

旭岳周辺に局地的集中豪雨が襲ったため、沢という沢で土砂崩れが起き、忠別川は大きな岩と流木が激しくもみ合う濁流と化した。泥川は凄まじい勢いで下流を襲い、各所で決壊・氾濫が起き、東川町、旭川市などで、浸水二〇〇〇戸、死者七名、浸水耕地六六三ヘクタール、橋梁流失三四か所に上るという被害を出している。〈科學〉（岩波書店）という雑

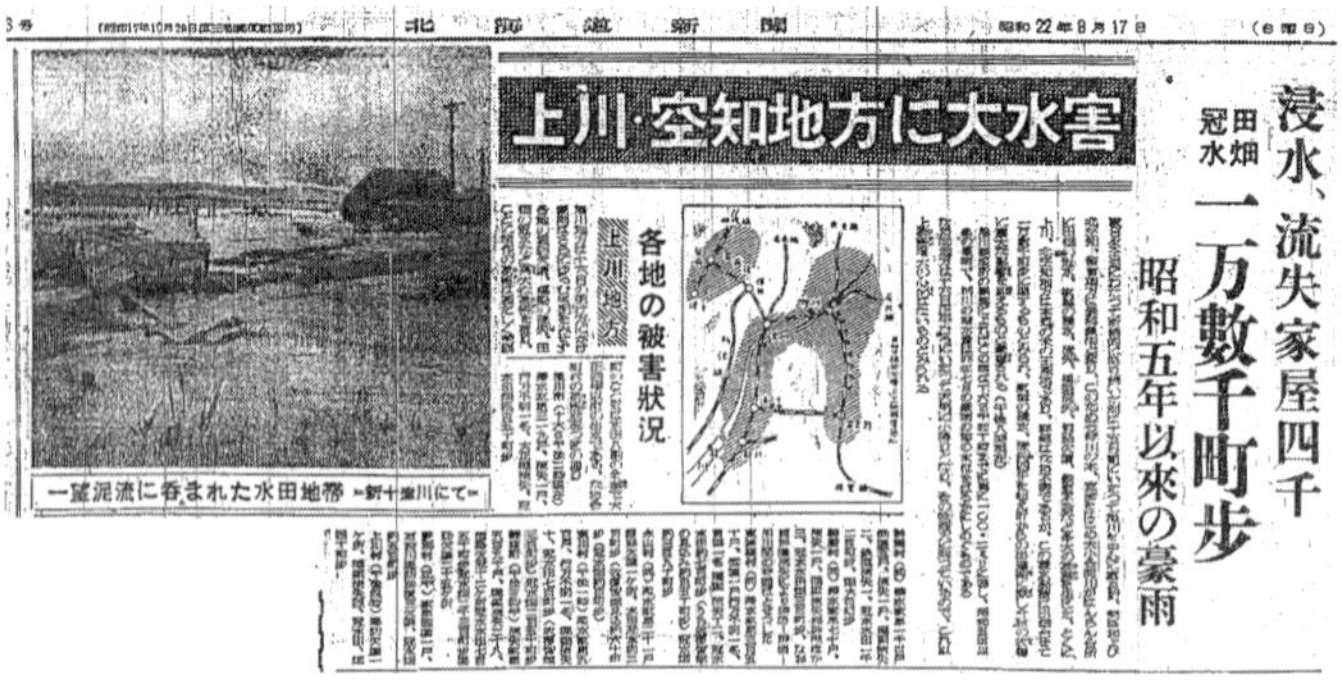
北海道新聞　昭和22年8月17日

浸水、流失家屋四千

田畑冠水　一万数千町歩

昭和五年以來の豪雨

上川・空知地方に大水害

各地の被害状況

上川地方

一望泥流に呑まれた水田地帯＝新十津川にて＝

〈北海道新聞〉昭和22年８月17日付

誌に、中谷が発表した「水害の綜合的研究Ⅰ　石狩川上流氾濫の綜合調査」が掲載されている。その緒言の一部を紹介しよう。

昭和二二年八月一五、一六日に亘り、石狩川に氾濫があった。筆者は経済安定本部建設局長高野與作氏の委嘱による水害の綜合的研究の第一着手として、この氾濫の調査を提議した。幸い北海道大学、財団法人農業物理研究所の研究者を主とし、在北海道各種研究調査機関の研究者諸兄の協力を得て、この調査を行うことができた。その綜合結果を報告する。

調査は、石狩川上流地方で被害の最も大きかった忠別川流域に主力をおいた。この川は石狩川上流地域の有力な支流の一つで、大雪山の最高峰旭岳附近に源を発し、北海道の主要米産地の一つである上川平野を貫流して、旭川市で石狩本流に注いでいる。（中略）調査は八月二八日から九月四日までの八日間に亘って行い、調査人員は二六名であった。調査は大別した班を作って行った。（〈科學〉一九四八年四月第四号、一四二ページ、一部改変）

大別した班編成は、綜合連絡班、気象班、水源班、河川班、浸水班、土砂班、農学班の七班[22]で、要となる綜合連絡班には、全体の指揮を執る中谷と低温科学研究所助教授（物理）井上直一の二人がいた。中谷の肩書には、「北大理学部教授」に加えて「農業物理研究所長」とある。

このころ、中谷は体調が優れなかったようだ。井上が著書『海にも雪があった』の「水害の研究」の項でその様子を詳しく書いているので引用しておこう。ここを読めば、中谷の人柄や調査団の顔ぶれなども分かる。

一九四七年（昭和二二）の夏、八月十五、十六日にわたって石狩川が近年にない洪水を起こした。私は久し振りに狩太《かりぶと》（現・ニセコ町）から札幌の自宅に帰り、翌朝普段の服装で中谷教室に出かけ、サロンで教室の連中と話をしていた。そこに中谷先生がひどくやつれた顔でおいでになった。誰かが「先生、洪水調査はやるのですか？」、と言った。先生は「ああ、予定通りにやるよ。準備は進んでいるのだろうね？」、と反問された。皆だまっていた。一つには先生のひどい下痢を心配したのと、また実験室の仕事に馴れた人達には、こういう荒仕事は気が進まなかったのかも知れない。そこで私は言った。「現地の設営には誰かが行っているんですか？」すると先生は「まだなんだよ、井上君、済まないが君が行ってくれないか」。私は先生の並々ならぬ決意を感じて「私がやります」と答えた。何せ急を要することなので、ここから旭川に直行し十日程留守にする旨自宅に電話して、汽車に飛び乗った。（前掲書、七九～八〇ページ）

旭川に夕刻着いた井上は、翌朝から前野與三吉市長[23]や関係者と打ち合わせて、宿は休業中の料亭を借りること、米と毛布は市役所が都合することなど、戦後の一番難しい食と住の問題を手際よく片づけた。八月二七日、井上は市役所係員らと一緒に調査団一行を迎えるため旭川駅に出向いた。

調査器具を満載した農業物理研究所のトラックも佐藤さんの運転で先着した。北部軍の放出物資として農研が手に入れたこの一台のトラックは、威力を発揮した。やがて列車が到着して、調査員の一行が駅前に集まった。札幌気象台、北大理学部の物理、地鉱、地球物理、農学部の作物、林学、低温研の物理、海洋、工学部の物理、農業試験場、美瑛産業気象研究所、農業物理研究所等の研究員総勢二十六人（うち教授七名）で、短い期間によくこれだけのスタッフを集められたものと、先生の実力に感服した。

ひとまず宿舎に案内し、部屋割を決めて落着いて貰った。明日からの調査打合わせを終え、

---

(22)（一九一〇～一九九八）札幌出身。中谷に師事した北海道大学教授（水産学部）。農業物理研究所在職当時は狩太支部長。潜水探測機「くろしお号」の建造に尽くし、改造した「くろしお2号」も完成させた。七〇〇回余りの潜水調査で漁網、漁礁、魚群行動などの研究分野で功績を残した。

(23)（一八八九～一九七五）旭川市長を三期務めた。旭川市名誉市民。

ささやかな晩餐を済ませた。十時には皆一応寝床に入り静かになった。先生がたは個室、我々二十名は大広間に寝た。何時ごろだったか、部屋の戸が静かに開いて二人の男が入って来た。薄暗い電灯なのではっきりしなかったが、一人は中谷先生であることは確かであった。先生は部屋の様子を見に来られたのだろう。段々私の方に近付いて来た。私は目をつぶっていた。私の側を通る時、剥《は》がれかけていた毛布をそっと掛けなおして行かれた。私は家を出てその儘《まま》現地に来たので、洗面具を持って来なかった。ひどい髭面《ひげづら》に先生も気付かれたのであろうか？　ともかく先生に毛布を掛けて頂いたのは、これが初めてでまた最後であった。

（前掲書、八〇～八一ページ。ルビは筆者）

寝静まった部屋を静かに見回り、ずれた毛布を掛け直す中谷。スタッフを思いやる優しい人柄がにじみ出ている文章である。

大掛かりな調査は、中谷の的確な陣頭指揮によって各種データが統計的に積み上げられ、旭岳周辺に局地的に降った集中豪雨の詳細は解明された。さらに中谷は、大雪山に降る雪を貴重な資源として計測してみようと考えたことから、図らずも「やっかいな洪水」と「貴重な水資源」という対照的な研究を同一地域で行うことになった。随筆「大雪山の雪」の書き出しを紹介しよう。何となく、この文章からも人柄がうかがえる。

昭和二十二年の秋の話である。

その頃私は、資源関係の或る会の委員をしていて、日本の水資源の調査を一部やることになっていた。敗戦後の日本に残された資源のうちで一番大きいものは水であるから、これは少し真面目にやってみる必要がある。というので、柄にないことを始めたわけである。（『イグアノドンの唄』所収、「大雪山の雪」九九ページ）

戦後復興の重責を担った「経済安定本部資源委員会」の委員だった中谷は、水部会を設けてこの重要な課題に取り組んでいたのである。それにしても、中谷の発想は非常に面白い。その部分を要約すると、「水資源と言えばまず雪であり、山の雪は、解けて流れ落ちるときに雪を山頂まで持ち上げるのと同量のエネルギーを出すのだから、山の雪は全部お札《さつ》を積んであるようなものだ。しかし、これまで一度も勘定することがなく、春になると、すべてをただで海に流してしまっていた」となる。

調査地域を選んだいきさつなども紹介しておこう。


大雪山が石狩川の水源地であって、北海道で本格的の調査をするとなったら、大雪山を選ぶのが当然である。しかし初めから全大雪山系にとっかかることは不可能であるから、上流に於ける支流の一つ、忠別川の集水区域について測定することにした。忠別川は大雪山に源を発し西北流して上川盆地を養い、旭川で石狩川の本流に合する川である。集水区域三百五十八平方キロメートルのうち、山地流域に属する二百五十六平方キロメートルの地域について、この調査を行うことにした。二百五十六平方キロメートルといっても、あまり実感は出ないが、河道の延長三十五キロ、流域の幅は広いところは約二十キロに達する。その間スキー家の通る道一本の他は、冬期は全部丈余《じょうよ》の積雪におおわれ、人跡のない山岳地帯である。

（前掲書所収、「雪は資源である」二七六ページ。一部改変）

この広さ、想像できるだろうか。地上における測定も可能なかぎり行ったようだが、熊狩りの猟師も行けないという恐ろしい所が大部分を占めているため、航空写真を撮ってもらって、実測と写真を比較検討して全貌をとらえることに決定した。では、誰が航空写真を撮るのか。この時代のことゆえ、ＧＨＱ（連合国軍総司令部。七ページの註参照）に頼みに行くしかなかった。その顚末がまた面白い。

天然資源局へ出かけて行って、こういう航空写真をとって貰《もら》えないかと頼んでみた。すると初めはひどく叱られた。終戦後二年しか経っていなかった頃だから、とんでもないことを言って来る奴《やつ》がいたものだと思ったのであろう。もっとも理由なく叱られたのではなく、航空写真というものは、非常に面倒なもので、大型の飛行機を使い、写真測量機の調整にも何週間とかかるものである。そう簡単に頼みに来る筋合いのものではないのだと、たしなめられた次第である。（前掲書所収、「大雪山の雪」一〇二ページ）

このあと、戦時中の満州国のことをたとえとし、「満人の大学の先生が関東司令部に赴いて、日本軍の飛行機を使わせてくれと頼んだようなものだから、叱られるぐらいで済めばありがたかった」と言っている。記述はさらに続く。

おまけに時期も悪かった。二合三勺《じゃく》の配給(24)すら欠配がちで、さつまいものつるを食ってる最中に、大雪山の雪の目方を測る話をもち込んだのだから、先方も少しあきれたにちがいない。しかし、調査の目的と方法とを詳しく説明して、アメリカでも将来こういう調査を必要とする場合があるかもしれないから、そのモデル調査として、この機会に一度日本でやって

(24) 戦争悪化で食糧不足に陥った一九四二年、主食のコメは配給制になり、一日大人一人分が二合三勺（三四五グラム）しか当らなかった。

みられたら如何でしょうと、図々しく頼んでみた。そうしたらいろいろ詳しい計画をきいてくれて、「よろしい、承知した。公式ルートで依頼の書類を出せ」と、あっさり承知してくれた。やはり文明人の方が、話が分かり易くていい。（前掲書所収、「大雪山の雪」一〇二～一〇三ページ）

とはいえ、ＧＨＱからはそれっきり何も言ってこなかった。無しのつぶてに気をもみながら、地上の踏査を中谷教室の菅谷重二博士(25)が担当し、数名の作業員を連れて、携帯テントで雪の中に寝ながら約一か月がかりで続けていた。それからの様子が次のように書かれてある。

この間航空写真のことは、始終気にしていたのであるが、何ともいって来ない。もっとも連日のように吹雪があり、時々はれても、全山が雲におおわれていて、航空写真のとれるような晴れた日はなかった。ところが、四月三十日に半日ばかりからりと晴れ上がったと思ったら、何処からともなく四発の大型飛行機がとんで来て、この流域の上を、何回となく往復して帰って行ったそうである。あとから聞いてみたら、仙台から飛んで来たらしいが、どうしてあの天候をキャッチしたのか、不思議なくらいである。その後五月十四日と五月二十二日と、合計三回飛行機がやって来た。だいたい希望しておいたとおりの日頃である。（前掲

―書所収、「雪は資源である」二七六～二七七ページ）

ＧＨＱの天候予測と飛行技術は、日本を代表する頭脳の中谷をもってしても不思議……と思わせるほどすごかったようだ。六月初旬に中谷のもとに届いた航空写真も見事だった。二五センチ角くらいの大判サイズで約五〇〇枚もあった。一六〇枚で全流域を覆うのであるが、その積雪最盛期、半分解けた時期、ほとんど解けたころと、三組の写真が入っていた。

虫メガネで覗いてみると、一本一本の立木まではっきりと写っている。面白いことに、雪の上に木の影が三角形に写っている。このときの撮影時刻、つまり太陽高度が分かっているので、影の長さから木の高さまで割りだせた。のちに、これは林業分野で活用されるようになる。

航空写真が気に入ってしまった中谷は、虫メガネで雪山の姿に見とれるという癖がついてしまった。その視野のなかで、スキーヤーになったつもりで処女雪の秘境を自在に滑り回っているような錯覚に陥ることも多かったようだ。航空写真の上であれば、どんな急斜面でも自由自在に滑ることができる。スキーの醍醐味は、この写真をもらってから初めて味わったとも書いている。

---

(25)　（一九一二～一九九二）富山出身。北大低温研究所研究員などを経て菅谷水資源研究所を設立。中谷が一九五六年、ハワイ島でマウナ・ロア火山に降る雪の結晶を研究したときも同行し、ハードな調査を引き受けている。

この航空写真は、私の幻想用に役立っただけではない。この写真のおかげで、初めて大雪山の忠別流域に積っている雪が、一億九千万トンであることが知られたのである。この想像を絶する多量の雪は、春になると、雪解け出水として、よく田畑を荒し、最後は日本海へ空しく流れ去っている。電力源として使われているのも、この全量のほんの一部に過ぎない。

大雪山の雪を電力にかえ、更に灌漑《かんがい》と工業用水とに使っただけでも北海道の生産即ち国の生産は、一挙に上昇し、北海道民の生活程度は飛躍的に上ることであろう。又これは本州の雪国地帯にも同様にあてはまることである。せっかく総司令部の特別の好意で、その基礎の調査は、少なくも一部分はとっくに完成しているのであるが、こういう資料を活用しようという気風が、現在の日本には、ほとんどないようである。しかし雪は今後とも永久に降るのだから、やがてはこういう研究が生きる日も来るであろう。(前掲書所収、「大雪山の雪」一〇五～一〇六ページ、ルビは筆者)

随筆は、「こういう研究が生きる日も来るであろう」と印象的な表現で終えている。雪の結晶を顕微鏡で観察し、人工雪までつくったミクロの世界から、雄大な冬の旭岳を見て、この雪の目方を測ってやろうというマクロの世界まで、中谷は雪を存分に楽しみ、そして究めたことであろう。

しかし、研究はその後も続き、国際的な雪氷研究へと飛躍していった。目方を測った四年後、アメリカの「雪氷永久凍土研究所」(26)の主任研究員に招かれて二年間滞在している。そして一九五七年からは、アメリカの「国際地球観測年遠征隊」(27)に参加してグリーンランド（デンマーク領）で雪氷研究を続け、一九六二年に六一歳で亡くなった。

中谷が亡くなるまで使っていた北大の「N１２３教授室」は「北大総合博物館」で復元し、展示されている。博物館内には、人工雪成長装置など中谷の研究成果を展示するコーナーがあり、そこのショーケースには、湯川秀樹(28)が短歌を書き、中谷が舟の絵を描き、田中一教授（北大）に贈った色紙が展示されてある。二人で釧路方面へ旅行したときの一枚という。

博物館資料部研究員で北大名誉教授の松枝大治は、来館者たちにこの色紙を示しながら「日本

---

(26)　一九五二年、アメリカに国立の雪氷永久凍土研究所（SIPRE：Snow, Ice and Permafrost Research Establishment）が設立された。中谷はシカゴ市郊外に暮らし、この研究所でアラスカのメンデンホール氷河から採取した単結晶氷を使って、氷の内部融解や外圧を加えたときの変形などを研究した。

(27)　国際地球観測年は一九五七年七月一日からはじまり、国際規模で気象、氷河、磁気などを観測した。SIPREは、グリーンランド氷冠で深くボーリングし、氷の中の気泡などを調べた。中谷は深部の氷の気泡から数十万年前の大気が分かり、昔の地球の気候や環境変動を知る物質が保存されていると考えた。

(28)　（一九〇七～一九八一）京都市出身の理論物理学者。一九四九年、中間子を発見したことにより日本人として初めてノーベル賞を受賞。

で最初にノーベル賞を受けたのが湯川博士。次に受けるのは中谷博士だった可能性もあります。しかし、ノーベル賞は亡くなった方を対象にしませんから……」と説明し、六一歳というあまりにも早い死を今も惜しんでいた。

最後に、「大雪山二題」「大雪山の積雪量調査」「雪は資源である」などが収められている『イグアノドンの唄』という本を紹介したい。

終戦の年、農業物理研究所の設立に奔走していた中谷は、家族を狩太村（現・ニセコ町）有島農場[29]に移した。食糧危機に加え、猛烈な吹雪に閉じ込められる日々が続いた。薪ストーブの周りに子どもたち[30]が集まって、中谷が読み聞かせるコナン・ドイルの『失われた世界（The Lost World）』が一家の楽しみの一つだった。

とくに、子どもたちに人気があったのが、大きい

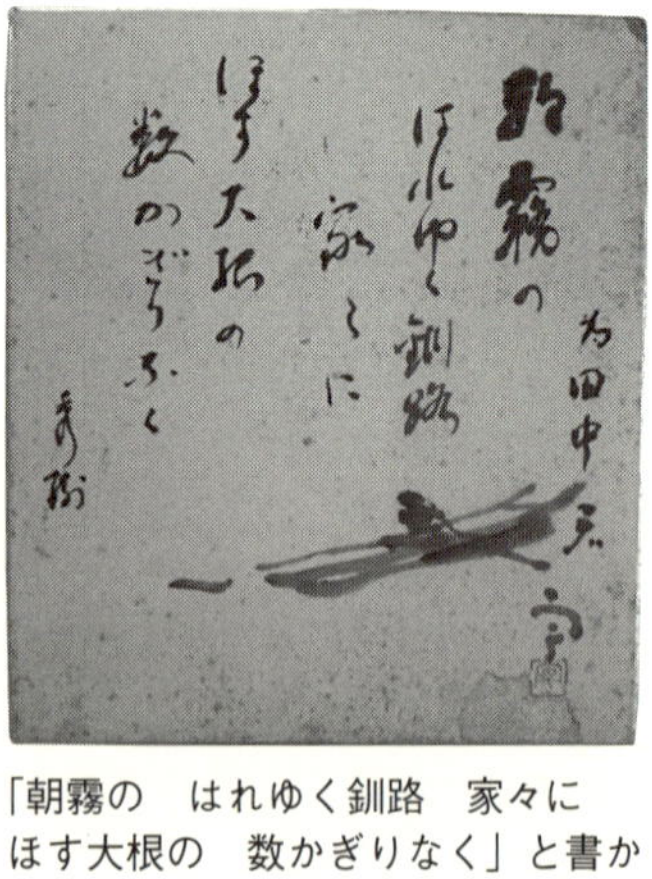

「朝霧の　はれゆく釧路　家々に
ほす大根の　数かぎりなく」と書かれた色紙（北大総合博物館展示）

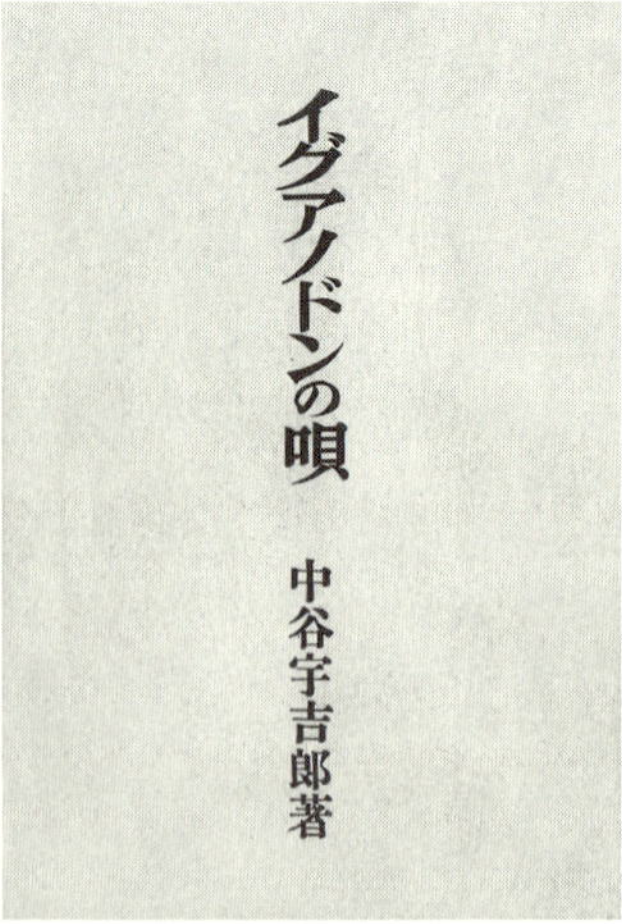

くせに大人しいイグアノドンで、長男の敬宇は「イグアノドンの唄」までつくって至極ご機嫌だったという。しかし敬宇は、栄養低下が災いして急に亡くなってしまった。戦後復興に精根を傾けていた中谷の、切なくも熱い家族への思いが『イグアノドンの唄』に込められているような気がする。

さて、暴れ川だった忠別川上流に多目的ダムが完成したのは二〇〇七年、中谷が没してから四五年後のことである。氾濫は解消され、中谷の考えたとおり、大雪山の膨大な積雪は資源へと変わった。そして、トライアスロンや「SEA《シー》 TO SUMMIT《トゥサミット》」(31)などスポーツ大会が開かれる忠別湖とし

SEA TO SUMMIT（撮影：大塚友記憲）

(29) 有島武郎が父から相続した四五〇ヘクタールの農地のこと。有島は、小作農民にこの農地を無償で解放した。
(30) (Sir Arthur Ignatius Conan Doyle・一八五九～一九三〇) イギリスの作家・医師。『シャーロック・ホームズ』シリーズが有名。
(31) 忠別湖でカヤック、旭岳温泉まで自転車、旭岳へのハイク、三種目によって水辺から山頂を目指す環境スポーツイベント。

て親しまれている。

山麓に設けられた「大雪旭岳源水[32]」の水場には、美味しい水を汲むために大勢の人がやって来ている。この穏やかな光景を、天国から中谷はどのように眺めているのだろうか。源水を汲みに来る人たちには、旭岳に雪が降りはじめたなら、「今年は二億トンくらいまで積もるのかな」と、中谷が大雪山の積雪の目方を測った壮大な研究へ思いを馳せていただきたい。

大雪旭岳源水（撮影：大塚友記憲）

（32）二〇〇八年、環境省選定の「平成の名水百選」に選ばれた。旭岳に降り積もった雪が解けて地下に浸透、大自然のフィルターをくぐり抜け、何十年、何百年もの長い年月をかけて湧き出てくる。ミネラル分がバランスよく豊富に含まれ、水温は年間を通じて約六～七度を保っている。（株）大雪水資源保全センターがナチュラルミネラルウォーターを製造している。住所：〒071-1471　北海道上川郡東川町ノカナン　TEL：0166-97-2525

3　日本一のクロスカントリースキーコース

国内でもっとも早く雪が降り、もっとも遅くまで雪が残る旭岳温泉は、スキーの合宿所として最適の地であり、世界の頂点を目指す選手たちがこぞってやって来ている。旭岳、ここで鍛えられた有力選手たちはオリンピックやワールドカップで大活躍するようになり、「クロカンの聖地」とたたえられ、大勢のスキーヤーによって守り育てられてきた日本一のクロスカントリースキーコースである。

旭岳温泉にノルディック競技の選手たちがやって来るようになったのは、アジアで初めての冬季オリンピックが札幌で開催されることが決まったころで（一九六六年ころ）、選手強化のために一〇月になると、どこよりも早く雪が降りはじめる旭岳温泉へ、コーチとともに選手らが集まるようになった。

12月上旬、クロスカントリースキーの練習（撮影：大塚友記憲）

あたかもそれに合わせるかのように、勇駒別《ゆこまんべつ》温泉[33]（現・旭岳温泉）に大きな変化があった。一九六七年、ロープウエーが運行を開始し、翌年には「姿見駅」までの全線が開通している。そして一九七一年になると、東川町開拓記念厚生会館「えぞ松荘」[34]も開業した。町役場の管理職が支配人として出向し、経営を切り盛りする公営企業であり、温泉街の活性化という牽引役も担うことになった。

　このような環境変化が理由で、新たな顧客としてスキー合宿の大学生が続々とやって来るようになったわけである。夜行列車で旭川駅に着いた大学生らは、スキー用具などが入ったひときわ目立つ大きなバッグを抱えており、朝を迎えるまでの駅では目立つ存在だった。温泉行きの定期バスに乗って目的地に到着すると、早速、旅館やホテルの前、道路沿いに大学の団旗を立てた。色とりどりの大学団旗が競うようにたなびき、壮観な眺めであった。

　朝早くから各大学が団結力を誇示するように目立つ所で円陣を組み、体操をすることから練習をはじめた。練習専用のコースがまだなかったため、道路沿いを走り、伐木をブルドーザーで曳いた集材路跡を要領よく見つけてきては、学生たちが雪を踏んでコースづくりを行った。

えぞ松荘（撮影：坪川博明）

雪は毎日のように降る。学生たちはキャプテン会議を開いて雪踏みの当番校を決め、交代で作業を行ったが、一日中降り続く日もあり、そんな日が当番になった大学チームは練習そっちのけで雪踏みに追われることになった。それでも、当時の学生にはパワーがみなぎっており、その作業が足腰を強くする鍛錬ともなった。今の大学生に、雪踏みという苦労はない。

こうした手づくりの練習コースの時代に、自衛隊の「冬戦教チーム」(35)が入ってきて様相は一変した。大学チームにもオリンピックを目指す選手はいたが、冬戦教チームは世界で通用する選手を育てるスペシャルチームだったため、段取りにおいても雲泥の差があった。

冬戦教チームは、トラックに食料や燃料、スノーモービルなどを積んで乗り込んできている。大学生が足で踏み固め、長い時間をかけてつくっていたコースを、スノーモービルは勢いよく走

(33) 本州産業株式会社が建設し、(株)大雪山ハイランドに継承され、現在はワカサリゾート(株)が経営。標高約一一〇〇メートルの「山麓駅」から標高約一六〇〇メートルの「姿見駅」まで約一〇分で結んでいる。住所:〒071-1472 北海道上川郡東川町勇駒別旭岳温泉 TEL:0166-68-9111

(34) 終戦直後の農地法改革で、全国約八〇万人の旧地主は農地を没収され、補償を求める運動が起き、一九六五年に農地補償法が成立、その一環として開拓記念厚生会館が道内では東川町、白老町、美唄市の三か所に建てられた。北海道開拓に寄与した農村老人らの憩いの場であり、一般の温泉宿としても黒字経営だったが、民間主体の地域開発が必要であると判断した町が一九九一年、町営を廃止して民間経営へ移譲した。

(35) 前身の北部方面特別戦技訓練隊から、一九七一年、札幌の真駒内駐屯地に冬季戦技教育隊が編成された。オリンピック特別強化選手らを育て、雪中戦の訓練などに取り組んでいる。

って、瞬く間にならしてしまった。

「えぞ松荘」の二代目支配人である平林元は、次のように回想している。

「冬戦教チームは自給自足のようなもの。隊員にともかく体力を付けさせようと、野菜や肉類をどっさり持ってきた。一般の宿泊客とは別のメニューで、うちの料理長が毎日のように肉料理をつくっていた。さすがに飽きるのか、たまにはホテルの料理が食べたいと、こっそり頼みに来ることもあった。食材持ち込みだから、素泊まりのお客様のような扱いだった」

一九七二年、待ち望んでいた札幌冬季オリンピックが開幕し、日本中を沸かせた。スキージャンプ七〇メートル級（現ノーマルヒル）で、笠谷幸生（ニッカウヰスキー）が金メダル、金野昭次（北海道拓殖銀行）が銀メダル、青地清二（雪印乳業）が銅メダルと、三人で表彰台を独占し、「日の丸飛行隊」と呼ばれたことを覚えている人も多いだろう。ノルディック複合でも勝呂裕司（日本軽金属）が五位入賞し、クロスカントリーでも工藤誠二（国鉄）と岡村富雄（慶應義塾大学）らが活躍した大会であった。

札幌オリンピックでの日本勢の活躍によって、旭岳温泉[36]への期待も高まっていった。自衛隊チームが持ち込んだスノーモービルに刺激されて、「湯元大雪荘」の当時の支配人、杉山義勝は給料天引きで三五〇CCのスノーモービルを買うことにした。

「中央大学、同志社の学生が合宿に入ってきていたが、一年生が朝の六時ごろから、石炭スコップを持って山の中に入って、スコップでコースをならす。八時ごろに震えながら帰ってきて、それから朝食だった。来年はほかの大学も誘ってこい。俺がスノーモービルを買って待っているから、と約束したのですよ」と、杉山は当時を振り返ってくれた。

新車を中央大学の学生らが巧みに操縦して、コース整備はぐんと捗り、練習ペースもぐんと上がったが、好事魔多し。ほかの大学の学生が使いたいと頼んできたので貸したところ、近くにある「湯の沼」(37)の斜面でズルズルっと横滑りして、懸命に制動をかけてもあれよあれよの間に沈没し、スノーモービルは使い物にならなくなった。「ロッジ・ヌタプカウシペ」(38)を経営する春菜秀則は、当時のことを振り返って次のように言っている。

---

(36) 現「グランドホテル大雪」住所：〒071-1472　北海道上川郡東川町勇駒別旭岳温泉　TEL：0166-97-2211

(37) 高温の温泉が地下から湧出して、厳冬期もぬるめで凍らない沼。旭岳温泉「白雲荘」の泉源もこの辺りにある。

(38) 住所：〒071-1472　北海道上川郡東川町勇駒別旭岳温泉　TEL：0166-97-2150

圧雪車の点検をする春菜秀則（撮影：大塚友記憲）

「弁償しなければならないだろうと、温泉旅館組合が新しいスノーモービルを買って返したが、それをそっくり温泉旅館組合に寄付してくれた」

粋な計らいである。自前のスノーモービルを所有することになった温泉旅館組合は、歩幅のスキー滑走溝を付けるカッターを東川町内の鉄工所に特注した。杉山が中央大学の学生たちに図面を書かせ、馬ソリに使うような代物をこしらえた。春菜をはじめ旅館の番頭さんやホテルの従業員らが運転手役と相乗りの「重石役」を務めて、疾走を繰り返すようになった。

重石役がぼんやりしていると、とんでもない目に遭う。カーブで振り落とされ、深い雪に投げ込まれてしまうのだ。スノーモービルは深雪で止まると動けなくなるので、落ちた番頭さんを置き去りにして、だいぶ時間が経ってからの救出となった。頭から足先まで雪だるま状態になったりしながら、温泉街は最高のコースを提供しようと懸命な努力を続けたわけである。

一九八二年四月、「勇駒別《ゆこまんべつ》温泉」から「旭岳温泉」へと名称が変わり、この年の一〇月に初めてクロスカントリーコースが開設されている。当時の様子を〈北海タイムス〉（一九八二年一〇月一六日付）の朝刊記事から抜粋して紹介しよう。

——【旭岳温泉】上川管内東川町・旭岳温泉観光協会（小西義道会長）は環境庁の許可を受け、今シーズンから同温泉南側に本格的なスキーのクロスカントリーコースを整備、日本で一番早く雪上を滑れるコースという利点を生かして大学スキー部や全日本級選手の合宿地として売り込む。一方、気候の良い春には一般の歩くスキーファンの利用もPR、雄大なアルペンコースとともに同温泉の客集めの目玉にしてゆく。

大雪山系の主峰旭岳の内懐にある旭岳温泉は十月末に積雪し日本で最も早くスキーができる。これまでも一、二月の競技会本番前に大学スキー部などが合宿に利用してきた。しかし、国立公園のため自由にコースを切り開くことができず、本格的なクロスカントリーコースのないことが練習内容を制限。客寄せに頭を痛める同温泉観光協会が利用者に満足してもらえるよう環境庁、営林署にコース整備を申請しこのほど許可された。

北海タイムス

クロスカントリーコース

今シーズン旭岳に

積雪の早さは日本一

既に大学から申し込み

〈北海タイムス〉1982年10月16日付

記事によると、新しいコースは温泉街を起点に、南側のかも沼、わさび沼を回る一周約五キロで、最大標高差は五〇メートルとなっている。すでに日大、日体大などから一一月初旬の合宿の予約が入っていると報じている。

他紙の報道によると、「例年、降雪と同時に多くの選手たちが合宿入りし、一二月半ばまでの間に四、五百人が合宿するが、今年は約六百人の合宿入りを見込んでいる。また、同温泉観光協会では今シーズンから合宿選手を対象に宿泊特別料金を設け、サービスすることにしている」と、特別料金を紹介している。〈スポーツニッポン〉も、「今シーズンから旭岳に5キロの距離コース」という記事を掲載し、旭岳観光協会・小西義道会長の談話として、「スキーシーズンの観光客誘致の狙いもあるが、毎年、全国の各大学のスキー部や全日本のスキー選手が、強化合宿のため旭岳山ろくの雪原を多く利用している。一日も早く雪の上で練習、体力をつけたいという選手のためにコースを造ったので、どんどん利用してほしい」（一〇月二九日付）と紹介している。

そして〈北海道新聞〉は、夕刊にササ刈り作業の写真を入れて「旭岳クロスカントリーコース誕生」という見出しのもと紹介している。

「コースは同温泉の南側にある針葉樹林帯の間を縫う一周三・三キロの周回コースなど延べ五キロ。旭岳温泉観光協会などが約四百万円をかけササ刈り、標識つけの工事を進めている。幅は四メートルとってあり、往復の複線利用ができる」（前掲紙、一〇月一九日付夕刊旭川版）

一般紙、スポーツ紙などが一斉に取り上げていることからも、国立公園のなかに誕生したクロスカントリーコースは注目の的となり、温泉街の期待も大きく膨らむことになった。

専用コースができると、当然、整備のほうも忙しくなる。コース幅が四メートル、距離が七、八キロに伸びたうえ、一晩で三〇センチから五〇センチも雪が積もるのは当たり前だから大変な作業になる。時には一晩で八〇センチも積もることもあり、こうなると、ロープウエー会社「大雪ハイランド」の圧雪車に出動を依頼した。

ある日、運転を誤って圧雪車が岩にぶつかってしまった。お願いしたことが理由で事故となってしまったのだ。公営企業「えぞ松荘」の支配人でもあり、町役場の課長でもあった平林が町長らに顛末を話し、圧雪車の新規購入を要請して温泉組合で独自に所有することが決まった。そのあたりのことについて〈北海道新聞〉の記事から抜粋しておこう。

旭岳温泉一帯は、全国でもスキーシーズンが最も長く、十月からは毎年、全日本クラスの選手や自衛隊、学生が強化合宿する。多いシーズンで五千人も集まるクロスカントリーのトレーニングのメッカ。しかし、コース整備の機械がなくて、愛好者からは整備を望む声が強かった。このため、今シーズンは東川町と旭岳温泉観光協会が資金一千万円を出して、西独製の圧雪車を購入、コースの充実に努めている。

コースは、旭岳温泉のキャンプ場付近を回る二・三キロコースと、標高をさらに上がった千二百二十メートル付近の三キロコースのふたつ。両方を楽しむと七キロ近い距離（標高差百メートル）になる。いずれも大自然の景観を生かした野趣満点の味わいがあり「樹林地帯を縫うコースの良さは、日本でもトップクラス」と運営にあたる春菜秀則さん（三六）は自信満々。

しかも、一人でも利用者があれば、「いつでもコース整備の圧雪車を無料で出します」（春菜さん）と言い、気さくなサービスも人気。すでに口コミでファンが広がり一月だけで五百人近い利用があった。（前掲紙、一九八六年二月五日付夕刊）

記事の最後には、「コース整備の申し込みは春菜秀則さん、えぞ松荘」と双方の電話番号まで掲載しており、「機械の都合もあり事前連絡を」と、親切なお知らせで記事を結んでいる。温泉街の努力が並大抵のものでなかったことがうかがえるが、国有林、道有林を管理する役所も地元の熱意を見守り、協力を惜しまなかった。〈北海タイムス〉の記事からその様子を紹介しておこう。このとき、旭岳クロスカントリーコースでシーズンの開幕を告げる「第三回旭岳クロスカントリー記録会」が開かれ、国内の有力選手八〇人が参加していた。

【旭岳温泉】　旭岳キャンプ場バス停横、クロスカントリーコースのスタート地点に、地元の人たちの手でアーチとイグルー式のかまくらが作られ、訪れる人たちの目をひいた。

イグルーは、待合室がわりにと、旭川営林署志比内担当区の職員が作ったもので、高さ二メートル四十センチ、広さは約五平方メートル。中には雪で固めた座席も作られ、入り口は人一人が腰をかがめて出入りできる大きさ。一方アーチは、クロスカントリーのスタート地点のアクセントと、訪れる人たちの歓迎にと地元観光協会などが作った。骨格には旭川林務署東川事業所の協力でカラマツが使われている。高さ六メートルのアーチで、二十六日の記録会ではこの下から選手が次々とスタートし、好評を得た。(前掲紙、一九八六年一一月二七日付朝刊)

さり気ない記事ではあるが、旭川営林署志比内担当区と旭川林務署東川事業所の二つをきっちりと書き入れてあるところに気配りがうかがえる。前者は国有林を担当する役所であり、後者は道有林を担当する役所である。国有林と道有林が接する一帯にコースが造られている関係で、双方の事務所には密接な関係があった。また、国立公園内のコースなので、環境庁[39]をはじめとして国有林担当、道有林担当、東川町、旭岳温泉観光組合の五者は、何事に対しても協議をし、足並

(39) 一九七二年、環境庁(現・環境省)の大雪山国立公園勇駒別地区監理員駐在所が設置され、初代レンジャーに二橋愛次郎が着任した。

みをそろえていく必要があった。もちろん、現在もこの姿勢は変わっていない。

旭岳クロスカントリーコースが新設されてから一〇年後の一九九二年、フランス・アルベールビルで冬季オリンピックが開催され、ノルディック複合団体で日本チーム（三ヶ田礼一、河野孝典、荻原健司）が優勝、待望の金メダルを獲得した。かつて、日の丸飛行隊が活躍したジャンプチームと同じように、ノルディック複合の日本チームは強化合宿が実って急速に強くなっていた。

アルベールビル大会は、夏季オリンピックと同じ年に開催していた最後の冬季オリンピックである。二年後の一九九四年、ノルウェーのリレハンメルオリンピックでも、ノルディック複合団体日本チーム（阿部雅司、河野孝典、荻原健司）は金メダルに輝いている。

この二つのオリンピックに挟まれた一九九三年一一月、「旭岳ノルディックの森」構想のプレゼンテーションが旭岳温泉「グランドホテル大雪」で行われた。東川町と旭岳温泉観光協会、東川町観光協会が練ったこの構想は、クロスカントリースキーが国民的な期待と関心を獲得している今こそ、「世界への夢を育てる大雪山の白い回廊」をコンセプトに、大雪山の自然に溶け込んだ日本一の、本格的で、美しく、親しまれるノルディックスキーの森を整備しよう、というものだった。

村上春樹が一九八七年に出版した『ノルウェイの森』（講談社）が売れたあとでもある。これにあやかって付けたわけではないが、旭岳のコースには「ノルディックの森」がよく似合っていた。村上の小説では、女に「行き先が旭川じゃちょっと浮かばれないわよ。あそこなんだか作りそこねた落とし穴みたいなところじゃない？」と言わせたセリフがあるが、旭川周辺では結構話題になっていた。「世界への夢を育てる大雪山の白い回廊」は「作りそこねた落とし穴」ほど有名にはならなかったが、その後、北海道開発局のプランなどにも織り込まれ、広く評価を得ている。

この構想をもう少し紹介すると、まず背景として、一九六九（昭和四四）年ころより一九七二年の札幌オリンピックに向けて、キャンプ場周辺のかぎられた場所で選手・コーチが自らコース整備をしつつ行われた初期の合宿があった。

次に、早い降雪、適度な高度（高地トレーニングに準じる）、疲労回復できる温泉、宿舎に隣接したコース、交通の利便性（旭川空港から車で四〇分）などから、ナショナルチーム以外にも利用が広まり、トレーニング基地として定着したと評価をしたうえで、コースにあった施設を整え、大雪山の白い回廊「ノルディックの森」に向けて「新たな出発」をしようと高らかにうたっている。どのようなトレーニングセンターをいつまでに完成させるといった具体的なプランはなかったが、日本一のコースづくりを目指したわけである。

東川町が毎月発行している広報誌〈写真の町　ひがしかわ〉の一九九九年六月号に、荻原健司ら豪華なメンバーをそろえて、「ノルディック複合全日本ナショナルチームが語る旭岳」という特集記事が見開きページで掲載されている。抜粋して紹介しよう。

荻原　僕や河野さん（現コーチ）は、高校一年の時から年に一回は旭岳に来ています。ここは、クロカンの練習ができる期間が世界的にみてもとても長い所です。（競技会）シーズンが始まる直前には、大会に向けての微調整を兼ねた雪上トレーニングをしに来ることが多いですね。

今井　僕が、五月の時期にここ（旭岳）に来るようになってからは、今回で六回目になります。クロカンの合宿としては、ここが日本で一番条件の整ったところだと思いますよ。標高も高く、何といっても、宿からコースが近いという利点があります。ほかの所も、山まで行けばコースはありますが、宿を出てすぐに走り始められるという所はここだけですから。また、スキー選手が四月は休みで、五月から練習を始めることが多いのですが、ここは、温泉があるので体を慣しながら練習ができます。僕も、毎年来ています。

森　僕は今回が三回目か四回目ですが、今回来てみて、思ったよりも条件が良くなっていて

HIGASHIKAWA NOW
特集
ノルディック複合
全日本ナショナルチームが語る旭岳
荻原健司／おぎわら　けんじ
思い出に残る大会は
旭岳での合宿について
森　敏／もり　さとし

〈写真の町　ひがしかわ〉1999年６月号

驚いていると言うのが本当のところです。雪質、整備状況など以前から見ても断然いい感じに変わっていましたね。

「旭岳ノルディックの森」構想について

今井　やっぱり、夏場もトレーニングができる環境を整えてほしいと思いますね。例えば、ローラースキーのコースなどもあったらいいと思いますし、夜間照明も付けてもらえると、もっと練習時間を延ばすことができますので。

荻原　日本にいる選手たちにとっては、旭岳がシーズンの合宿の基地（拠点）だと考えている人たちもいますから、先ほど今井君が言ったような施設やトレーニングセンター、発着所などを整備してもらえると、僕たちスキー選手もうれしいですし、ここが年間を通して本格的な合宿の基地となって行くと思います。これはお金や国立公園の問題もありますので、今すぐにとは言いませんが、将来的に少しずつでも充実してくるとうれしいなと思いますね。

ここに登場しているメンバーは、荻原健司、河野孝典、阿部雅司、森敏、今井博幸、成田収平である。オリンピックのゴールドメダリスト、全日本クロスカントリーのチャンピオンなど、当時の日本を代表するコーチや選手たちである。とくに荻原は、オリンピック、ワールドカップ、世界選手権で勝ち続け、「キング・オブ・スキー」とたたえられた。五月九日から一六日までの合宿中に取材したこの特集記事は、ちょっとした「お宝広報」である。
記事のなかで選手たちが希望していた夜間照明灯は、現在、旭岳温泉駐車場周辺や管理通路沿いに約五〇基設置されている。夏場のローラースキーも、駐車場付近でできるようにアスファルト舗装がかけられた。また、樹間コースにはウッドチップを敷き、周囲の環境に配慮した、優しくて快適な道が続いている。このように整備されてきたクロスカントリーコースは、環境省や国有林、道有林などの関係官庁の理解、協力に加えて全国のスキーヤーからも熱烈な応援があった。「全国から署名、町が補助、待望の新型整備車」という見出しの〈北海道新聞〉の記事を紹介しておこう。

【東川】 毎年全国から多くのスキーヤーが訪れる大雪山系旭岳温泉のクロスカントリースキーコースで、新型のゲレンデ整備車が今冬から活躍している。約一五年使ってきた車両が故障したため、全国のスキーヤーが新型車の購入費補助を求める嘆願書を町に提出し、町側もそれに応える形で補助金を出した。「みんなの熱意でクロカンの聖地が守られた」と関係者は感謝している。（前掲紙、二〇〇九年一一月二七日付）

記事によると、全長八キロのコース整備は、東川町観光協会旭岳温泉部会が所有する整備車で毎日二、三回、往復して行っていた。一五年にもわたって頑張ってくれた整備車は、修理してもすぐにまた故障する。新型車が欲しいけれど一台三三〇〇万円もする。困り果てていたところに、応援の手が差し伸べられたわけである。記事の続きを見てみよう。

話を聞いたノルディックスキー日本代表の神津正昭さんが東川町への嘆願書提出を全国の仲間に呼び掛けた。

六月ごろから高校、大学のスキー部や各地のスキー連盟などが嘆願書を書き、七月に町に提出。集まった数は三九団体の二二七一人分で、署名と共に「世界を目指す子どもたちのためにもコースは必要」「日本のスキー界にとって大事なコース」などとメッセージが添えられていた。嘆願書を受けた町は「コースは町にとっても大きな財産」と、八月の臨時会で承認を受け、二八〇〇万円を同部会に補助した。

購入した新型車は早速今冬のコース造成に使われている。操縦を担当する同部会の春菜秀則会長によると、起伏に合わせた圧雪など、従来車両ではできなかった機能も充実している。春菜会長は「スキーヤーと町民の思いが詰まったこの車を大事に使わせていただく。練習した日本人選手が世界で活躍できるよう、しっかり整備したい」と話している。(前掲紙)

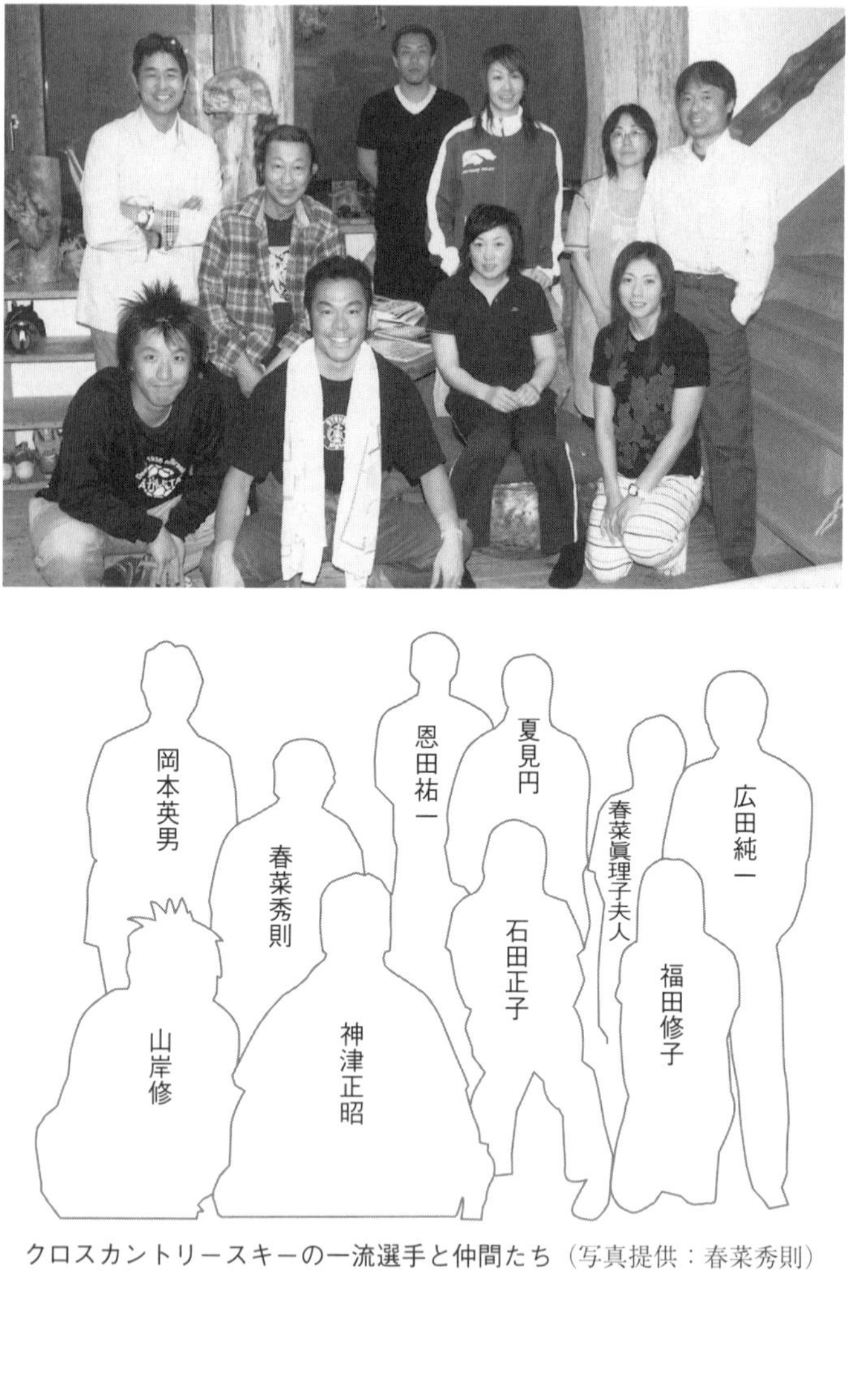

クロスカントリースキーの一流選手と仲間たち（写真提供：春菜秀則）

二〇一四年二月、ロシアのソチオリンピックで渡部暁斗《あきと》がスキー複合個人ノーマルヒルで銀メダルを獲得した。東川町役場庁舎ロビーには、渡部のガッツポーズなど三枚のカラー写真が掲示され、「渡部暁斗選手銀メダルおめでとう！　旭岳クロスカントリーコースで鍛えた力走」と書き入れてある。そして、その横には、「竹内智香選手銀メダルおめでとう！　ソチ冬季五輪スノーボード競技　旭岳温泉湧駒荘の愛娘～スノーボードはキトウシスキー場で始めました」と書いたボードと、竹内が銀メダルを頬にあてて満面の笑顔、決勝の滑りなど三枚のカラー写真を並べて祝福している。

竹内は、常に華やかさを備え、果敢な滑りによってドキドキさせ、スノーボードをテレビ観戦する人たちの人気ナンバーワン競技に押し上げた。両親が経営する「湯元　湧駒荘[40]」の露天

(40)　住所：〒071-1472　北海道上川郡東川町勇駒別旭岳温泉　TEL：0166-97-2101

東川町役場ロビーに架けられた竹内選手の写真

湧駒荘の玄関

風呂からは、旭岳クロスカントリーコースを走るスキーヤーの姿を樹間越しに眺めることができる。コースを走り終わって滑り降りてくると、そこが「湯元　湧駒荘」の玄関前駐車場である。

竹内人気もあって、旭岳温泉と旭岳クロスカントリーコースは今後一層注目されることだろう。そして、ＪＲ北海道所属のクロスカントリー選手、夏見円と石田正子が地元の子どもたちを熱心に指導しており、彼女らが東川町に寄せる温かい思いも忘れてはならない。

最後に、裏方に徹してきた春菜について紹介しておこう。

一九七六年六月二〇日、春菜は姿見の池近くにある旭岳の「愛の鐘」を式場代わりに結婚式を挙げた。友人が神職の衣装を借りて祝詞奏上を厳かに行ったのだが、何やら応援団の雰囲気があったという。祝酒のこも樽や、一〇〇人分のおにぎりを運び上げるのが大変だったという。

旭岳で結婚、それほどまでに旭岳を愛していた春菜は、一九七九年、「山が好きな人に経営を引き継ぎたい」という旭岳温泉のラーメン屋兼土産物店に請われ、胆振総合振興局管内むかわ町から移住してきた。「ヌタプカウシペ」を店名にしたものの、商売はやったことがなく、ラーメンのつくり方さえ知らなかった。当初、一日の売り上げが缶コーヒー一個であったり、ラーメンが一週間で三杯しか売れなかったという。

そんな時代が続いたが、温泉街で唯一の食堂に合宿中の学生や造林の技術者、マスコミ各社の記者たちが集まるようになり、それぞれが自由に語り、「底なし沼の伝説がある姿見の池の深さ

コラム 1

「姿見の池」の底無し沼伝説、一転

「姿見の池」と「夫婦《めおと》沼」の深さを測る調査が1986年7月30日に実施された。専門の学者が行ったわけではなく、愉快な仲間達がやったことである。この調査に加わった吉田友吉が〈北海タイムス〉（1986年8月24日付）に寄稿しているので紹介しよう。

姿見の池は、自然公園法「特別保護区」と文化財保護法「特別天然記念物」の指定区域内にあり、たとえ真面目な調査であっても簡単にはできない。旭岳温泉観光協会が手続きをとり、環境庁勇駒別管理事務所と旭川林務署の了解を得て実施されている。ゴムボートを浮かべて乗ったのが、「ロッジ・ヌタプカウシペ」の春菜秀則とNHK旭川の記者、太田肇の二人である。池は楕円形で長辺91m、短辺50m、広さ約3,000m^{2}と分かった。次は、いよいよ深さである。

池の中心部で春菜が「3.7m」と叫んだ。吉田らは一瞬耳を疑った。岸で見守る連中から「もっと深い所があるはずだ。探せ！」と祈りにも似た声が飛び、東川町役場職員の武田康行らダイバー二人が潜った。東川の名誉をかけて深部を探り、10分ほどして「ここが深い」と言って、右手を水面から上げた。それでも4.5mしかない。二つの沼が並ぶ「夫婦沼」のほうは、共に2.4mとさらに浅かった。

言い伝えでは、1952年、硫黄採掘の男達が姿見の池に筏を浮かべ、長さ16mの釣り糸を垂らしたが底につかなかったので底無し沼かもしれないとなっている。この話を信じていた吉田らは騙されたわけで、ボートを畳みながら「釣り竿をかついできた奴は誰だ」と鬱憤をぶちまけた、とオチが付いていた。

姿見の池を測量（撮影：坪川博明）

を実際に測ってみようぜ」などとみんなで面白いことをやってみるという店になっていった。そんな仲間の目標の一つが、クロスカントリーコースを守ることである。取材をした二〇一四年一〇月初旬、旭岳に初雪が降りはじめるのを待ちかねていたように「もう、滑れるかい？」という問い合わせの電話が頻繁にかかってきていた。さながら、情報発信基地のようでもある。

学生たちがワッセワッセと雪を踏み、スノーモービルを沼に落とし、圧雪車を壊すなど、悪戦苦闘してきた旭岳クロスカントリーコースは、春菜のような縁の下の力持ちと全国のスキーヤーの応援を得て、世界に輝くメダリストたちをこれからも育てていくにちがいない。

第2章

由来

東川町の実った田んぼと大雪山（撮影：大塚友記憲）

1 旭岳の名付け親──小泉秀雄カムイミンタラを行く

カムイミンタラとは、「まえがき」でも述べたようにアイヌ語で「神々の遊ぶ庭」という意味である。伸びやかな山稜、白煙を上げる噴気孔や火口池、山上の温泉、高原に敷きつむお花畑、針葉樹林のなかに広がる湿原、岩を配して点在する池沼、谷奥の滝や滑《なめ》、淵、これら変化豊かな自然の妙は、まさに「神の庭」にふさわしい景観といえる。

先住民であるアイヌ民族はもちろん山々を歩いて生活をしていたわけだが、一般の登山者は少なく、それも大雪山のごく一部にかぎられたものだった。いってみれば、当時は、山域の大半が未知未踏の大地であったのである。

小泉秀雄(1)は、この神の庭を縦横無尽に歩き回った。大雪山の学術調査の先駆者であり、「大雪山の父」と呼ばれている人物である。

一般に学術調査といえば、設定された予算のもと、それぞれの専門分野の学者が組織化して計画的に行うものであり、助手や学生を使うほか案内人や人夫《にんぷ》を雇うこともある。そして、その成果は「学術調査報告書」という形で発表されている。ところが、小泉はそのような学者ではなく、(2)独学で教員免許の資格を得た中学校の一教諭にすぎなかった。だが彼は博物の教諭であったので、自然に関する幅広い知識は十分に備えていた。そのうえ、勉学努力を重ねて歴史的な文献資料をも読み解き、アイヌ語なども含めて広範な知見を得ていた。なかでも、植物により強い関心をもっていた。

未開の大自然の真っただ中に入っていった小泉――もちろん、学術的な調査が目的であり、登山をするためではなかった。とはいえ、山や自然が好きでなければできることではないだろう。それに、彼の調査は研究であるとともに探検でもあったようだ。それについて、以下のように述懐している。

一歩高山に踏み込めば森林荊棘《けいきょく》深く山を閉ざして道更《みちさら》に無く、進退共に自由を欠き、且つ地図の便（ママ）るべきものなく、あるも実際と符合《ふごう》せずして危険云ふべからざることであった。此他《このほか》山中に小屋、石室は無く、天幕も無く、雨中に夜を徹する等は中々堪《た》へ難くつらかった。（『大雪山　登山法及登山案内』所収、「研究の歴史」一二一ページ）

（1）（一八八五～一九四五）山形県生まれ。独学で教員資格を得て、一九一一年旭川中学校（現・旭川東高校）教諭となり、以後九年間在職。一九二〇年以降、長野県、東京で教員を歴任、共立女子薬専教授を現職のまま没。
（2）動植物、鉱物、地形、地質学などの総合的な学問で、明治から昭和初期までは教科の一つであった。

時には、神々とともに遊ぶといった別天地もあったのかもしれないが、その過程は道なき道に道をつける苦難の道であったと思われる。

独力の調査であったとはいえ、単独行ではない。大雪山のスペシャリスト、成田嘉助[3]を案内人かつ人《にん》夫《ぶ》として雇っている。山中での生活術にも長《た》けている成田が一緒だったことで、小泉もさぞかし心強いことであったろう。

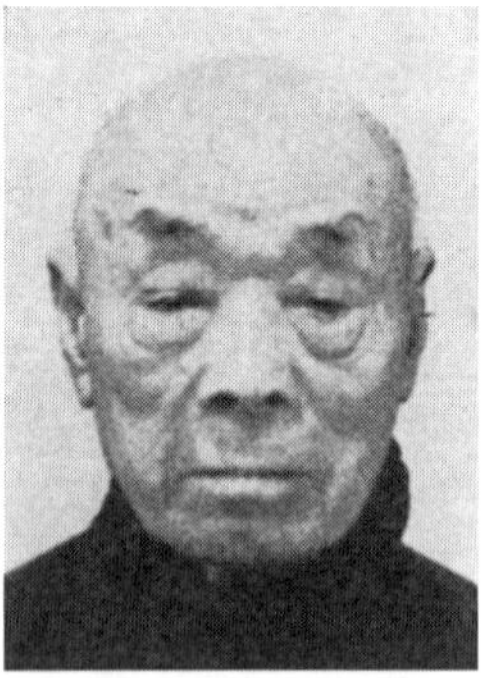
大雪山の案内人、成田嘉助（89歳）。1964年に写す。（出典：『大雪山のあゆみ』8ページ）

二人は幾日もかけて山に入った。暴風のなか、雷雨のなか、時にはクマの脅威にさらされながら二人は、雇用関係というより、苦楽をともにするパートナーというべき存在となっていった。小泉は成田への恩義を忘れることがなく、彼が著す文のなかには必ず成田の名前を挙げて感謝の念を表している。そんな成田は、小泉によって「名案内人」という地位を確立していった。

当時の装備や服装、携行品はどのようなものであったのだろうか。小泉は〈学友会雑誌〉の第一三号（庁立旭川中学校学友会、一九一八年三月）に「我が旭中の大雪山」という小論を掲載しているが、文中で、旭岳登山について生徒の準備すべき装備や服装を挙げている。そのなかには、必携品ではないと思われるものもある。当時の登山状況を知るにおいて興味深い内容なので、分かりやすいように分類整理したうえ、簡単な説明を加えて紹介しておこう。

❶服装、洋服がもっとも便利。夏服あるいは冬服（上衣のみ冬服でもよい）。巻ゲートルは大いに不可、日本式脚絆《きゃはん》に限る。寒くない限り軽装がよい。履物は足袋《たび》（大きめがよい）に草鞋《わらじ》、草鞋は一日当たり一足とする。杖（金剛杖など）は多目的に活用できる。

❷食料、白米一日当たり五合（約八〇〇グラム）。初日は握り飯・なかに梅干、または焼いて腐敗を防ぐこと。副食は缶詰、焼き塩、みそ、みそ漬け、塩引（魚の塩漬け）、塩ます。梅干。補助食品としてくず粉、氷砂糖、キャラメル、飴など。

❸防寒具、外套《がいとう》（オーバー）、毛布、冬シャツ、冬ズボン下、雨具など。

❹野営炊事用具、油紙、天幕、飯盒《はんごう》、水筒、小刀、水呑み（カップ）、手袋、ひも、細引き類。

❺医薬品、ガーゼ、包帯、薬品は仁丹《じんたん》（口中清涼剤）、宝丹《ほうたん》（芳香解毒剤）、ばんそうこう、薄荷《はっか》など。

❻その他携行品、手帳、鉛筆、地図（二〇万分の一または五万分の一）、時計、磁石、チリ紙、バロメーター、望遠鏡、寒冷紗《かんれいしゃ》の袋（頭を蚊に刺されないように包むもの）など。

（3）（一八七六～一九七三）旭川で植木業を営む。植木を採るために大雪山に入っていたが、経験を積んで山の案内人になった。

現代の登山家からすれば頭をひねるようなものもあるが、基本的なものは変わらない。小泉自身、広域にわたる調査登山において、同じような装備で入山したものと思われる。不完全ながら地形図も刊行されていたので、それを訂《ただ》しながら歩いたともいう。

彼はカメラを持って山には入らなかった。人物はともかく、対象とする山の地形や植物は、当時のカメラではいまひとつ不鮮明である。それに代わって彼は、強力な画力で対応した。もともと絵が得意で、とくに習ったわけでもないようだが、若いときからよく絵を描いていたという。静物、人物、花鳥風月、美人画など、なんでも描いた。

小泉が描いた美人画（出典：『動物植物画帳』1905年８月）
※小泉装幀の和紙和綴じ本

その画力を駆使して、起伏に乏しい大雪山群をていねいにかつ細かく描いた。もちろん、渓谷や滝も描いている。山のすべてが写生の対象になったのであるが、たしかに写真より分かりやすい。そして彼は、その写生図に日付を記したうえ、自ら命名した山名や地名を記して、説明を加えたのである。まだ山群の総称すらあいまいで、大雪山、旭岳、ヌタクカムウシュぺなどさまざ

第五十四圖 平ケ岳の頂上附近より大雪火山彙を望む…(小泉原圖)

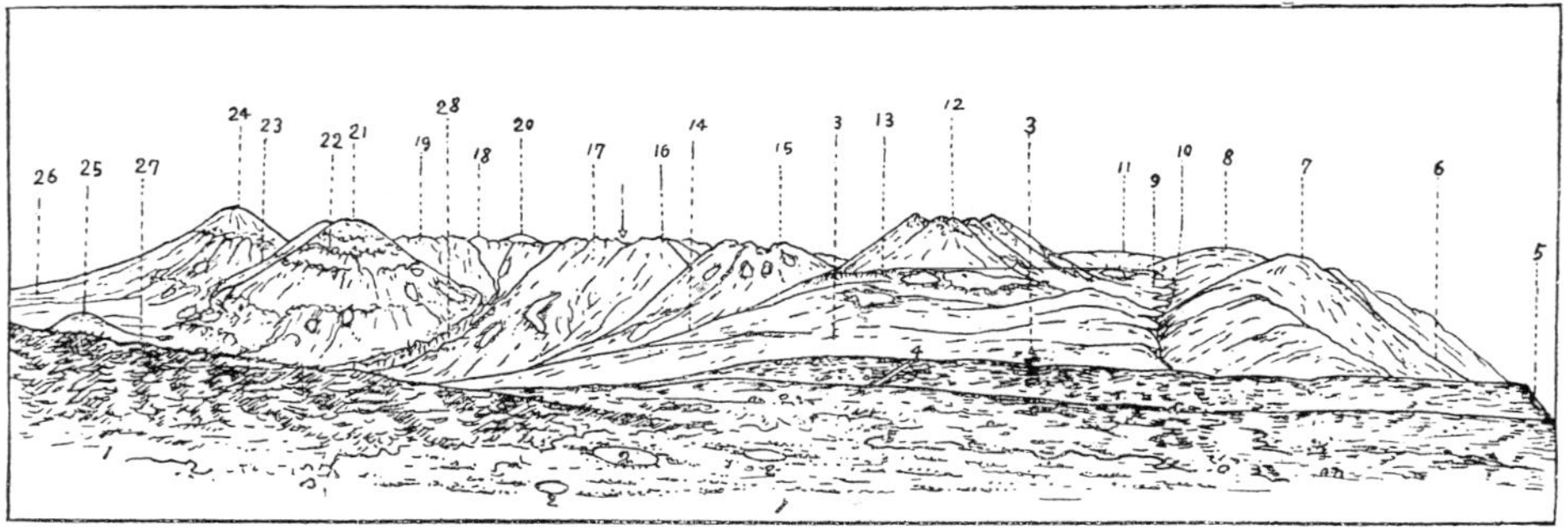

1平ケ岳頂上附近(一七八一)頂上ハヒマツ林多し
2同頂上の小沼群(寒地沼野)
3高根ケ原(一七〇〇)寒地礫野乃至寒地草原、濕性寒地礫野を交ゆ
4平ケ岳頂一部ハヒマツ林中の切り空け
5平ケ岳爆裂火口壁斷崖の上部
6小泉澤
7南岳一名松浦岳(二〇四一)
8小泉岳(二一五〇)火山
9小泉平(一九〇〇―二〇五〇)寒地草原
10南澤渓谷
11馬ノ脊
12白雲岳火山(二二二八)
13小白雲岳(一九六〇)
14白雲澤
15北海岳(二一六一)…
16松田岳(二一四二)
17荒井岳(二一八二)
18間宮岳(二一八二)
19熊ケ岳側火山(二二〇一)
(15–19 大雪火山)
20北鎮岳(二二四六)火山
21後旭岳(二二二二)火山
22同火山の懸垂熔岩
23旭澤
24旭岳(二二九〇)火山
25小旭岳(一六五二)
26旭平(一四〇〇―一六〇〇)
27沼ノ平(一五〇〇)濕性寒原
以上全部寒地帶

大正六年七月卅日 著者寫生

平ケ岳の山頂付近より大雪火山彙を望む　小泉秀雄画

小泉秀雄著『大雪山　登山法及登山案内』(1926年、大雪山調査会) ※[6]小泉沢、[8]小泉岳、[9]小泉平の明記あり

まの名称が交錯していた時代に彼は、山群の総称を「大雪山」とし、最高峰を「旭岳」としたのである。言うまでもなく、個々の小さな起伏にも名称を付けていった。

調査研究の成果を記録して公表するために、命名が必要であったわけである。それらの山名は、人名であったり、山麓にある村名であったり、形や色などさまざまなものである。ちなみに、「北鎮岳」は北の鎮台、すなわち旭川の第七師団から名付けたものである。とにかく、大半が無名であったので、先蹤者《せんしょうしゃ》の特権、彼の一存でどうにでもなった。このようにして新しく命名した山や地点は、「新称」として区別した。

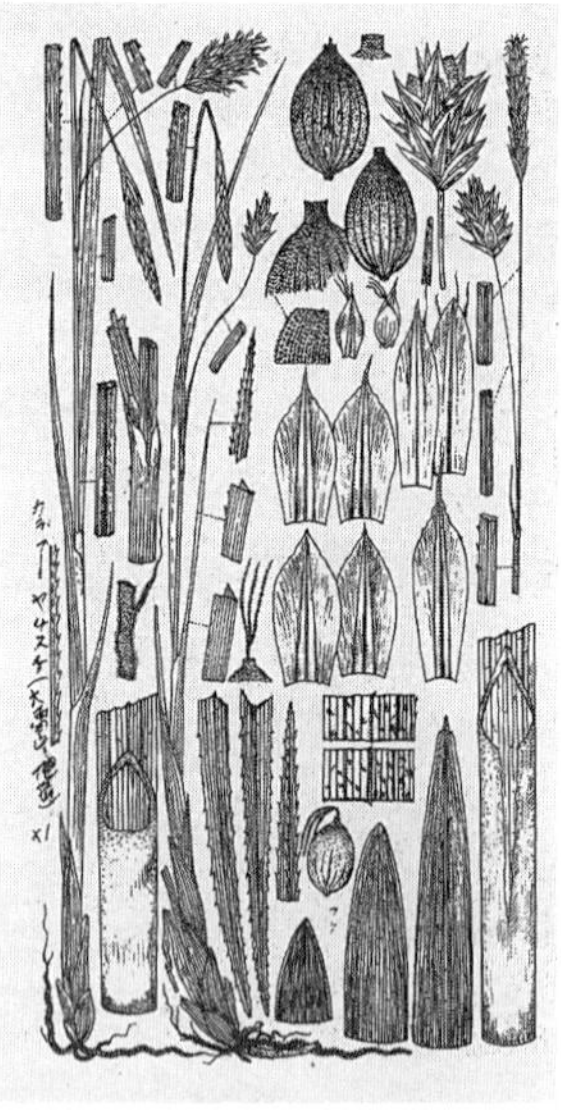
精緻な植物図。大雪山旭岳で採取したカラフトヤチスゲ

山地はもっぱら写生したわけだが、彼の生涯のテーマである植物は採集して胴乱（植物採集に用いる円筒状、長方形の携帯具）に詰め込んでいった。また、メモ魔であり、記録魔であった彼は、野帳（フィールド・ノート）に写生を含めて何もかもメモをしていった。自宅に戻ると、写生図の仕上げや記録のまとめ、採集植物の整理が待っている。それ以外にも、膨大な量の研究書

や文献資料を読み解かねばならない。これらすべてを公務の傍らに行うのであるから、常に時間不足であった。

それに、資金の面でも十分とは言えなかった。調査登山の経費、成田に支払う人件費、図書費など、もろもろの費用を自らの給料から捻出《ねんしゅつ》せねばならなかった。すでに妻子がいたわけだから、そのしわ寄せが家庭に向いたと想像できる。一般家庭のような家族の団らんも、時間不足の彼にはあまり考えられない。だが、家族への責任感は強かったようで、家庭の崩壊はなかった。

こうした環境のもとに行った七年間の調査研究の成果を「北海道中央高地の地学的研究」として寄稿している。それには、大量の写生図も添付されていた。その原稿は日本山岳会機関誌〈山岳〉（年三回発行）に掲載されたが、あまりにも膨大な分量なので、第一二年第二・三号として、二号分をまとめて一九一八（大正七）年八月に発行されている。彼の原稿のみで約二五〇ページ、会の情報はごくわずかで、紙面の大半を独占したこの掲載はまるで単行本的な扱いであった。もちろん、このような例は過去にも現在にもなく、異例中の異例といえるものである。

小泉は「まだ研究途上であり未定稿」としているが、なぜ日本山岳会の会員でもない彼の論稿が採用されたのだろうか。同誌の「はしがき」で編集者がその理由を述べているので、一部を紹介しておこう。

従来北海道の山岳にして、本誌上に記録を有するもの、千嶋《ちしま》群島を除けば其《その》数極めて乏しく、纔《わずか》に大雪山蝦夷富士樽前岳等三四を数ふるに過ぎず。遺憾少なかりしが、幸《さいわい》に此《この》篇によりて其《その》欠を補ふを得たり。本篇もと未定稿に属し、研究の余地を存《そん》する尚《な》ほ多大なる可《べ》しと雖《いえど》も、公職の余暇に成れる個人の事業としては、其労や誠に敬服に値《あたい》す可《べ》く、北海本道の大山岳は概《おおむ》ね網羅し尽《つ》くして、残る所は其一部に過ぎざる也《なり》。若夫《もしそ》れ北海道の地体構造、山脈の配列、地質又は動植物等の項目に至りては、之《これ》を批評し論難する別に其人あらん。吾人《ごじん》本篇によりて北海道山岳登攀の好指針を得たるを喜び、読者と共に著者に対して敬意を表するに吝《りん》ならざる也。（〈山岳〉第一二年第二・三号、はしがき。一部、筆者により常用漢字に改変。ルビも筆者、以下同）

現代語表記ではないので読みづらい文章だが、ここにいう「中央高地」とは現在の大雪山国立公園地域よりも広い地域であり、一部を除いては公表された記録がなかったので、日本山岳会としても喜んで取り上げることにしたようだ。本文には、数枚の地勢図や地質図が挿入されており、そのほかに彼の作成した「北海中央高地地方地形詳図」（二〇万分の一）が付図として添付されていた。これは、北海道庁出版の「二〇万分の一地形図」を基礎として訂正・増補したものである。先に述べたように、この地図には彼の命名した山や池沼、地点、沢の名や峡名も細かく明記されており、当時としては最新の、もっとも詳しい地図となった。現在では、彼の調査活動の跡を知る貴重な資料となっている。

だが、膨大な本文原稿を校正した木暮理太郎《こぐれりたろう》は、(4)作業の半ばでサジを投げている。小泉は数回にわたって訂正・増補をしており、全体として表現の統一性がなかった。木暮は、校正にあたって独断で訂正し、統一を図ったが、「終其繁《ついそのはん》に堪《た》えず中止したる所大部分を占む」というありさまであった。

そのうえ、文章の不明なところ、前後につじつまの合わない箇所もあったようだが、「著者遠隔の地にあるを以て一々照会して之《これ》を訂正削除するの暇なく、止むを得ず独断を以て修正加削したるもの少《すくな》しとせず」と言っており、校正にはかなりの苦労をしたと吐露している。小泉の精力的な調査・研究活動に感嘆しながらも、当惑した校正者である木暮の姿が目に浮かぶ。

そして木暮は、そのようなことで著者の意に背くようなことがあれば、「これ予（自分のこと）の責任なり。読者の諒恕《りょうじょ》を乞《こ》はざるを得ず」として、巻末の言を締めくくっている。ちなみに、提出した得意の写生図はすべてボツになっている。採用すればますます分厚くなってしまうので、

（4）（一八七三〜一九四四）第三代日本山岳会会長。日本アルプスの登山、奥秩父登山の開拓者として知られる。著書として『山の憶ひ出』などがある。

割愛した木暮の気持ちも十分に分かる。
日本山岳会は登山家、学者研究家、文学家、美術家など知識階級の会員が多く、これら同誌の読者たちは、北海道中央部の知られざる未知の山域に思いを馳せて、地図と見比べながら読みふけったことだろう。地学的のみならず探検の歴史的な変遷とその文献、名称の歴史、交通舟運の推移、登山の歴史、アイヌ語地名の解釈に至るまで、その広範な記述に興味をもった読者が多かったと思われる。

とくに、大雪山関係には多くの紙面が割かれており、旭岳登山のガイドブック的な役割も果たしている。当時は、東川村（現・町）を経て忠別川筋から入山するのがただ一つの登山道（アイシポプ、ユコマベツの二道あり）であり、小泉もここから入山している。

〈山岳〉誌への発表後も東川村から調査登山をしているのだが、その一つに忠別川支流のクワウンナイ遡行《そこう》がある。やはり成田を伴っての遡行であるが、このときに彼が名付けた「滝の瀬十三丁」という絶景がある。彼の行動範囲はきわめて広く、登山上の初踏破と言えるものが多いと思

滝の瀬十三丁（撮影：大塚友記憲）

われるが、研究・調査が目的であったために登山記録というべきものを残さなかった。このクワウンナイ遡行も、記録上の初登山といえるであろう。

名登山家として知られる大島亮吉は、(5) 一九二〇年七月、小泉の教示を受けて松山温泉からクワウンナイを遡り、トムラウシ、石狩岳に登って層雲峡へ下っている。小泉の紹介で成田を伴っての登山で、彼の作成した地図をたずさえ、彼の足跡をなぞった。

また、愛別村（現・上川町）の水姓吉蔵《みずうじ》(6) は、小泉に対して「たまにはルベシベ側（上川町側）からも入山してほしい」とすすめたようだ。小泉は心よく応じたらしいが、それは実現しなかった。なぜなら、一九二〇（大正九）年、九年間の旭川生活に終止符を打って長野県松本に去っていったからである。

松本での小泉の様子も紹介しておこう。松本女子師範学校教諭や松本高等学校講師（いずれも現・信州大学）を勤めながら、日本アルプスをはじめとして樺太《サハリン》、東北、八ヶ岳、富士山へと三〇〇余山の調査登山を重ねていった。そして四年後、思いがけず再び大雪山への機会がやって来

(5)（一八九九〜一九二八）慶応大学山岳部で活躍。研究や紀行、随筆に多くの著作を残す。一九二八年三月、北アルプス前穂高岳で墜死。享年二八歳。

(6)（一八七三〜一九五六）上川町の小学校教員から校長となる。大雪山の登山をよく行い、時には案内役も務めた。大町桂月の登山にも同行している。

コラム2

大雪山のフシギな父子

秋深い、好天のある日、沼佐隆次（内務省大手記者会新聞連合社記者）ら一行は大雪山黒岳の山頂で休んでいた。その横、砂礫の大斜面を飛ぶように疾走する40歳がらみの男、衣服はボロボロ、蒼白の顔、異様な眼光、かなたに雪を頂く旭岳を目指していた。あっけにとられて見ていると、その後を追うように15～16歳の少年が猿のような身軽さで疾走していった。

「あの人は一風《いっぷう》変わった人ですよ」と、案内人が言った。

「いつごろから大雪山麓に流れてきたのかは知りませんが、もとは東京の立派なお役人だったそうで、時たまああして山の霊に憑《つ》かれて、発作的に山を駈け回るのです。後ろから追ってゆくのはあの人の息子です」

男と少年はなおも登山道を走ってゆく。やがて豆粒のように小さくなって、その二つの影は大噴火口の岩に隠れて見えなくなってしまった。案内人の説明はなおも続く。

「つい先日の月夜の晩も、石室のお客さんを案内して、その夜のうちに層雲峡に帰るため北鎮岳のそばを通ったのですが、噴火口の岩壁にあの二人が煌々《こうこう》と照る月光をあびて、つくねんと佇んでいる姿を見て、なんだか気味が悪くて大急ぎで山を駈け下りました」

「でも、あの少年は特に変わってはいないのだろう」と、沼佐が言う。

「そうです、しかも利口《りこう》な子で、東京の中学を中退して、変人の父と二人で山を駈け回るのが楽しみのようで、言葉をかけても話そうとはしません。ですから、素性《すじょう》もよく分からないのです」

以上は、沼佐が著した『大雪山と阿寒』（北海道庁景勝地協会、1935年）の中の一コマを筆者のほうでアレンジして紹介したものである。幻想的とも怪奇的とも思えるもの悲しい、夢まぼろしの謎を秘めたフシギな話である。この二人の姿を見た人がほかにもいるかもしれないが、本書のほかに記述されているのを見たことがない。

た。一九二四年、旭川の実業家である荒井初一[7]が「大雪山調査会[8]」を設立したのだが、実務を取り仕切っていた塩谷忠[9]が大雪山研究の第一人者である小泉に調査委員を委託したのである。

すでに、前年には黒岳への登山道が開かれ、石室《いしむろ》が建設され、縦走路は旭岳につながっていた。荒井は層雲峡開発に力を入れており、拠点となる「層雲閣」も新築されていた。そんな時期に、小泉は松本から大雪山へ調査登山にやって来たわけである。

これまでの東川経由（忠別川）に代わって、層雲峡（石狩川）からの入山である。旭川時代に行った自費調査とは違って、松本からの交通費、宿泊費、調査費などの経費はすべて荒井が提供したのだから、これは当然であろう。ちなみに、調査中、落石に遭って重傷を負い、旭川にある向井病院で入

(7)（一八七三〜一九二八）元旭川商工会議所会頭。荒井建設や層雲閣を経営し、層雲峡開発に貢献した。層雲峡には彼の胸像がある。

(8) 一九二四年設立、大雪山の調査研究と観光開発を目的とする。

(9)（一八九四〜一九五八）新聞記者。桂月を層雲峡に誘い、黒岳までともに登る。大雪山調査会創立に参画し、一生を大雪山、層雲峡の開発に尽くした。第2章4節参照。

戦前の層雲閣（出典：『大雪山国立公園の展望』（層雲閣、1936年、11ページ））

院治療をし、一〇月になってやっと松本に帰るというアクシデントもあった。

翌年の一九二五年にも調査登山を行い、その成果を『大雪山　登山法及登山案内』として一九二六年に大雪山調査会から刊行している。同書は、大雪山研究の決定版、バイブル的著書として長く愛読されたわけであるが、先に挙げた論稿「北海道中央高地の地学的研究」との相違において、同書の特徴とするところを列挙しておこう。

❶大雪山という狭い範囲の論述であり、前著「中央高地」の未定稿と違ってよく整理構成がなされている。

❷日本アルプスやそのほかの山との対比のうえで大雪山を論じているので、より説得力がある。

❸「高山植物」という名称を否定し、「寒地植物」名称を用いたこと。彼の説は妥当であるが、すでに「高山植物」名が普及していたので定着しなかった。

❹論稿でボツとなった写生図が活用されていること。したがって、同書には写生図の挿入が多い。

❺大雪山の個々の山名が確定し、今日に至っている。新たに荒井初一の功績をたたえ、敬意を表して「荒井岳」、大町桂月の登山を記念する「桂月岳」、自身の名を冠する「小泉岳」が加わった。

『大雪山　登山法及登山案内』の表紙

小泉岳には「大雪山調査会命名」とただし書きがある。現存者の山名は異例であろう。ちなみに、大町桂月（九五ページの**コラム4**参照）は前年の一九二五年に没している。

❻巻末の付録「大雪山調査会設立趣意書」は小泉の起草したもので、約六五〇〇字の長編となっている。日本アルプスの登山状況、山岳界の現況を説き、大雪山の景観を賛美しながら、研究開発の必要性から本会を設立したと述べる。当時の登山情勢を知るためにも興味深いものである。

❼同じく巻末の付録「寒地（高山）植物保護区域設定請願書」、「寒地（高山）植物園設置請願書」も小泉の起草したものである。

同書は新書版の大きさながら、本文三六

大雪山小泉岳山頂標識。この標識は早くに撤去され、近年、新しい標識が立てられた（出典：『小泉秀雄植物図集』９ページ）

四ページ、そのほかにスケッチ、写真、地図などの図版九六図、序、付録などを加えると六〇〇ページにもなる大著である。表紙には厚紙に彩色した旭岳と高山植物の絵が掲げられ、左に題字、背は布地に刻字したという凝《こ》ったつくりの本となっている。巻頭に黒岳山頂測量櫓《やぐら》下の三角点に座る会長・荒井の写真を掲げていることからも、彼の配慮がうかがえる。ただ、表紙絵の作者、題簽《せん》者の名が記されていない。たぶん、題簽は荒井であると思われる。

同書の刊行後、一九二六（大正一五）年から一九二八（昭和三）年まで毎夏、小泉は大雪山を訪ねている。いずれも荒井の招致支援によるもので、塩谷、五十嵐成八、成田ら、昔の山仲間と登っている。荒井は一九二八年二月一九日に亡くなっているので、最後の登山は墓参を兼ねてのものであったと思われる。この年、小泉のカムイミンタラへの旅は荒井の死とともに終わった。(10)

その後も彼は、クナシリ、エトロフ、さらには北千島へと精力的に調査登山を続けた。のちに共立女子薬学専門学校（現・慶応大学薬学部）に転じて講師から教授となったが、太平洋戦争末期の一九四五（昭和二〇）年一月一八日、現職のまま胃がんにより没する。五九歳であった。葬儀は学校葬として執り行われている。

小泉は、夫人や家族、近親者、また教え子たちにも大雪山のことはいっさい語らなかった。もちろん、大雪山に関する著書も、小泉岳の存在も伝えることなくこの世を去ったのである。なぜ語らなかったのかはよく分からないが、旭川（北海道）を去ったのは学校との間にトラブルがあったという説がある。また、一緒に大雪山に登ったこともある兄の源一[11]とも確執《かくしつ》が生じ、絶交状態となっている。そして、河野常吉[12]との大雪山をめぐる「山名論争」など、思い出の多い大雪山でありながら思い出したくないこともあったと思われる。そのあたりが口をつむぐ要因になったのかもしれないが、真相は謎のままである。

小泉の没後数十年、彼の大雪山研究の業績や小泉岳の存在を初めて知った遺族や教え子たちの驚きといったら大変なもので、にわかに小泉岳を意識するようになり、親族や教え子たちも小泉岳を目指すようになった。直孫の小泉雅彦（神戸市在住）は家族四人で[13]山頂に立った。登頂した一人、教え子の矢武三知は「小泉秀雄植物図集刊行

(10)（一八八八頃～一九五〇）札幌農学校で園芸学を修め、札幌鉄道局に入局。小泉の山友であり、小泉の著作にはたびたび登場する。

(11)（一八八三～一九五三）植物学者。札幌農学校卒、京大生物学科卒。海外留学ののち京大理学部教授となる。

(12)（一八六二～一九三〇）北海道史研究家。「北海道の生き字引」ともいわれ、その関係の編著書も多い。

『小泉秀雄植物図集』の表紙

会」の代表となり、恩師の没後五〇年を記念して『小泉秀雄植物図集』を発行している。発行日は一九九五年一月一八日、彼の五〇年忌である。同書は、小泉家に遺された精緻な植物図一二二図数百種を原寸のまま印刷したものだが、学者や研究者に大好評となり、すぐに品切れとなってしまった。

現在、カラフルでビジュアルなガイドブックがたくさん出版されており、観光に来られる方々も手軽な登山地として大雪山に来られている。広大かつ雄大な自然を楽しむだけでなく、温泉やウインタースポーツをも楽しんでいるみなさん、次にここに来られるときには小泉秀雄の名前を思い出して欲しい、と筆者は願う。

（13）（一九二二〜　）北見市生まれ。一九四四年、共立女子薬専卒。薬剤師として要職を歴任。元北海道女子薬剤師会会長。

2　天人峡の由緒来歴あれこれ

大雪山の名勝「天人峡」――この名前、もちろん最初からあったわけではない。「峡」とは峡谷のことで、深く切れ込んだ谷間であり、そこには急流や深い淵があるほか岩壁があり変化に富んだ景観を現している。「峡谷美」という言葉からもその雰囲気が伝わるであろう。大雪山から生まれた石狩川の支流である忠別川の一部に名付けられたものである。

一方、本流である石狩川には層雲峡がある。ともにすぐれた峡谷美を誇り、大きな滝もある。それに温泉もわき出していることから、すべての条件を備えた名勝と言えるであろう。小泉秀雄（前節参照）は、この二つを「大雪山中の二大峡谷」と呼んでいた。

明治末の一九一〇年、石狩川上流を探検した愛別村（現・上川町を含む）の村長太田龍太郎(14)は、

---

(14)　（一八六二〜一九三五）熊本藩士の家系に生まれる。父が暗殺され、義兄とともに七歳で仇討ちし、安場保和男爵に引き取られ養育を受ける。一八九七年、安場が北海道庁長官となり、太田も北海道へ出向し、道庁勤務などを経て一九一〇年、愛別村村長。一九一一年、後藤新平逓信大臣兼鉄道院総裁に「石狩川上流霊域保護国立公園経営の件」を建議した。著書に『霊山碧水』がある。直孫・笹川良江（二〇一二年に東川町に移住）は、二〇〇四年に『大雪山国立公園生みの親　太田龍太郎の生涯』を出版している。二二四ページも参照。

その峡谷美に感嘆し「霊山碧水」と名付けた。のちの一九二二年、ここを探勝した大町桂月（九五ページの**コラム4**参照）も圧巻の美を激賞して「層雲峡」と名付けて今日に至っている。

一方の天人峡、峡谷美のスケールにおいて層雲峡に一歩をゆずるかもしれない。しかし、層雲峡に勝るものがある。一つは北海道の最高峰旭岳で、もう一つは北海道最大の滝「羽衣の滝」を有することである。この二つは誰もが知るところであるが、もう一つ忘れてはならないこと、それは登山と温泉の歴史であり、いずれも層雲峡より古い。

まず温泉であるが、発見者は松山多米蔵（一八六二〜一九三四）である。松山は旭川駅付近で旅館を営んでいたが、その一方、金

大正13年に撮影された羽衣の滝（出典：『大雪山　登山法及登山案内』）

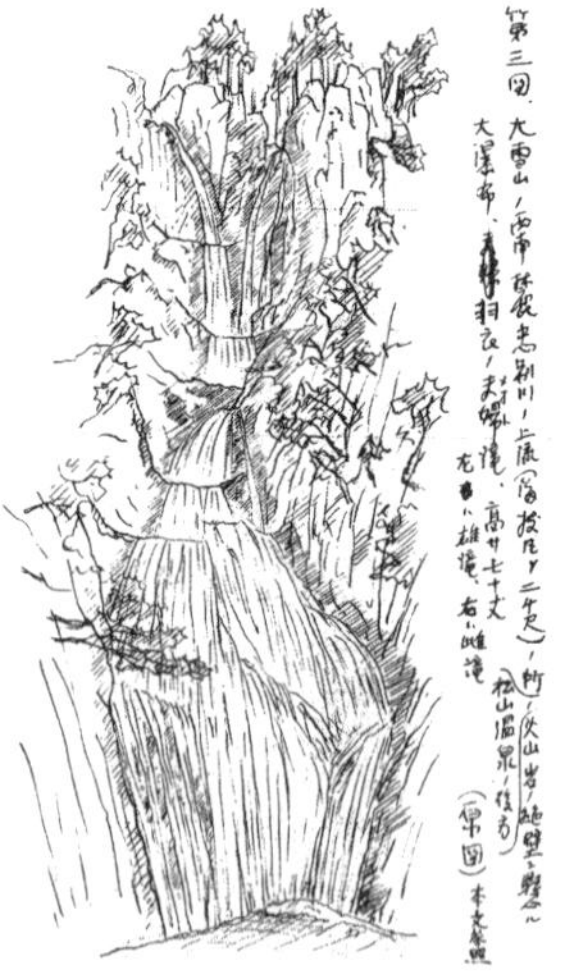

小泉秀雄が描いた羽衣の滝

鉱探しにも興味をもっていたようである。一八九七（明治三〇）年八月、アイヌの道案内で忠別川上流を探検し、温泉の湧出を発見した。そのときに、名もない羽衣の滝を発見したものと思われる。翌年、松山はここに湯小屋を建てて管理人を置いている。

一九〇〇年以降は夫婦で温泉旅館の経営にあたり、「松山温泉（現・天人峡温泉）」と呼ばれるようになった。巷で「開湯の祖」とも言われているのには、このような背景がある。彼はまた、時に応じて山案内も務めている。一九二三（大正一二）年、層雲峡とのルートがつながり、忠別渓駅逓所（松山温泉内）が開設され、松山は初代管理人に任命された。

羽衣　（詞・葛原しげる、曲・梁田　貞）

一、あれ天人は羽衣の　舞いを舞い舞い帰り行く
風に袂《たもと》がヒラヒラと　羽根に朝日がキラキラと
松原こえて大空に　霞に消えて昇り行く

二、あれかくれ行く松原は　美保の浜辺かなつかしや
浜の漁師は安らかに　栄え栄えよいつまでも
日本一の富士山も　霞の下に消えて行く

紹介した『羽衣』という歌は、一九一九（大正八）年につくられたものである。つくられた当時に歌ったという人はもうほとんどいないだろうが、歌いつがれ、聞きおぼえて知っている人も結構いるのではないだろうか。歌詞には、羽衣伝説や、世界文化遺産になった富士山、そして美保の松原も見事に歌い込まれている。何よりも、天人と羽衣が対《つい》になっている。

いつごろから「羽衣の滝」と呼ばれるようになったのか、また、なぜ美保の松原から東川に飛んできたのかははっきりしないが、明治の末期には定まっていたと考えられている。その間には、「鉱泉滝」（温泉滝か）という名前も記録されているし、「羽衣の夫婦滝」と呼ぶこともあった。要するに、誰もが名を付けたくなるような見事な滝だったのである。

次に登山であるが、忠別川筋を遡って旭岳に一等三角点を立てたのは陸地測量部員の館潔彦《たてきよひこ》で、一九〇〇（明治三三）年九月一〇日のことである。点名は「瓊多窟《ヌタック》」、ヌタクカムウシュペの頭を取ってそれに漢字を当てたものである。当然、このころには旭岳という山名はなかった。この三角点設置は国家的な大事業であり、測量員や作業員が大挙して長期にわたって入山し、けもの道と思われるところに道を造っていった。旭岳の場合は、当時の踏み跡がのちに登山道になったのではないかと考えられる。

ともあれ、忠別川筋は大雪山への最短のルートであり、かつては表登山口として歩かれてきた。前節で述べたように、小泉秀雄らももっぱらこのルートをとって入山したわけである。また、大

コラム3

伝説となったお酒と羽衣伝説

「羽衣の滝」にまつわる伝説を紹介しよう。その昔、東川に弓人《ゆみひと》という心優しい若者がいた。狩りの修行に出掛けた時、大切な弓を山賊に盗まれてしまった。疲労困憊《こんぱい》した身体で細い滝のそばに湧く温泉につかると、不思議にも身体の奥底から力が湧いてきた。元気を取り戻した弓人は女性のすすり泣きに気付いた。彼女は山賊に羽衣を盗まれ、天の国へ帰れなくなった天女だった。哀れに思った弓人は山賊の隠れ家に近づき、繋がれていた馬の背に木の幹を乗せて、ブドウのツルで縛り付け、山に放すと、酔った山賊たちは馬が盗まれたと思い追って行った。その隙に、弓人は羽衣を取り戻した。お礼に天女が美しい羽衣の舞を披露すると、今まで細く流れていた滝が羽衣の形をした大きな滝へ姿を変えた。その滝のおかげで東川の地は潤い、農作物の宝庫として栄えるようになった、とさ。

さて、東川には天女の恵みとなるお米があるのだからお酒を造ってみようと思い立ち、天人峡温泉の特選限定酒「羽衣伝説」(720ml、300ml）を売り出したところ、お土産としてよく売れた。

旭川の奥座敷として賑わっていた「天人閣」「天人峡グランドホテル」「天人峡パークホテル」「ホテル敷島荘」の４軒の支配人や専務らが総合企画の社長と共に知恵を絞った末の「羽衣伝説」は1986年に創作され、道内のキャンペーンで広められていった。一方、旭川の酒造メーカー「男山」のお酒「羽衣伝説」のほうは1989年からつくられたが、そのお酒もすでになく、伝説となってしまった。

羽衣伝説（撮影：松澤基）

町桂月も初めは成田嘉助（前節参照）を伴って松山温泉から旭岳を往復する予定であったが、塩谷忠（一二七ページから参照）のたってのすすめで層雲峡を探勝し、登山道のない黒岳沢にルートをとって旭岳を縦走して天人峡に下っている。このとき、日程が遅れ、遭難騒ぎを起こすというエピソードを残している。

この天人峡と旭岳登山については、小泉秀雄が著した「大雪山登山記」〈山岳〉第一一年第三号、一九一七年九月）に詳しい。一九一一年六月、小泉は上川中学校（のちの旭川中学、現・旭川東高校）教諭として赴任し、その年の七月、生徒を引率して初めて旭岳に登った。二回目が一九一四（大正三）年八月で、このときの紀行が「大雪山登山記」である。

この「登山記」に基づいて、彼ら一行の足跡を振り返ってみよう。メンバーは、彼のほか旭川中学の在校生と卒業生、営林署長、そのほかの有志を集めて合計一三人である。八月二日の深夜午前一時、そぼ降る雨のなか、ちょうちんをぶら下げて旭川を出発した。途中で雨が止み、空も晴れてきた。そして、まだ名前のない天人峡に入ったのである。

柱状節理の岩壁や岩峰がつらなり、その上にはエゾマツ、所々の岩の間には滝がかかっている。岩の形から「劒岩」「地蔵岩」などと名前を付けながら進んでゆく。初めて見るこの素晴らしい景観に、彼はただただ感動した。神域霊境に入る心地でここを「霊仙峡」と名付けた。命名の最初である。

コラム4

大町桂月（1869～1925）こぼれ話1 ――桂月と国語読本《とくほん》

桂月といえば大雪山である。層雲峡から入山して大雪山を縦走、最高峰旭岳から羽衣の滝、松山温泉（天人峡温泉）に下山したことは本文でも述べている。現代の登山家の多くが桂月岳の存在は知っているだろうが、だからといって、そこから桂月を思い起こす人は少ないかもしれない。

現在では、大町桂月は忘れられた人物の一人である。同じく土佐の出身である坂本龍馬と比べると、その知名度の違いは言うまでもない。しかし、明治から大正期の桂月は絶大な人気を誇っていた。それを証明するのが、当時の国語教科書に掲載されている彼の文である。いわゆる「国語読本《とくほん》」で、ちょっと探せば驚くほど出てくる。つまり、彼は教科書の常連であり、定席であった。

ただ、内容的には当時の国策にのった教訓的なものが多く、確認した限りでは大雪山登山のことは登場しない。彼の思想は、富国強兵、忠君愛国、それに教育勅語《(註)》思想のもとに書かれていたので、戦後に失脚し、忘却の彼方に追いやられたのは止むを得ない。

だが、彼の紀行文学は今も評価されていいだろう。「層雲峡より大雪山へ」は名作であるし、大雪山登山史上、見過ごせない記録である。彼はその年、登り残した羊蹄山と駒ケ岳を翌年の1922年に一人で渡道し、案内人を雇って念願の登山を果たしている。この登山は「駒ヶ岳より羊蹄山へ」（〈中央公論〉1923年4月号）として発表されている。両編とも興味深い内容だが、いずれも擬古文《ぎこぶん》のため現代人には読みにくいのが難点である。

50歳の時の桂月（出典：『桂月全集』第9巻）

（註）明治天皇が国民道徳の根源、国民教育の基本理念を示した勅語。1890年発布。

その日は松山温泉に一泊し、明日の登山に備えてゆっくりと休んだ。しかしここの温泉、すでに今を盛りの大繁盛であったという。車もないそのころから、早くもたくさんの客の出入りがあったことが分かる。もちろん、これらの客は、天人峡の景色を楽しみ、羽衣の滝を見上げたにちがいない。温泉との三点セット、と思ってもいいだろう。

三日、彼らは温泉を八時過ぎに出て、羽衣の滝の下に立った。初めて見る滝は見ごたえ十分、日光にある「華厳の滝」のような直下する迫力はないが、変化のある壮麗の美を小泉は見いだしたのである。「大雪山登山記」には次のように書かれてある。

遠く見れば天女が天下る時、白妙《しろたえ》の羽衣を翩飜《へんぽん》として軟風翻《ひるが》へすが如く、近く眺むれば、瀑水麗々として柳枝《りゅうし》の雪を帯びて舞ふが如くである。霰《あられ》と亂《みだ》れ雪と散り煙となって走り行く。時に半空紅虹《こうこう》を吐き、滝壺に激《げき》しては白浪をしき立て、岩に砕けては花と咲く。（前掲書、九九ページ）

難しい漢字や言葉の並んだ美文調であるが、小泉は羽衣になぞらえてこのように表現した。そして、ただこの滝を見ただけで、すでに登山の価値は十分にあるとまで言って賞賛している。

登山道は滝の左側（右岸）に沿ってつけられているが、これは今の常識では考えられない難ルートである。わらじの紐を締め直して登りはじめた。滝を右手に見ながら、落差二七〇メートルの大滝の上まで一気に登るのだから並大抵ではない。

木の根にしがみつき、岩角をよじ登る。危険な所には、鎖やロープが付けられていた。そのころすでにルートが開かれていたとは、驚きのひと言である。休む所もなくひたすら登り、前をさえぎる垂直に近い大岩もなんとか乗り越えた。小泉はこの大岩を、「親子不知《おやこしらず》の岩」と名付けている。なおも険しい岩から岩を登って、やっとのことで安全な頂きに立つことができた。

松山温泉から一時間半、ここで大休息。そしてこの頂きを、羽衣の滝にちなんで「天人ヶ峯」と命名した。彼はここで「天人」という語句を使ったのである。また、行く手の湿原の沼には、その形から「ひさご沼」（ひょうたん沼）と名付けている。このあたりは旭岳のビューポイントで、水面に山の姿を映しだしている。のちに彼は、この湿原を「天人ヶ原」と名付けている。現在、羽衣の滝沿いのルートは廃道になっているが、手前の急坂を登り、ひさご沼を横に見て旭岳温泉までの山道は通じている。

話を忠別川に戻そう。その後に小泉が発表した「北海道中央高地の地学的研究」（前節参照）によると、「霊仙峡」ではなく「勝仙峡」となっている。そしてその名は、五十嵐成八（八七ページの註参照）とともに命名したとある。発表誌の部数は少ないものであったが、全国の登山界では広く読まれていたこともあり、その方面ではある程度認知されていたようである。

さらに特記すべきことがある。羽衣の滝から歩いて一五分ほどの所にある「敷島の滝」についてであるが、先の「大雪山登山記」ではただの「大滝」とされていたものが同誌では「敷島の大滝」と明記されているのだ。「敷島の滝」と明記された最初の文献であると思われる。念のために書き添えておくが、この滝を観に行くには注意が必要である。そこに向かう入り口には「通行注意」という看板があるので、そのつもりで探勝せねばならない。

さてここに、忠別川上流と松山温泉の二種類の絵はがきがある。いずれも小泉の集めたものである。一般的に、絵はがきには発行年を表記しないものだが、彼が一九一八年に貼示していることから、それ以前のものであることはまちがいない。ただ、惜しいことに袋がないので表題が分からない。しかし、一枚一枚に記入されていることから次のようなことが分かってくる。興味深く、資料的価値も高いと思われるので、その名称をすべて取り上げ、部分的に掲載することにした。


〈石狩國上川郡東川村忠別川上流〉

「大曲」「松山温泉（以下判読不可）」「松山温泉・鶴ノ湯」「糸引ノ瀧」「タンザク岩」「羽衣の夫婦瀧の上流（其一）」「羽衣の夫婦瀧（其二）」「大瀧」

まずは忠別川上流の八枚であるが、表題の地名からしても古いものであることが分かる。興味をひくのは、「大雪山東川登山記念」という日付入りのスタンプが押してあることである。惜しいことに日付の記入はない。このようなスタンプは、余白のある二枚だけに押されてある。

なお、「羽衣の夫婦瀧の上流（其一）」とあるのは滝の上部のことで、前述した滝の左側の登山道を登って撮影したものである。また、「大曲」は上流域にある大曲ではない。「大瀧」は敷島の滝のことで、数人の人が立っている。すでに踏み跡くらいは付けられていたものと考えられる。

一方、〈忠別川上流松山温泉〉の絵はがきは、「ヤマベ魚淵附近」「羽衣の夫婦瀧（其一）」「羽衣の夫婦瀧（其二）」「七福岩（其一）」「七福岩（其二）」「短冊岩」「岩下ノ一本榎」「烏帽子岩」「大瀧の壮絶」の九枚であるが、一般的には八枚組、一二枚組であることが多いことからして半端な枚数となる。ただ、同じタイプで「北海の最高峯大雪山・忠別川上流より望む」という一枚があり、それを加えると一〇枚となって区切りのいい数になる。この絵はがきの特徴は、すでに英文を添えていることである。

これらとは別に、違うタイプの「北海第一大雪山・旧名（ヌタツク）」という一枚もあり、合計で一九枚となる。これらを見ると、勝仙峡の名はなく、すべて忠別川上流となっている。また、敷島の名もなくただ大滝であり、旭岳の名もなく大雪山とあるのみである。地名の表示を含めてこれらを考え合わせると、きわめて初期の絵はがきであることが分かる。

石狩国上川郡東川村　忠別川上流・松山温泉（1918年以前）

忠別川上流松山温泉　大滝の壮絶（1918年以前）

東川村の片田舎、交通手段もない忠別川上流の粗末な温泉宿、旭岳の名も定まっていない時代に、なぜ数種もの絵はがきがつくられたのだろうか。その訳は、絵はがきの大流行である。西欧にはじまった絵はがきの収集は、日本にもブームを起こした。明治から大正にかけての絵はがきの流行はすさまじいばかりで、かの竹久夢二も、⒂このブームに乗って世に出たと言われている。

つい最近まで、絵はがきは収集とともに旅の便りや趣味の文通などといった通信手段として多方面で活用されてきた。隠れた地方の名所、知られざる景勝地などは、未知の魅力とあいまって、より稀少価値が高かったのではないだろうか。そのような時代背景にあって、忠別川上流や松山温泉の絵はがきもつくられたものと思われる。今でいうところの観光課の仕事であるが、いい宣伝になったことは確かである。

さて、肝心の「天人峡」という名前はいつ誰が付けたのであろうか。『郷土史　ふるさと東川Ⅰ　創世編』（東川町郷土史編集委員会、一九九四年）によると、「天人峡は塩沢御料局長（初代）が命名したもので、ダイナミックな渓谷と飛瀑がある出湯の里である」という記述がある。この御料《ごりょう》局は一八八五（明治一八）年に設置された部局の名称で、一九〇八年に帝室林野管理局

⒂（一八八四～一九三四）画家・詩人。師事せず、会派に属さず、「夢二式」と称せられる女性像を描いて人気を博した。

となり、一九二四（大正一三）年には帝室林野局と改称されている。だが、御料局名称時代は羽衣の滝の名称もまだあいまいな時期であったので、そのころに命名されたとは考えにくい。

では、塩沢という人物とは何者か……。『帝室林野局五十年史』（帝室林野局、一九四〇年）の地方部局長の人事欄によると、鹽澤健という名が見いだされた。鹽澤の前後の異動は省略するが、彼は一九二四（大正一四）年から一九二九（昭和四）年まで、帝室林野局札幌支局長として在任していることが分かった。これらのことを考え合わせると、塩沢と鹽澤は同一人物であろうと思われる。とはいえ、初代の意味は解釈に苦しむところで、分からないとしか言いようがない。

札幌支局長といえば北海道のトップであり、鹽澤は全道各地の出先機関を視察巡回しているはずである。在任中、忠別川上流を訪ねて羽衣の滝を観賞し、すばらしい景勝に感動して、上流域に天人峡の名を与えたことは十分に考えられる。ただ、小泉秀雄のように地図や文書に記録されていないので、いきさつは推測の域を出ないが有力な手がかりであることは確かであろう。

このように、忠別川の峡谷美は忠別川上流にはじまり、勝仙峡、忠別渓、天人峡などと呼ばれてきたものを、一九三六年、地元と大雪山国立公園観光連盟が協議して「天人峡」「天人峡温泉」という名称に統一され、ここに初めて「羽衣」と「天人」が正式に合体して今日に至っている。

ちなみに、天人峡のさらに上流域を「奥天人峡」（第3章4節参照）と呼んでいるが、このエリアは上級登山者の領域であり、それこそハイキング気分で訪れるような所ではない。

3 ハゴロモホトトギスの数奇な里帰り

前節で天人峡に関するエピソードが紹介されたことを受けて、ここでは、毎年七月ごろになると天人峡温泉地区の林内に咲きはじめる「ハゴロモホトトギス」という花について紹介していく。木漏れ日が差す湿った傾斜地、細い茎の先にかすかに揺れる、小さな黄色い花が愛おしい。「ホトトギス」と聞いて鳥を想像する人が多いのだが、これは花である。

名前の由来を紹介しておこう。この花の名付け親は、北海道大学農学部教授であった舘脇操（一八九九～一九七六）である。「ハゴロモ」は、東川町にある忠別川の支流、アイシポップ沢と二見沢にかかる名瀑「羽衣《はごろも》の滝《たき》」（前節参照）にあやかっており、「ホトトギス」は花びらの斑点模様が鳥のホトトギスの胸の斑紋を連想させることから付けられた。これ以外にも、ヤマホトトギス、キバナホトトギスなど「ホトトギス属」の種類は多い。

山道脇のハゴロモホトトギス（撮影：宮崎アカネ）

舘脇の残した功績はあまりにも多いため、ここですべてを紹介することはできない。末尾に参考文献をいくつか記したので、それを参照していただきたいが、そんな功績以上に残っているのがたくさんのエピソードである。いってみれば、「風変わりな先生」であり、それがたまらない魅力となって弟子たちに慕われていた。

その一人である辻井達一[16]は、北海道ネーチャーマガジン〈モーリー〉(No.24、二〇一一年)に「生物学者小伝」を掲載し、そこで「型破りの研究人生で、タテワキア提唱　舘脇操先生」を書いている。

演習林の実習でモー先生（前列左から２番目）を囲んで（出典：『北ぐにの森と木に誘《いざな》われ』77ページ）

一八九九(明治三二)年に横浜で生まれ、北海道帝国大学予科に入学後、宮部金吾博士[17]の農学部植物学教室に在籍するなど、生い立ちから研究成果まで、エピソードをちりばめながら「名物教授」の最後の一人だったという舘脇の面白い話をいくつも紹介しているので、その一部を掲載しよう。

三びっくり、という言い方もあった。第一に声だけ聴いているとひどく優しい。第二に会ってみるとその大柄なのにびっくりする。さらにその巨体で目の前で話されると、またびっくりする、と言うものである。（前掲誌、四六ページ）

舘脇は教え子の論文の書き方には相当やかましかったらしく、無茶苦茶にしごかれたせいなのか、彼のもとで学んだ学者たちには筆の立つ人が多い。辻井は、その筆頭格かもしれない。辻井が書いた型破りな舘脇論は冴えわたっていく。

舘脇教室というのは前に書いたように不完全講座だったから、何しろ入っても先行きの目途が立ちそうもない。植物病理学や生理学教室なら、まだしも農薬会社や試験場などの口も

（16）（一九三一～二〇一三）東京生まれ。一九五四年、北海道大学農学部農業生物学科卒業。理学博士。北大第一次パタゴニア学術調査隊長、中央ネパール生物調査隊長として活躍。北大農学部教授、北星学園大学教授、北海道環境財団理事長も務め、ルーマニアで開かれたラムサール条約締約国会議でラムサール賞を受賞。同財団は、辻井達一ラムサール湿地基金を設け遺志をつないでいる。

（17）（一八六〇～一九五二）万延元年、江戸生まれ。札幌農学校（北大の前身）卒業。東大で植物学研究、米国留学の後、北大農学部教授。専門は植物病理学。北海道特産のビート、ホップ、小麦、リンゴなどの病原体菌類の研究に重点的に取り組んだ。一九四六年、文化勲章受章。

あるのだが、応用植物学教室ときてはてんから就職口などあろうはずがない。そこで学生が入って来るのは二年に一人、三年に二人、といった具合でまことに閑散としていた。ところがよくしたもので他所の学科、果ては学部を越えて論文を書きにやってくる越境組が後を絶たなかったから不思議だ。だから林学、林産学などの学生がいつも屯《たむろ》していた。林学に居て高山植物をやりたいとか、造林学よりも生態学を、とか、それぞれ飽き足らないものを持った学生が教室を構成していた。それぞれに一癖あるのだから山賊の巣のような趣である。後年、キノコで知られるようになったI、アメリカで分類学を修めたK、林業試験場に居たが、もっぱらエンレイソウを手掛けたS。（前掲誌、五〇ページ。ルビは筆者）

「山賊の巣」からそうそうたるメンバーが巣立っていったのだが、その一人が受けた舘脇流の期末テストについて、辻井はおかしさを隠さず次のように書いている。

期末テストは必ず、口頭試問であった。先生もペーパー・テストなど面倒でいやなのだ。一人づつ教授室へ入って来い、となる。或る年、Uが入っていっての問答。

舘脇　君、僕の講義で何か、覚えていることはあるかね？

U　いえ、何も覚えていません。

舘脇　それは困ったな。君の家はどこだったかね？
U　遠軽です。
舘脇　じゃ、札幌から遠軽までの汽車から見える植生を言ってみたまえ。
　そこでUは「まず、右手に野幌原始林が見えまして」から始めて、「それから江別の鉄道防雪林が」という調子で進んだ。教授は「うん、それから」と時々、合いの手を入れる。神《かむ》居古潭《いこたん》あたりまで来てUはもう面倒になった。
舘脇　それからどうなる？
U　それから先は大抵、夜です。
　これで通ったのだから呑気なものだが、今にして思えば何でも観察していろ、という教えだったのかもしれない。フィールド学派の面目躍如というところではないか。（前掲誌、五〇ページ。表記方法を一部改変。ルビは筆者）

　舘脇は、北海道中の森林、泥炭地、湿原を調査・研究のために歩いているわけだが、その行動力は北海道内では収まりきれず、日本全国、いや日本を飛び出して千島、(18)中国大陸、朝鮮半島、台湾、北欧など世界各地をフィールドに飛び回った。とくに蒙古地方が気に入ったらしく、「蒙州」と号したことから「蒙《もう》さん」というニックネームまで付けられている。

世界を股に掛けた膨大な学術論文は、舘脇操還暦記念出版会が発行した『舘脇操文献集』（一九五九年）に網羅されている。その巻末の日本地図には舘脇が調査した地域に赤い線が引かれているのだが、よく見ると、山陰地方を除くすべてに線が通っている。また、北海道のような針葉樹、広葉樹が混在している地帯が世界各地にあると舘脇は見抜き、そのエリアを「汎針広混交林帯」と称した。植物学上、国際的に敬意をもって「タテワキア」呼ばれている。

このような紹介をすると、舘脇は植物研究論文ばかりを書いていたと読者のみなさんは思われるかもしれないが、実は一般読者向けの観光案内書である『北海道　カラーガイド』（保育社、一九六三年）も執筆している。この本は、「保育社のカラーブックス」として親しまれたシリーズの一冊である。昭和三〇年代から刊行され、当時として珍しくカラー印刷の写真が掲載されていた。高度成長期、どこの家にも一冊はあったというポピュラーな本である。

その冒頭には以下のような記述があるが、読まれると「風変わりな先生」という意味が少しは分かっていただけるかもしれない。

『北海道　カラーガイド』の表紙

大正七年札幌に住みついてから四十余年、私はひたすら原始のかおりの高い北海道の自然に親しんできた。今も網膜にはっきりと残るすばらしかった自然相に限りない愛着を覚え、若い日へのノスタルジアをもふくめて、この本をまとめてみた。（前掲書の「はじめに」）

本の前半では、カラー写真を入れて道南、支笏洞爺、後志、札幌、中央高地、北のはて、日高路、十勝、阿寒、道東太平洋岸、オホーツクを紹介し、後半に「北海道車窓の旅」と「アイヌ植物誌」というエッセイを入れている。「北海道車窓の旅」というタイトルからして、先に紹介した期末テストの珍妙な問答が思い浮かぶが、舘脇はそのあたりをどのように書いているのだろうか。

札幌から約三〇分で野幌《のっぽろ》に着くが、その手前厚別《あつべつ》を去って丘近く進む右窓に牛舎やサイロをまじえた近代的酪農集落に堂々たる大学の校舎が見える。これが有名な特色ある酪農大学である。キャンパスが大部分牧草畑で、ゆるい傾斜に新鮮な濃緑が波打っている。そしてその背後の丘陵に野幌国有林が展開する。林内にはトドマツ林の天然記念物があったが、残念

（18）蒙彊《もうきょう》を巡ったとあるから、現在の中国内モンゴル自治区。

なことに大部分が解除された。しかし今でもハルニレ、ミズナラ、イタヤカエデ、シウリ、シナノキ、ヤチダモの落葉高木に、トドマツも散生し、初夏来る日にはヤマバト、カッコウも鳴き、森陰にはツバメオモト、エゾエビネ、コケイランなどが花咲き、森の精は微笑する。
野幌を過ぎれば製紙工場のある江別《えべつ》で、石狩川は左窓近くにあらわれる。川幅こそせまいが、悠々とした相貌を示すであろう。顧みれば西は手稲《ていね》連峰に境され、南は樽前恵庭《たるまええにわ》など、支笏湖《しこつこ》をめぐる山々に限られて石狩《いしかり》平原を大観するにふさわしいところである。江別から幌《ほろ》向《むい》、上幌向の間は石狩平原中植物学的に有名な幌向原野である。ホロムイの名を冠する植物に、ホロムイイチゴ、ホロムイツツジ、ホロムイリンドウ、ホロムイソウ、ホロムイスゲ、ホロムイクグなどがある。しかし、開拓の結果これらの植物はすっかり衰退してしまった。（前掲書、一一六ページ。ルビの一部筆者）

舘脇の観察は、「それ（神居古潭）から先は大抵、夜です」と答えたUとは違ってきめ細かく見ており、描写も「森の精は微笑する」などロマンチックでさえある。ここで、大雪山国立公園を紹介する部分も紹介しておこう。誠に優しい書き方となっている。

――夏季には日本最大のお花畑がハイマツ叢海《そうかい》の間に展開する。すなわち、エゾノハクサンイチゲやエゾノキンバイソウが主要素となる草原は端麗な花むしろを敷き、ガンコウラン、ミネズオウ、キバナシャクナゲ、クロマメノキ、ウラシマツツジ、チシマツガザクラ、コケモモなどが主体となるヒースが快適なクッションを用意する。この間、砂礫《されき》地には見事な花をふさふさとつけた山草の女王コマクサが散生し、チシマクモマグサ、タルマイソウが見出され、また珍草としてはヤリスゲ、ジンヨウキスミレ、ヨコヤマリンドウ、キバナシオガマ、ユキワリシオガマ、ホソバウルップソウなどを見るであろう。（前掲書、一一九ページ。ルビは筆者）

さて、本節で紹介する「ハゴロモホトトギス」を、舘脇はいつ、何に発表したのであろうか。それは、一九四九（昭和二四）年一二月に発行された〈植物研究雑誌〉（第二四巻）に「ホトトギス属の一新種」(19)として発表されており、これがハゴロモホトトギスの原記載となる。朝比奈泰彦(20)が書いた巻頭の辞を読むと、第二四巻が特別号であったことが分かる。

(19)　植物の分類群で新種、新属などを初めて発表した論文。その植物の形態的な特長を示し、ラテン語の記載を伴う。近年は英語記述もある。

(20)　（一八八一～一九七五）東京都出身。天然物化学・薬学者。東大医科大学薬学科を卒業。ヨーロッパ留学の後、母校で生薬学講座、植物化学講座を担当。日本薬学学会会頭、文化勲章受章。

吾國植物分類学之泰斗《たいと》であり、同時に本誌の創始者である牧野富太郎(21)先生は本年を以て八十八才を祝はれ益々斯学《しがく》の興隆に邁進せらるゝに当り、我等後進は茲《ここ》に先生米壽記念号を発刊し祝意を表することを光栄と存じます。（中略）先頃一時重篤《じゅうとく》を伝へられた御病気も、已《すで》に殆ど快癒され御静養の傍ら寸時も念頭に植物を放さず、新智識の開発に努力せられつゝある。此の植物界の大先導の米壽を機として学界に呼びかけて集まった、三拾余篇の論文は先生への感謝の一表現であると同時に今後更に先生の御健康を祈る吾ゝの熱烈な希望を意味して居る。（前掲誌、一ページ。ルビは筆者）

牧野の米寿と全快祝いに、舘脇は新種「ハゴロモホトトギス」を贈り、学名に「Tricyrtis Makinoana」と牧野の名前を冠した。論文の主要な部分はラテン語で書かれ、タマガワホトトギスと密接な関連があるものの、茎や葉に違いがあるという形態的特長を記述し、次の和文三行で論文を締めくくっている。

本種は大雪山國立公園松山温泉附近なる天人峡中の渓畔林地に生ずるもので、極めて一部分にしかこれを見ない。同地の羽衣の滝に因み、ハゴロモホトトギスの和名を与え牧野先生八八才の御祝に賀意を表する次第である。（前掲誌、六二ページ）

原記載には「Y・Fukiage」の名前も掲載されている。舘脇にハゴロモホトトギスの標本採集を命じられた弟子の吹上芳雄のことで、採取には千廣俊幸も同行していた。

舘脇、吹上、千廣、この三名の名前が掲載された本がある。千廣から東川町に寄贈された『北海道森林植物写真圖譜（I草本篇）』で、監修が舘脇、編輯《へんしゅう》員が中野正彦（北海道林務部森林計画班長）、吹上（森林計画班技師）、千廣（施業計画班技師補）。林務関係に携わる道職員、とくに森林計画調査業務を担当する技術者向けの携行型必需本として、北海道林務部が一九五四年に発行したものである。北海道大学農学部植物分類学教室に保管されていた押し葉標本から二三〇種を選び、撮影した図鑑である。

ハゴロモホトトギスを採取したときの様子を吹上に問い合わせたが、資料がなく、よく分からないという返事だった。というのも、辻井の呼び掛けで「舘脇操記念コーナー」が道南の黒松内《くろまつない》町にある「ブナセンター」に造られた際に、吹上は持っていた関係文献のすべてを寄贈していた[22]

(21)（一八六二～一九五七）高知県出身。寺子屋などで学んだだけの市井の研究者だが、東大にも一時迎えられ、生涯に約六〇〇種の植物新種を発見、一五〇〇種類に命名し、「日本の植物学の父」と言われた。一八八七年に発刊した〈植物研究雑誌〉は植物学会の会誌として長く続く。没後に文化勲章受章。

(22)温帯性樹木のブナの北限自生地が黒松内歌才地区で、天然記念物である。研究施設でもあり、町民、道民の憩いの場でもある。住所：〒048-0101　北海道寿都郡黒松内町字黒松内５１２－１　TEL：0136-72-4411

からである。黒松内町のブナと舘脇には歴史的に重要な結び付きがあるので、再び辻井の「型破りな舘脇」を紹介しよう。

今、有名になった感のある北限のブナ林、黒松内は歌才の天然記念物の林が、太平洋戦争末期に、あろうことか木製戦闘機の材料として伐られることになった。この時、舘脇は北部軍へ乗り込んで「天然記念物法は勅令によるものだ、つまり天皇の命令で保護されていることになる。天皇の命令に反していいのか」と言った。これにはさすがの軍も反論できなくて、伐採計画は撤回されたという。頑固で自説を曲げない、というだけでなくて知略もある。（〈モーリー〉No.24、四六ページ）

さて、ハゴロモホトトギスの詳しい資料だが、「舘脇操記念コーナー」に見当たらなかったので、吹上と一緒に標本採取に行った千廣にも問い合わせてみた。「天人峡温泉附近で採取したことはまちがいない。たしか、胴乱を持って標本を採取したはずだが、根っこまで抜いて持ってきたかどうか、もう五〇年も前のことなのでよく覚えていない」という返事だった。舘脇が亡くなった直後に千廣が「モー先生の追憶」と題して〈北の山脈〉[23]（No.24）に寄稿しているので、その一部を紹介しておこう。

私が、先生のきびしさをもろにうけたのが「森林植生」に関する私の卒業論文であった。生来なまくらで、せっかちの私は、フィールド時間をかけ、できる限りのデーターを蒐集し、部厚さを誇る原稿をしあげて先生に提出した。するとしばらくして先生が学生研究室に入ってこられ、「この論文では社会におくり出すわけにゆかない。これから毎日私の家にきなさい。君が社会に出て通用するような人間になるために、論文を直してあげる」ときびしい顔をされたのを、今でも身のすくむ思いで忘れられない。

以来、先生の都合のよい時間帯を毎日決めてもらって、全体の構成はもとより、一語一句、句読点のつけかたにいたるまで毎日冷汗三斗の思いで直していただいたものである。当時、先生の家にころがり込んでいたトン公（佐伯富男君、第一次南極越冬隊員）が、私のしごかれている姿をベットからニヤニヤしながら見ていたのを覚えている。先生のきびしい教育と私の冷や汗の結晶が、おそらく現在もなお中央図書館の一隅にあるのかも知れない。（前掲誌、八二～八三ページ）

ハゴロモホトトギスについて、名前を付けた舘脇の人物像を紹介しながらここまで書いてきた

（23）　北海道の山岳雑誌として一九七一年三月一日に北海道撮影社が創刊した季刊誌。一九八〇年のNo.40で終刊。

が、天人峡温泉一帯でしか見られない貴重な固有種であれば、天人峡の羽衣の花として有名になっていてもおかしくないはずだが、そこには温泉街の悩ましい事情があった。

　天人峡温泉街が旭川の奥座敷として活気に満ちていたころ（九三ページの**コラム3**参照）、旭川[24]「北邦野草園」の吉田友吉（一八五ページ参照）や、のちに旭山動物園の名物園長となる小菅正夫を講師に招いて「自然観察ガイド」を開いていた時期がある。観察ガイドブックの印刷を担当していた旭川の「(株)総合企画」社長である宗万忠は、天人峡の自然観察ガイドをやるからには、この地域にどんな植物があるのかしっかり調査しようと、吉田に委託した。

　律義で真面目一辺倒の吉田は、温泉ホテル「天人閣[25]」や「敷島荘[26]」に泊まるようにすすめられても一度たりとも泊まることがなく、旭川から車で、助手席には誰の前でも「好子さん、好子さん」と言ってはばからなかった妻を乗せて通ったそうだ。

「天人閣」の元支配人である水尾昭治は、当時のことを振り返って、「ある日、吉田が大変だ、大変だ、ハゴロモホトトギスがあったと血相を変えてホテルに帰ってきた。手には、シミが付いた古くて分厚い本を持ち、興奮していた」と言っている。吉田は「天人峡地区　植物調査報告書」をワープロで二通つくり、一通を宗万に届けた。そのなかで、天人峡地区でとくに注目すべき植物として真っ先にハゴロモホトトギスを挙げ、次のように書いている。

ハゴロモホトトギス（羽衣時鳥）　私は寡聞にして、この植物が天人峡以外に自生するとは聞いていない。多分天人峡特産種でないだろうか（?）。命名者は、北海道における植物の泰斗、故館脇操博士でハゴロモは勿論「羽衣の滝」に由来する。ホトトギスとは黄色い花弁の紫斑（しはん）が「ホトトギスの胸の斑点」に似ており、これが命名由来である。

自生株は少なく、かつ、自生地も限定されており一般に発表されると山草愛好家たちの盗採によって、あっというまに絶滅するだろう。自生地は関係者以外は「秘匿」するべきである。（前掲報告書、四ページ）

吉田が「大変だ」と血相変え、「自生地は秘匿するべき」と強調したことから、水尾ら温泉の関係者はそれ以来ハゴロモホトトギスを口にすることをやめ、その存在さえ隠すようになった。天人峡の宣伝パンフレットの目玉にハゴロモホトトギスを使えると算段していたアイデアマンの

---

(24)（一九四八〜）札幌出身。北大獣医学部卒。旭川市立旭山動物園が閉園危機にあったとき、スタッフと動物の行動展示について構想を練り、ペンギンの泳ぐ姿を水中トンネルから眺める仕掛けなどで人気を回復。再生までの話は『旭山動物園物語　ペンギンが空をとぶ』（マキノ雅彦監督、西田敏行主演、二〇〇九年）の映画となった。

(25) 住所：〒071-1400　北海道上川郡東川町天人峡温泉　TEL：0166-97-2111

(26) 現「御やど　しきしま荘」住所：〒071-0373　北海道上川郡東川町天人峡温泉　TEL：0166-97-2141

宗万もきっぱりあきらめ、「幻のハゴロモホトトギス」として封印してしまった。そして現在、植物分類学上、ハゴロモホトトギスは「タマガワホトトギス」の亜種とされ、文献に記載される機会が少なくなり、分類学上においても幻になりつつある。

かつて吉田友吉は、大正時代の〈旭川新聞〉を丹念に調べて、小菅雄七が一九二六（大正一五）年七月五日から五回にわたって連載した「大雪山の思ひ出」を見つけている。七月七日付の第三回には以下のような記述がある。

大雪山中、高山植物の主なるものは、フキユキノシタ、キクバクワガタ、タマガワホトトギス、サイハイラン、シュスラン、ノビネチドリ、フジスミレ、等が繁生している。松山温泉より天険、天人ケ峰を攀じ進むこと約五丁、天然の池に達する。（吉田私家版「大正時代新聞連載　中央高地登山記事集」三ページ）

お気付きのとおり、この時代に「タマガワホトトギス」という表記がすでにあったのだ。大正時代の新聞に登場していたタマガワホトトギスが、今また、舘脇が命名したハゴロモホトトギスに取って代わろうとしているのか……。[27] 一般的な花図鑑にも、ハゴロモホトトギスの紹介はほとんどない。そんななか、梅沢俊の『北海道山の花図鑑　大雪山』には、ハゴロモホトトギスの凛とした花姿が黄色い花の最後を飾っていた。

ハゴロモホトトギスには、鮫島惇一郎(28)による後日談がある。辻井が舘脇教室を「山賊の巣」と称し、「林業試験場に居たが、もっぱらエンレイソウを手掛けたＳ」と書いた「Ｓ」が、実は鮫島である。鮫島は、恩師のことを「モー先生」ではなく「親方先生」と呼ぶ。

一九五〇年、旭川市常磐公園で「北海道博覧会」が開催されたとき、舘脇は道博事務局から「高山植物園と高山植物館」の設置と運営を委託された。しかし、初めは断りを入れたようだ。その経緯について、舘脇が〈寒帯林(29)〉九号（一九五〇年）に書き、その後、小冊子にまとめ鮫島ら関係者に配った「高山植物園と高山植物館」に次のように書いている。

---

(27)　一九六九年、北海道大学農学部農業生物学科卒業。北海道をはじめ中国、ヒマラヤ方面の野生植物を中心に写真撮影を続ける。『北海道花の散歩道』など著書多数。

(28)　一九二六年、東京生まれ。北海道大学理学部大学院修了後、北海道支場育種研究室勤務。造林部育種研究所長、造林第二研究室長を歴任、一九八五年辞職。「自然環境研究室」を設立し、講演や執筆活動を行うほか、鉄道模型の愛好家としても知られ、山雀鉄道（YAMAGARA.R.R）の山江行兵衛社長でもある。

(29)　旭川営林局と署の職員親睦と知識涵養を目的に旭川営林会が一九四九年組織された。〈寒帯林〉は会の文化部の機関紙で、一九四九年創刊。外部有識者の寄稿も多い。一九七一年以降の刊行は不明。

コラム5

小菅雄七の亡霊

1926（大正15）年の旭川新聞に、「大雪山登山の思ひ出」という登山記が５回にわたって連載された。筆者の小菅雄七は、「大雪山には大正５年から登り始めて毎年、年に３、４回は登っている」と豪語しているが、いったいどんな人物だったのだろうか。

塩谷忠が〈寒帯林〉に書いた「大雪山の白狐《びやっこ》と夕張岳の縞狐《しまきつね》」によると、小菅は長い頬ヒゲ、白髪が自慢の看板屋で、高山植物をペンキ画で描いた。小泉秀雄（第１章参照）とも交遊が長く、一緒に夕張岳に登ったとき、通称「ガマ岩」付近で親子のキツネ３、４匹を見つけている。親子そろって首筋が白く、実にかわいらしいので小菅が捕まえようとしたが、小泉に「親子円満に暮らしているのを捕まえるのは罪なこと」とたしなめられている。

その後、小菅は生活苦から、自らの容貌を利用して著名な書道家に化けて夕張で金儲けをしたが、偽物とばれて旭川に逃げ帰った。そして、弁償金を用立てるために以前見た狐の親子を生け捕って見世物にしようと思い立った。12月中旬、床屋の主人や、金山駅で暖を取っていた作業員を仲間に加えて山に入った。しかし、キツネは捕まえられず、にわかに襲ってきた暴風雪に巻かれて消息を絶ってしまった。

塩谷の記述をさらに読み進めると1925年、小泉が案内人の成田嘉助らと夕張岳を目指していた時、ガマ岩付近で人間の形をした陽炎《かげろう》が現れ、行く手を阻むように２個になったり３個になったり、消えたり現れたりを繰り返した。さすがの小泉も、霊魂に違いないと寒気を覚えた。成田らと付近を探すと、小菅、床屋、作業員と思われる三つの遺体があった。小泉らは高山植物を捧げ、般若心経を唱えると霊魂は忽然と消えたという。下山後、小泉は遺族らに伝え、遺骨を引き取ってもらっている。

年代は塩谷の記憶違いであろう。でなければ、新聞の登山記は亡霊が寄稿したことになり、キツネにつままれたような話になる。

長さ一〇〇メートル、巾一〇メートル位の高山植物園を作るのだといゝ、かつ出来るなら標本館もつくりたいと申し出された。私は一体人から物を頼まれると外見上そうは見えないらしいが、非常に弱気で嫌といえない弱点をもっているのだが、この時ばかりは総予算二十七万圓、営林局には何等のワタリもついていないらしく、かつ盛夏の候高山植物園に百花繚爛たる離れ業を演ずることは昭和の花咲爺でない限りどう考えても出来ない相談であり、とうとうお断りした。（前掲冊子、一ページ）

最初の要請が五月で、二回目の要請が六月であった。要請に来た旭川市役所水道課の「佐野君という人が役人くさみのない朴訥《ぼくとつ》、實直な人であり、かつこの仕事をやりあげねば困るらしいことが察知された」（前掲冊子、一ページ）ので、とうとう引き受けることになったようだ。

結果は大成功で、高山植物館は人気の施設となった。そのとき、大雪山系に登り、高山植物を箱に詰めて運んだ担ぎ屋が鮫島らであった。博覧会場に入れた高山植物は二八科五五種、よくぞ運んだものである。舘脇は彼らをたたえて、次のように書き残している。

影武者としての鮫島君と矢守君との努力は感激ものである。花のお目見得がすむと、またそれら植物を採取されたもとの位置に鮫島君の背中によりもどされている。もともと植物を痛めずに、豫算の範囲内でお眼にかけようというので、始めは三〇種位を豫想していたのであるが、兎も角これだけの高山植物のお見得ができたことは拾物のような気がする。
（前掲冊子、一一ページ）

洞爺丸台風の被害（出典：『森林復興の軌跡』口絵）

高山植物の担ぎ屋をやらされたわけだから、鮫島が舘脇のことを「親方先生」と呼ぶのがよく分かる。舘脇は鮫島らと一緒に、石狩川源流原生林総合調査など数多くの森林調査も行っており、ことに石狩川源流の調査は、洞爺丸台風（一九五四年）で大雪山の原生林がなぎ倒される前に実施されたこともあり、奇跡的な調査記録となって今に語り継がれている。

鮫島もまた、舘脇に負けず劣らずの植物屋であると同時に随筆の名手でもある。子どものころに叔母が読み聞かせてくれた「ひろすけ童話」[30]が心に残っているのか、その文体は優しさにあふれたものである。〈林業技術〉のNo.460に「ユニ石狩越え」というタイトルで、親方先生らと一緒に石狩岳山域を調査したときの一話を書いているので、その後半の一部を紹介しておく。

採集した植物は日増しにふえ、地質屋の重さではないにしても結構重くなっていった。今日は最後の日、層雲峡へ。昼飯はないらしい。飯にしようという声がさっぱりかからない。大函の隧道を抜けると小函であった。石狩川が削った溶結凝灰岩の壁、壁、壁。岩壁に揺れ動く花があった。コバコシャジン（モイワシャジンの変種）という。

「……なあ……、サメちゃん……あの花、採ってくれないかなあ……」遠慮も遠慮、先生にしては大遠慮の声であった。

「……ひえっ……、あれですか！　随分高いとこですねえ……」

「俺の頭に乗っていいからさあ、それにビール一本でどうだ……」

ここまでいわれりゃ仕方なく岩を登ることにした。なるべく長い柳の棒を作り、へつれるだけへつってコバコシャジンに近づいた。そして、岩壁から上手にその株を落すのに成功したのである。

「いやあ……有難う、有難う」なんていわれたけど、そのビール、いまだにとどいていない。その先生舘脇操先生も既に亡くなられた。

(30)　浜田広介（一八九三～一九七三）が書いた絵本。日本児童文芸家協会初代理事長。代表作に『泣いた赤鬼』『椋鳥《むくどり》の夢』などがある。坪田譲治、小川未明とともに「児童文学界の三種の神器」と呼ばれた。

おもいだすごとに、「先生ビールはどうなりましたか……」とさいそくしていたが、いつか忘れてしまった。（前掲誌、三三ページ）

舘脇にとっても前から気になっていた断崖の花で、何としても手に入れたかった。〈寒帯林〉七号（一九五〇年六月号）への寄稿「大雪盆地」に次のように書いている。

遅い昼飯をそこそこにすませ、大函の長谷川の事務所に行った。幸いトラックの出る間があったので、学生二名とコバコシャジンを採りに出かける。二年眺めて通りすごしたが、三年目の今年もすべる岩では駄目かと思案投首の所、一寸《ちょっと》岩登りをしてからがけをあがったSが、六尺位の棒がないかという。上川駐在の磯部君が八尺ばかりの木を早速探してくれたので、どうにか手に入れることが出来た。これで年来の宿望を達したわけである。（前掲誌、六ページ。ルビは筆者）

いかがだろうか、とても植物学者とは思えない二人の軽妙な文章であり、かつての学者の教養の高さには頭が下がる思いがする。舘脇が駄々っ子のように欲しがったコバコシャジンは、キキョウ科ツリガネニンジン属の多年草で、層雲峡付近の岩場や小函の岩壁に生える稀少種。恐ろしいところに花がそよいでいたようだ。

それはともかく、鮫島の回想によると、舘脇の指示を受けた吹上と千廣が天人峡温泉付近から採取してきたハゴロモホトトギスは、北海道大学農学部附属植物園で増えていたという。恩師ゆかりのハゴロモホトトギスを大切に思う鮫島は、担当していた理学部温室に移植した。その後、鮫島は札幌市豊平区にあった林業試験場の担当となり、そこにも移植をしている。天人峡のハゴロモホトトギスは、一時期、札幌の三か所で育っていたことになる。

しかし、現在の附属植物園にハゴロモホトトギスは植栽されていないし、記録さえ残っていない。理学部の温室と豊平の林業試験場は、建物自体が存在しない。札幌で咲いていたはずのハゴロモホトトギスは「幻の花」となってしまったのか……。

安心していただきたい。本節のタイトルにも偽りはない。林業試験場跡地の豊平公園を見下ろす鮫島が住むマンションの庭に、今も咲いているのだ。研究者として、数多くの鉢と土をいじることを日課としていた鮫島は、「おそらく、何かの鉢にハゴロモホトトギスの埋蔵種子があって、それがある日、芽吹いたのだろう」と推測している。エンドウ豆を育てていた鉢から、翌年、大麻が育ってきたというようなことは日常茶飯事らしい。

「庭のハゴロモホトトギスが果たして天人峡の子孫なのか……。遺伝子解明をすると面白いかもしれない」と言う鮫島の言葉に期待している。

少しずつ増えているということなので、厚かましいとは思ったが、筆者も間引いた苗を分けていただいた。ハゴロモホトトギスは地下茎と種子で増える。譲り受けた苗は、二〇一四年七月、筆者宅の畑でも見事に花を咲かせた。里帰りを果たしたハゴロモホトトギス、ヒョロヒョロとか細いが果たして無事に根付いて増えてくれるだろうか。東川町を象徴する花として増えてほしいと願いながら、見守っていきたい。

4　大雪山の生き字引き――塩谷忠の人生をたどる

「大雪山の父」といえば先に紹介した小泉秀雄だが、「大雪山の生き字引」といえばこの人、塩谷忠であろう。彼は一八九四（明治二七）年、福島県人・板垣幸助の次男として生まれた。実家の先代は明治初年よりアメリカと絹の貿易をしていたが、帆船に絹を満載してアメリカに向かう途中、金華山（宮城県牡鹿半島）沖で暴風雨に遭遇して沈没した。そのため家運が傾き、これを復興させようと彼の父が手づるを求めて日露戦争前に渡米をしたが鉄道事故のために死亡した。父の墓はソルトレークにあるという。

なぜ、彼が塩谷水次郎(31)の養子になったのかは分からない。実家の災難が影響していることは確かであろう。塩谷姓を名乗るようになった忠は、一九一三（大正二）年以来、〈北海〉〈旭〉〈小樽〉〈新小樽〉〈北海タイムス〉〈時事新報〉などに関与して、長年にわたって記者として新聞界で活躍した。

(31)（一八六一～一九三五）栃木県塩谷郡出身。愛別村で開拓に従事。農業経営、渡船場経営、温泉経営などの事業的才覚があった。

養父である塩谷水次郎は、一九〇〇（明治三三）年、息子である小椋長蔵[32]とともに石狩川上流にて温泉を発見した。そして一九一三年三月、「水次郎温泉再確認、小椋長蔵名義」で温泉出願をし、翌年の一〇月に温泉免許を取得している。

一九一五年、水次郎、長蔵父子と娘婿の本郷熊五郎が温泉地に湯小屋を建てるに至った。すなわち、塩谷温泉の創始となったわけである。その後、旭川にあった宅地を売却してまで温泉経営に投資し、増設をしているのだが、一九二二（大正一一）年八月二四日、空前の大洪水に襲われて温泉家屋や家財のすべてを流失してしまった。致命的な災害を受けた塩谷温泉は、同年一一月にその権利一切を荒井初一（八三ページの註参照）に譲渡したが、塩谷温泉の名はそのまま踏襲された。

小泉秀雄が著した『大雪山　登山法及登山案内』に掲載されている「大雪山地形図」には、層雲峡（霊山碧水峡）には塩谷温泉のほか、師団温泉、国沢温泉、飯田温泉が表記されている。また、忠別川（勝仙峡）には松山温泉もある。

荒井が新たに建てた湯小屋は「塩谷温泉層雲閣」として発展していったのだが、一九二三（大正一二）年八月二七日付の〈北海タイムス紙〉に次のような記事が掲載されている。

一　ここは塩谷温泉と称するも本年四月一日一切の権利を旭川の荒井組に譲渡せるものなれば

一荒井温泉と唱《とな》ふるが妥当なりなどと人々語り会ふ。

どうやら、塩谷温泉の名には周囲も違和感をもっていたようである（ただし、譲渡日に相違がある）。その後、昭和に入り、層雲峡の名前が認知されてゆくとともに温泉群の名称も「層雲峡温泉」と呼ぶようになり、塩谷温泉の名が消滅していった。

まずは簡単に塩谷忠と塩谷温泉、そして荒井初一との関係について述べてきたが、この間に塩谷は新聞記者としての経験を重ね、知識の蓄積を図っていた。また彼は、プランナーでありプロデューサーでもあった。その能力を発揮したのが、大町桂月（九五ページの**コラム4**参照）の層雲峡への誘致である。もちろん、当時は「層雲峡」という名前はなく、愛別村村長であった太田龍太郎（八九ページの註参照）が石狩川上流を探検して「霊山碧水」と唱えていた時代のことである。

まだ世に知られていない石狩川上流（以下、層雲峡という）を、桂月のペンの力を借りて全国

---

(32)（一八八六～一九二五）塩谷水次郎の実子だが、養家先の姓を名乗る。水次郎の妾腹の子ともいわれている。父に先立って三九歳で病没する。

に売り込もうというのが塩谷の企画である。そのために、拠点となる塩谷温泉に宿泊させることを目論んでいた。

そのころの桂月といえば、昭和の司馬遼太郎と肩を並べるほどの人気作家である。それだけに、この層雲峡への誘致はいささか強引なものであった。事実、大雪山に登ることを目的としていた桂月は、案内人夫である成田嘉助（七三ページの註参照）を雇って、表登山口である東川から忠別川筋のコースを取り、松山温泉から旭岳に登る計画をすでに立てていた。

桂月を招致するためには、層雲峡の案内のみならず、登山ルートを用意しなければならない。そこで塩谷は、そのルートを黒岳沢に見いだした。以前、途中まで登っており、たやすく大雪山の一峰に立てると見当をつけていたのである。そしてその一峰に、「桂月岳」の名称を与えることも構想としてあった。

親しい関係であった旭川区長の市来源一郎(33)から、桂月の一行が石狩川の名勝「神居古潭」に立ち寄るという情報をつかんだ塩谷は、まず市来に、この機会をとらえて桂月を層雲峡に誘致することを頼み込んだ。その間、自らは層雲峡に先行して受け入れ準備を整えることにした。

そして当日、一九二一（大正一〇）年八月一八日、神居古潭を訪れた桂月は、「北海道の勝地として世に知られたるが、深さの非凡なる外は格別の風致もなし」と片づけている。全国各地の名勝を探訪している桂月にとっては物足りないものであったようだ。いよいよ、塩谷の願いによる市来の出番がやってきた。市来は、次のように懇願している。
「石狩川の奥に霊山碧水という世に隠れた景勝地があるので、ぜひ探勝してもらいたい。そして、そこから人跡未踏の沢を登り、松山温泉に下山してもらいたい」（〈寒帯林〉一三〜三一号より）
それに対して桂月は、「札幌で北海タイムス社の友人たちと協議をして、日程を組んでいるので今さら変更はできぬ」（前掲誌）と、頑として応じなかった。
このような応答を幾度か繰り返したようだが、市来は威儀を改めてさらに膝詰談判で懇願した。
「自分は区長として、九州男児として、塩谷の頼みを引き受けた。すでに塩谷は、先行して受け入れ準備を整えている。先生に見捨てられては自分の立場がない。先生の筆によって、この景勝地を天下に紹介することができれば後世に残ると思われる。自分の面目が丸つぶれになるか、先生の名が世に出るかの境目ではないか。北海タイムスの旭川支局長岡田天洞には了解を得ているので、ここはこの区長の顔を立ててもらいたい。一生のお願いだ」（前掲誌）
少々芝居がかった科白《せりふ》になってしまったが、市来はこのような口調で熱情をこめて拝み倒しの戦術に出たと思われる。「男子の面目」「男の約束」「義理人情」といえば、桂月が根底にもつ思

（33）（一八六六〜一九二二）鹿児島生まれ。父は戊辰《ぼしん》戦争、兄は西南戦争で戦死。一八八六年に渡道し、各地の警察署長を歴任したのち初代旭川区長となる。

想であり、それに触れられるとさすがの桂月も弱い。それに、まだ知られていない霊山碧水を見てみたい、という心情にもなったであろうし、人跡未踏の登山ルートにも大いに興味をもったことであろう。そうなると、桂月の冒険心が頭をもたげたとしてもおかしくはない。このような一幕があって、市来の熱請にほだされた桂月はついに層雲峡行きを承諾した。

なお、町制から区制施行が敷かれた旭川の初代区長となり、二期目も務めた市来は、桂月に来峡を懇請した翌年に現職のまま五六歳で亡くなっている。市来の死に際し塩谷は、多額の香典を贈って桂月説得の恩義に報いたという。

さて、層雲峡に先行していた塩谷は、桂

架橋した丸木橋（地獄谷は後ろの崖）大町桂月がこの橋を渡ったのは撮影直前の８月20日（出典：『大雪山　登山法及登山案内』）

月一行が地獄谷の難所を通過するのは大変なので、その手前に橋を架けることにした。層雲別部落（現・清川）から屈強の若者十数人を雇い、養父水次郎の指揮で流木を利用して架橋することに成功している。さらに、橋だけでは危なっかしいので一本の綱を渡しておいた。

八月一九日（一日目）、桂月一行の四人は旭川を発って比布駅に下車した。当時は石北本線が開通していなかったので、宗谷本線で比布駅まで乗車して、そのあとは徒歩であった。桂月は白

大町桂月の登山スタイル（出典：『桂月全集』の口絵）

留辺志部（上川町）より見たる大雪山（出典：『桂月全集』別巻、617ページ「北海道日記」）

絣《かすり》の浴衣に草鞋《わらじ》、脚絆《きゃはん》で杖を持つというスタイルである。八里（約三二キロ）を歩いて留辺志部《るべしべ》（現・上川町市街）の田辺宿舎にこの夜は泊まった。

二〇日（二日目）、一行は九時に宿舎を発った。この日に初めて大雪山を見てスケッチをする。桂月は味のあるスケッチを描いているが、印象を直感的に描くメモ的なものである。そして、架橋し終えたばかりの一本橋を危うい足どりで渡り、塩谷温泉に身を投じた。

二一日（三日目）、塩谷の案内で、桂月ら一行は層雲峡大箱（函）に向かった。このころはヤマベ釣りをする人の踏み跡があるのみで、時には徒渉《としょう》もせねばならなかった。桂月は次々に現れる石柱や岩峰に驚嘆し、「鬼神の楼閣」にたとえて激賞した。

塩谷温泉までの巌峰だけにても、天下の絶景なるが、これなお鬼神の門戸にして、温泉からが楼閣也。その小箱（ママ）に至るまでの神秘的光景は、耶馬溪になく、昇仙峡になく、妙義山になく、金剛山になし。天下無双也。層雲峡を窮めたる者にして、始めて巌峰の奇を説くべき也。（桂月著「層雲峡より大雪山へ」、〈中央公論〉一九二三年八月号所収）

現在、「子持岩」「天城岩」「天柱峰」「天神岩」「逆鉾岩」などと呼ばれている名称は、このとき塩谷が桂月に請うて命名してもらったものである。また、層雲峡の命名について桂月は次のように言っている。

　奇抜にして雄偉なること、天下無双也。この無双の神秘境に、従来未だ名あるを聞かず。止むを得ず、層雲別の部落より取りて命名したる也。（桂月著「北海道山水の大観」、〈太陽〉第二九巻第八号、一九二三年六月所収）

　桂月が「霊山碧水」の名を知らないはずがない。これは、塩谷が層雲峡の名をすでに腹案としてもっており、それを桂月に示して納得させた（してもらった）と見るのが順当だと思う。いってみれば、層雲峡の名称は桂月と塩谷の合作ということになる。

　二二日（四日目）晴、いよいよ登山の日である。初め、桂月ら一行四人だけで登る予定であったが、誘致した塩谷が案内役となり、その仲間らが加わって総勢九人になっている。ルートとする黒岳沢については、かつて途中まで入っているだけに塩谷はきわめて楽観視していた。穏やかな流れから徐々に谷は狭まり、小さな滝が連続して現れるという変化のある登山を初めは楽しむ余裕があった。

　しかし、塩谷の到達した最奥地点を過ぎると、もはや未知の領域である。険しさが増し、ついに大滝に行く手を阻《はば》まれるという絶体絶命のピンチを迎えてしまう。塩谷もこの先が心配でならない。何しろ市来区長を口説《くど》いて桂月を強引に層雲峡へ誘致した手前、失敗は許されないのだ。

やむなく少し(34)戻って小さな崖沢に活路を求め、岩場を肩車や麻縄を使って、やっと全員が突破している。このようにしてどうやら悪場《わるば》は脱したが、沢は根曲竹《ねまがりだけ》が密生して薄暗い。先頭は藪を分け、障害物を取り除きながら進むのだが、度重なる転倒に手足は擦り傷だらけとなり、いよいよ疲労困憊《こんぱい》の極に達した。

だが、しばらく進むとようやく斜面も緩やかになり、前方に高さ一メートルほどのハイマツ帯を見たときは、一同安堵《あんど》と歓喜に包まれ、なかには万歳を連呼する者もいたという。とはいえ、疲れた身体でハイマツ帯を突破するのは実にやっかいなものである。

やっと小さな湿原を見つけた一行は、その場

黒岳沢下流（写真提供：福田和民）

桂月一行が通過した黒岳沢中流の滝
（写真提供：福田和民）

を野営地と決めて荷を下ろした。そこには小池があり、岩があり、ハイマツの緑があり、あたりは大きなお花畑となっており、山々の展望もよくまさに天上の別天地であった。素晴らしい景観に感動した桂月は、この湿原を「花の池」、大岩を「釣鐘岩」と命名している。

二三日（五日目）晴、八時に出発。まずは眼前の無名峰（桂月岳）に向かって、ハイマツ帯に苦しみながら岩を縫って山頂に達した。いったい桂月は、この登山をどのように見ていたのだろうか。数ある登山のうちでも、黒岳沢からの大雪山は彼にとっても最高のビッグクライムであったはずだ。未踏の黒岳沢に初登の栄誉を勝ち得た桂月の思いが、彼の著書「再び北海道より」（『桂月全集』別巻）に詳しく書かれている。

鹽谷温泉より凌雲澤《りょううんざわ》を溯《さかのぼ》り申候《もうしそうろう》。溯るといふよりも攀《よ》ずるといふ方が適切に候。溪谷急峻にて瀧が連續致居候《いたしおりそうろう》。それを鯉の瀧登りならで、人間の瀧登りを致したるにて候。終《つい》に十丈の大瀑《ばく》に逢ひて登るに由なく、峯をつたひて、熊笹を押分け、偃松《はいまつ》も傳《つた》ひ、一日かゝりても二里とは歩けず、偃松の中に露宿《ろしゅく》致し候。この凌雲澤は前人未蹈《みとう》の地にて、危險にはあるが、登れるといふ新しきレコードを小生が作りたるにて候。（前掲書、一三五ページ）

（34）肩車とは登攀《とうはん》手段の一つで、仲間の肩に足を乗せて攀じ登り、麻縄を垂らして後続はそれを頼りに登る。

このように、黒岳沢（凌雲澤）はなかなか手ごわいルートであったことを強調している。それとともに、前人未踏のルートを登破したという誇らしげな心情が伝わってくる。まさに、彼の得意や思うべしである。

沢を忠実に源頭まで詰める沢ルートとして黒岳沢を見ると、困難さは最高難度であり、上級登山者にしか許されないルートである。もちろん、岩登り技術と用具は必要である。本来なら、技術も装備もない塩谷らが登るべきルートではない。それを思うと、彼らの登山は「壮挙」というより「暴挙」となる危険性をはらんでいた。

ただ彼らは、大滝の手前で崖沢に逃げたので、悪場を避けることができた。しかし、沢から遠ざかり、藪とハイマツに苦しむということになった。それにしても、桂月はパーティー最高齢の五二歳である。当時としては高齢者の桂月がよくぞ登ったものと感心させられる。さすが、彼自身が名付けた「鐵脚居士《てっきゃくこじ》」の名にふさわしい健脚ぶりである。

このように、層雲峡よりの大雪山登山は大成功に終わり、桂月にとっては大いに満足すべきものとなった。幸い好天に恵まれたこと、混成パーティーながらも桂月の求心力があったこと、そして桂月を登らせようとするパーティーの結集力があったことなどがうまく働いて、幸運にも完登することができたと思われる。事実上のリーダーというべき塩谷にとっては、歓ぶというより安堵の胸をなで下ろした、というのが本音であろう。とはいえ、この登山の問題点を検証すると次のようなことが浮かび上がってくる。

❶事前調査が不足していた。塩谷はそれほど困難なルートとは思わず、きわめて楽観視していた。

❷芋づる式、即製的な混成パーティーであった。

❸各個の登山経験や知識の差が大きかった。なかには、登山が初めてという者もいた。

❹難ルートにもかかわらず、九人は多すぎる。

❺難ルートとしては出発時間が遅すぎる。

❻装備もお粗末、酒類の重量が重く、テントも旭川中学の借り物であった。

曖昧模糊《あいまいもこ》とした実力不足のパーティーが、言わず語らずのうちにうまく役割分担がなされて、トラブルも起こさず、分裂もせず、ケガなどの事故も起こさずに全員が無事に完登したことは不思議な気がしなくもない。思えば、この成功は多分に僥倖《ぎょうこう》であったといわざるを得ない。もし失敗しておれば、すべての責任はもちろん塩谷にある。

こうして大雪山の頂稜に出た一行は、黒岳、凌雲岳、北鎮岳へと縦走し、ここでさらに縦走して旭岳方面に向かう桂月一行四人と層雲峡に戻る塩谷ら五人は別れることになった。好天も悪化しはじめ、桂月らは火口丘の雪田《せつでん》に幕営した。

二四日（六日目）、晴れたり曇ったり、そして時々小雨。火口丘を上下しながら岩を攀《よ》じて白雲岳の山頂に立つ。昨日登った北鎮岳と、これから登ろうとする旭岳と見比べた桂月は、旭岳のほうが高いことを目で確認した。古い地図では、北鎮岳のほうが大雪山群の盟主であり、最高峰であるとされていたからである。彼は陸地測量部に新しい測量結果を問い合わせて、旭岳のほうが高いことを知っていたのである。このあたりにも、彼の山への関心と情報入手の周到さがうかがえる。ただ、黒岳沢は想定外であった。

白雲岳から戻って昨夜の幕営地を後ろにして旭岳にとりついた。砂の斜面は急で、五、六歩ごとに立ち止まっては五つ六つ息をつく。それを一〇〇回も繰り返し、やっとの思いで山頂に達した。一二時三〇分、初めて腰を下ろす。素晴らしい眺望を前にし、桂月は次のように記している。

> 頂上は尖れり。西面裂けて、底より数条の煙を噴く。世にも痛快なる山かな。大雪山の西南端に孤立して、円錐形を成し、峰容大雪山中に異彩を放つ。（前掲〈中央公論〉「層雲峡より大雪山へ」）

随行した田所貢[35]は、「雪を踏み砂礫《されき》の急坂を攀じて旭嶽の峰頭に立っては魂飛び全身の毛は逆立つ凄さにふるえあがった。嶽の半分は裂けて視線のとどく約一里の底からは今も尚猛烈な音響と火柱を挙げている。峰容は大雪山中最も異彩を放っている」〈土佐協会雑誌〉『逸話』故大町桂月翁の褌《ふんどし》」第五三号、一九三五年）と、強烈な驚きの様子を表現している。登山経験のない田所の驚愕は分かるが、表現としては桂月の文に倣《なら》ったコピーである。

いよいよ下山にかかる。姿見の池を右に見て、アイシポップの沢沿いにザリガニを捕えながら下っていく。沢のほとりにテントを張り、捕ったザリガニを煮て食べたようだが、この初物、桂月にとっては旨くなかったようだ。

二五日（七日目）晴。幣《ぬさ》の滝、二見滝を経て瓢沼《ひさご》へ向かった。そのときの様子が以下の記述である。

天神峠に至りて見下ろせば、絶壁直立すること、千尺にも余れり。之を下るかと思えば、心自ら悸《わなな》きしが、熊笹や灌木を攫《つか》みて、後向きになれば、下られざるにあらず。半頃《なかば》より左に近く羽衣の滝を見る。下りて見上ぐれば、高い哉《かな》。八十丈と称す。直下せずして、曲折するが、日光の華厳の滝よりは遥かに高き也。（前掲〈中央公論〉「層雲峡より大雪山へ」）

---

(35)（一八九三年ごろ～？）桂月と同じ高知県出身。俳号・碧洋《へきよう》。桂月の北海道行に終始随行し、秘書役を務めた。

なお、天神峠とは小泉秀雄が命名した「天人ヶ峰」のことである。ちなみに、八十丈は約二四〇メートルで、比べている華厳の滝は直下九七メートルである。このあと、今夜の宿である松山温泉に着いている。

二六日（八日目）、七時ごろより暴風雨となる。朝目覚めると、桂月の安否を問い合わせる電報が届いた。実は、当日の新聞に「大雪山入りの桂月氏不明」という記事が掲載され、それを読んだ知人たちが電報を送ったのである。従来なら、旭岳登山は松山温泉から往復四日で終わるのだが、層雲峡から入山したために八日もかかってしまった。そのことを知らない人たちが心配をしたわけである。「これはまずい」と桂月は思ったのかもしれない。風雨が少し弱まった一〇時、急いで出発した。

十数回丸木橋を渡り、幾度も徒渉《としょう》しながら忠別川に沿って歩き、美瑛忠別の店で昼食をとっていたら雨が止んだ。そのあと、志比内を経て美瑛に向かった。旭川までは一〇里（四〇キロ）もあるので、それより短い美瑛へのコースをとったようだ。それでも約八里（三二キロ）の道程である。若い田所は、「八里の悪路を濡れ鼠となって急いだ。この時の苦しかったこと今まで経験したことはなかった」と、のちに述懐している。

このように、四人は歩きに歩いてへとへとになりながら、発車一〇分前にようやく美瑛駅に辿り着いた。汽車に乗り、旭川の旅館「三浦屋」に戻ってやっと、このたびの層雲峡から大雪山への変化ある山旅を終えたのである。このあと、無事帰還を祝う連日の宴席が待っていたことは言うまでもない。もちろんその祝宴には、市来区長や先に戻っていた塩谷も加わっている。

塩谷にとっては、層雲峡への誘致にはじまり、層雲峡の探勝と命名、黒岳沢の新ルート初登、花の池露営、大雪山縦走、天人峡羽衣の滝探勝、日程が大幅に遅れて遭難騒ぎになるなど、誠にドラマティックな登山となって終了している。この山旅のことを桂月は全国誌に発表し、命名されたそれぞれの景勝地の名は広く日本中に知られるようになった。思えばかなり危険な登山であったが、結果的には、すべてが塩谷の思いどおりになってしまったと言える。

北海道の旅について、桂月が公的に発表したものとしては、「駒ヶ嶽より羊蹄山へ」（〈中央公論〉一九二三年四月号）、「北海道山水の大観」（〈太陽〉第二九巻第八号、一九二三年六月）、「層雲峡より大雪山へ」（〈中央公論〉一九二三年八月号）がある。そのほかにも随筆、日記、書簡などがあるが、これらは『桂月全集』（別巻）に収録されているので、興味のある方は読んでいただきたい。とくに日記は、日々の行動や感想のメモ、さらにはスケッチもあり、著作を生み出すための重要な資料でもあった。日記なので私的な個所もあり、公的に発表した著作よりも面白く興味を引くものとなっている。

余談になるが、桂月は層雲峡大箱（函）からの帰途、大事な日記帳を紛失している。克明にメ

コラム6

大町桂月こぼれ話2——桂月と筆行脚《ふであんぎゃ》

　登山も含めてよく旅をした桂月は、その旅費を工面するために「筆行脚《あんぎゃ》」という方法を思いついた。1920（大正９）年に行った出雲の旅の際に発案したもので、翌年に行った大雪山登山を含む北海道の旅（５か月間）はピッタリそれに当てはまる。

　どのようなことかというと、行く先々で揮毫《きごう》会（書会）や講演会を開き、その講演料などを旅費や人件費、諸経費に充てるという方法である。そのために、先行して地元の有力者と折衝し、会場や参加者募集などを行うディレクターや、桂月に随行するマネージャーなどを雇い、一種のプロジェクトチームを形成していたのである。揮毫料のほうは、現在の金額にして一枚３万円ぐらいであった。連日、何十枚も書いたわけだが、桂月の知名度、名声があればこそ成り立つことである。ただ大雪山では、下山が大幅に遅れて予定していた揮毫会が開けず、主催者をやきもきさせてしまった。

　桂月と共に大雪山に登った田所貢（俳号・碧洋）は、マネージャーとして常に随行していた。初めての登山がゆえに驚愕と恐怖の連続であっただろうが、未知の魅力も感じたと思われる。そんな田所は、桂月の登山記や北海道日記（『桂月全集（別巻）』）にもその名が記されている。桂月に酒の相手もさせられたが、喜んで付き合った。

　桂月の死後、親友の馬場孤蝶も同じように筆行脚をしているが、それにも田所は随行している。桂月との経験が買われてのことだろう。しかし、お酒の相手はしていない。孤蝶は先天的に酒が飲めなかったのだ。ちなみに、桂月を層雲峡に誘った塩谷忠も飲めなかった。

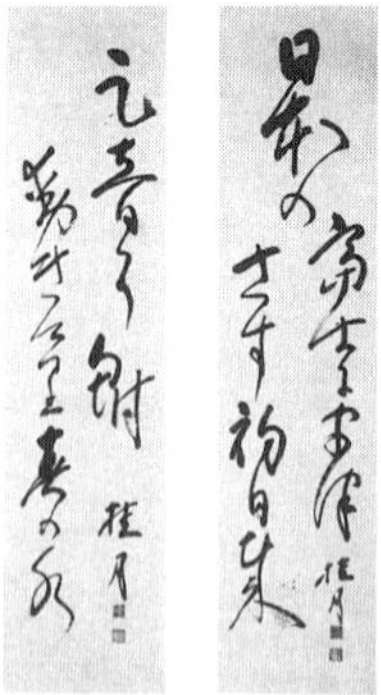

『桂月全集』第９巻口絵

モした日記帳であり、これがなくては紀行文も書けないということでひと騒ぎになった。一同で二時間ほど探したが見つからず、桂月の落胆ぶりは、はた目にも痛ましいほどであったという。

塩谷がなおも探したところ、シャクナゲの枝に日記帳の入った袋の紐《ひも》がぶら下がっていたのを発見した。「見つけた、見つけた」と大喜びで日記帳を手渡すと、桂月は「君こそは私の恩人で一生忘れぬ」と、その喜びはひとしおであった。ここでも、塩谷は評価を上げ、信頼を得たのである。この日記帳紛失事件は著作に書かれていないが、彼の日記には「袋なし、引きかえして得たり」とごく簡潔に記されている。

日記のなかには漢詩もあり、大雪山関連の詩作が七詩ある。そのうち「旭嶽」「羽衣瀧」「松山温泉」は数度も記されている。それらの漢詩（七言絶句、五言絶句）を紹介しておこう。

旭嶽

大雪群峯聳碧空　（大雪の群峯　碧空《へきくう》に聳《そび》え）
旭峯風骨最豪雄　（旭峯《きょくほう》の風骨《ふうこつ》最も豪雄《ごうゆう》）
東西南北不遮目　（東西南北　目を遮《さえぎ》らず）
十國山川一望中　（十国《じっこく》の山川《さんせん》一望の中）

羽衣瀧

千丈懸崖雲上達　（千丈の懸崖《けんがい》雲上に達し）
懸崖缺處挂飛泉　（懸崖の欠くところ飛泉《ひせん》を掛《か》く）
相看唯誦青蓮句　（相看《あいみ》て　ただ青蓮《せいれん》の句を誦《とな》う）
疑是銀河落九天　（疑うらくは是《これ》銀河の九天《きゅうてん》より落つるかと）

松山温泉

鶏語催朝色　（朝色鶏語《ちょうしょくけいご》を催し）
雲深心更閑　（雲深くして心更に閑なり）
浴餘無一事　（浴余《よくよ》一事《いちじ》無し）
貪見雨中山　（ひたすら見る雨中《うちゅう》の山）

読み下《くだ》しは必ずしも正しいとは言えないが、意味はだいたいこんなところであろう。羽衣の滝についての命名者がいつの間にか桂月になっているのは、この漢詩によるものかもしれない。北海道の指定名勝になったのは一九五一（昭和二六）年であるが、そのあたりからだと思われる。

なかには、明治三四年（一九〇一年）ごろに発見され、「大正七年（一九一八年）桂月命名」と、かなり具体的な表現もある。これらの出所はいずれも北海道教育委員会発行の刊行物であり、『日本地名大辞典』（角川書店）、『日本歴史地名大系』（平凡社）のような全国的な出版物もそれに準拠、もしくは踏襲していることには一考を要する。

漢詩人でもあった桂月は、当然、漢詩にも詳しい。先に挙げた「羽衣瀧」にからんで、李白(36)の詩を紹介しよう。

望廬山瀑布（廬山《ろざん》の瀑布を望む）

日照香爐生紫煙（日は香爐《こうろ》を照らして　紫煙《しえん》を生ず）
遙看瀑布挂前川（遙かに看《み》る瀑布の　前川に挂《か》かるを）
飛流直下三千尺（飛流直下　三千尺）
疑是銀河落九天（疑うらくは是《これ》銀河の　九天より落つるかと）

この詩を意訳すると、日光が香爐峰を照らすと光に映えて紫のかすみが立ち、非常に美しい。

---

(36)（七〇一～七六二）盛唐の詩人。杜甫《とほ》と並び称される。錦州彰明県青蓮郷《きんしゅうしょうめいけんせいれんきょう》の人で、青蓮居士《せいれんこじ》と号した。「謫仙《たくせん》人」とも呼ばれ、多くの名詩を残している。

遥かに川の向こうに滝がかかっているのが見える。その雄大なこと、三千尺もあるような高さから流れが飛ぶように真っすぐに落ちているのは、ちょうど天の川（銀河）が大空より落ちてくるかのようである、と解される。

蘆山とは、江西省九江の南にあり、古くから名山として知られている。名士が山荘をもつことも多い。香爐峰は蘆山の峰の一つで、景勝地として有名である。世界遺産にもなっており、最高峰の漢陽峰は一四七四メートルである。

桂月の詩を比べてみると、類似していることが分かる。とくに、結句はぴったり同じである。だがこれは、桂月の盗用とは思えない。むしろ、尊敬する李白の詩を意識して、羽衣の滝に重ね合わせたのではないだろうか。青蓮とは李白の異称であり、「相看《あいみ》て　ただ青蓮《せいれん》の句を誦《とな》う」と詠んだことでもそれはよく分かる。桂月は、「詩仙」「酒仙」と呼ばれる李白に敬意と親近感をもっていたのである。ちなみに、彼自身も「詩仙」「酒仙」の異名をもっていた。

桂月はこのあとも精力的に登山を続けたが、大雪山への登山から四年後の一八二五（大正一四）年六月一〇日、五六歳のときに青森県蔦温泉で急逝する。その直前の四月には、雪の八甲田山に登っていた。彼は『日本名山誌』を編もうとしていたが、志半ばで逝ったわけである。

この着想は、深田久弥著の『日本百名山』の先駆けともいうべきものであろう。長男の芳文と次男の文衛は父の遺志を継いで、書き残したものから選んで『日本山水紀行』として編集し、一九二七年に帝国講学会から刊行している。北海道に関しては「北海道山水の大観」のみが収録されているが、内容的には登山というより旅の記録であり、桂月の意図にそぐわないかもしれない。

さて、塩谷忠のその後であるが、幸運にも桂月の登山を成功させたことで、大雪山における彼の存在感は増していった。一九二四（大正一三）年、荒井初一が学術調査と観光開発を目的として設立した「大雪山調査会」は、資金は荒井が出しているのだが、実務面の活動のすべては塩谷が受け持った。同会の刊行物の発行所は塩谷の住所であり、そのなかには「同会代表」というものもある。

一九二七（昭和二）年、東京日日新聞（現・毎日新聞）、大阪毎日新聞の共催で、日本八景と百景の選定について全国的な投票募集が行われたとき、荒井と塩谷の活動で層雲峡は二一万票を獲得し百景に入選となった。また同年、大雪山調査会主催の大雪山夏期大学の講師の一人である野口雨情を大雪山への登山に案内したのも塩谷である（第3章2節参照）。そのほかにも、大雪山に果たした彼の功績は大きい。

塩谷は会長荒井初一の没後も後継者の支援によって大雪山調査会活動を続けたが、いつしか自然消滅していった。それからおよそ二〇年の時を経て、大雪山調査会（層雲閣ホテル内）名義の最後の出版物が刊行された。一九五二（昭和二七）年六月一〇日発行の『層雲峡　大町桂月記念號』である。五〇ページの小冊であるが、桂月の命日を期して刊行したものである。塩谷の編集ではないが、大きくかかわっていることは確かで、「層雲峡開発当初の思い出――桂月翁を偲んで」に成田嘉助（七七歳、一九一三年入峡、元案内人）らと座談会に出席し、それが記事になっている。塩谷の但し書きには、「五七歳、一九一三年入峡、元・塩谷温泉主」とある。

さまざまなところに寄稿した塩谷だが、著作のすべては大雪山に関連するものばかりである。なかでも〈寒帯林〉（一二〇ページの註参照）への寄稿がもっとも多く、「大町桂月翁を想う」は一四回にもわたって連載している。前掲の『層雲峡　大町桂月記念號』と相前後する時期である。それ以外にも、「松山温泉の開発について」という一編もある。それによると、松山温泉開発の功労者に挙げられる人たちは、いずれも塩谷の妻の縁者であるという。興味ある話題が多く、今どきのワイドショーもどきの面白さである。とはいえ、史実としての資料となりうるかは検討を要する。本編のみでなく、彼の著作の大半はドラマ仕立てになっているので疑問を抱くところも多く、いずれも虚実相半ばというところであろう。

こうしてみると、塩谷の人生は大雪山とともにあったことが分かる。それとともに、桂月との登山は終生忘れられない思い出として、彼の人生に大きな影響を与えたことだろう。旭川の歴史家である村上久吉（一八九〇～一九八一）は、「大雪山と層雲峡の開発に一生をささげた功労者」と賛辞を呈している。まさに、「大雪山の生き字引」というべき存在であった。一九五八（昭和三三）年、六四歳で死去。戒名「自徳院洪岳層雲居士」は、岳（大雪山）と層雲峡を表している。

第3章

登る

旭岳へ登山（撮影：大塚友記憲）

1　旭岳へ・学校登山のあゆみ

日本で登山といえば、富士山、立山、白山、御嶽山、大峰山、高千穂峰や、出羽三山（月山・湯殿山・羽黒山）のように信仰を目的としたものが最初で、明治以降に近代登山として進化していった。本節で紹介する「学校登山」とは、旧制中等学校の行事として教師が生徒を引率して行った団体登山のことである。

全員参加のときもあれば、有志を募っての登山もあった。対象とする山も、優しい低山から数日を要する高山もあった。いずれにしろ、地元の山に登って故郷への愛を目覚めさせる、長時間の登りに耐える体力づくり、精神力を養う、団体のなかでの協調力を育てるなど、教育の一環であったのである。もちろん、富国強兵という国策にのった訓練という意味もあった。

北海道での学校登山は、札幌第一中学校（現・北海道札幌南高校）の藻岩山《もいわやま》（五三一メートル）への登山がもっとも早い。小樽中学校（現・北海道小樽潮陵高校）の登山は余市岳（一四八八・一メートル）であったし、上川地方では、一九〇三（明治三六）年に開校した北海道庁立上川中学校（現・北海道旭川東高校）が大雪山に登っている。同校の校歌は次のようなフレーズではじまっている。

一、突兀《とっこつ》七千有余尺　大雪山は巍然《ぎぜん》たり
　その秀麗の姿こそ　北海健児の気象なれ（二節以下略、作詞作曲・塩田弓吉）

大雪山が校歌に詠み込まれているわけだが、同校の校歌にまつわる変遷については、旭川生まれの、教育者であり地名地理研究者でもあった栃木義正（一九二〇〜二〇〇七）が著した『突兀七千有余尺』（一九九四年）に詳しい。それによると、当初の歌詞は明治末期につくられたようである。「七千有余尺」とは尺貫法による長さの単位であるが、一九〇六（明治三九）年発行の「北海道地勢要覧図」によると「七一〇八尺」としている。ちなみに、現在の大雪山の主峰である旭岳は二二九一メートル（約七五六〇尺）である。

上川中学校の生徒たちが行った旭岳登山については、〈学友会雑誌〉にその登山記が記載されている。〈学友会雑誌〉とは、庁立上川中学校学友会が発行していた機関誌である。同会規則のなかから関係箇所を見ると、「第

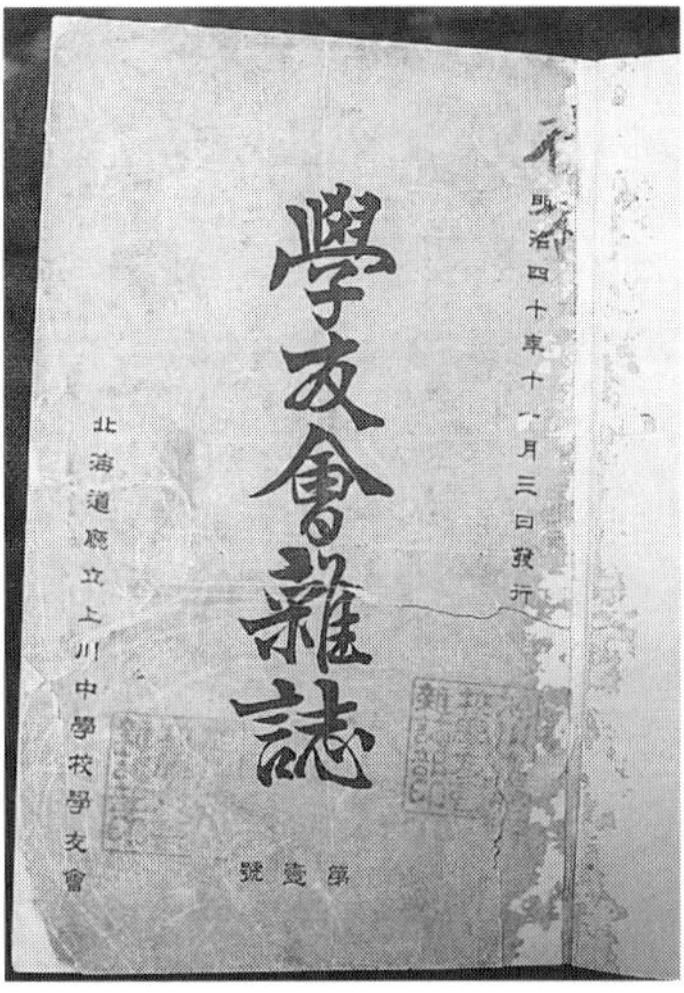

〈学友会雑誌〉第1号、上川中学校学友会、1907年（旭川東高・五本松史料館）

コラム 7

「だいせつざん」か「たいせつざん」か

たったこれだけのことに数年も取り組んだ人がいる。栃木義正（1920～2007）である。彼はそのためにたくさんの文献資料を探索し、解明に努めてきた。「大雪山」という語句の初見は、松原岩五郎著『日本名勝地誌　第九編北海道之部』（博文館、1899年）である。同書には大雪山が４か所出てくるが、１か所目には「だいせつざん」のルビがあり、２～３か所目にはルビはなく、４か所目には「たいせつざん」とルビがふられている。これに気付いた栃木は、ルビの違いについて探究をはじめた。いってみれば、大雪山の読み方における先駆者であり、第一人者と言える。そして、まとめられたのが「大雪山の読み方」（非売品、1990年）である。わずか5ページの冊子ではあるが、貴重かつ興味深い資料となっている。彼の導きだした結論は次のとおりである。

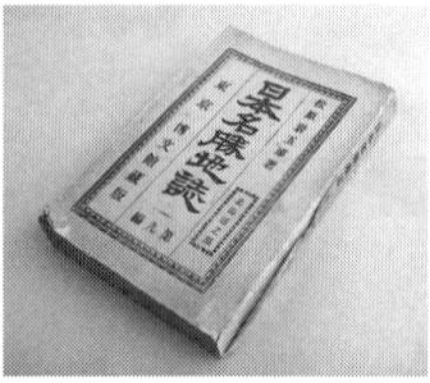

『日本名勝地誌』

①国立公園の場合は「だいせつざん」がよい。
②山そのものの場合は、「たいせつざん」でも「だいせつざん」でもよい。
③上川中学校の校歌の場合は「たいせつざん」がよい。もちろん、旭川中学校、旭川高等学校、旭川東高等学校（1954年まで）の校歌も同じである。

旭川に生まれた栃木は、北海道庁立旭川中学校、東京高等師範学校を卒業したのち東京文理科大学で地理学を専攻した。旭川中学校の教諭や各地の高校で教諭や校長を歴任している。この経歴でも分かるように、彼は旭川と大雪山にゆかり多い人物であり、探究のきっかけは母校・旭川中学校の校歌を調べることであった。彼は地名地理研究家でもあり、関連著書も多い。

二条　本会は、会員相互の親睦を計り、徳性を涵養《かんよう》し、智識を研磨し、身体を鍛錬し、会員一致校風を発揮するを目的とす」、「第五条　二、雑誌部（一）年二回雑誌を発行し、会員に頒《わか》つ。但、当分、一回発行するものとす」とあり、学校行事、学友会各部の活動記録、職員・生徒の研究・評論・文芸作品などが掲載されている。会員は、教職員、生徒、ＯＢなどで形成されている。

学友会は一九〇三（明治三六）年の開校とともに創設されているが、第一号の〈学友会雑誌〉が発行されたのは一九〇七（明治四〇）年一一月三日である。それ以来、おおむね年一回、時には年二回、また節目の年には記念号も発行しているが、昭和一六年度の第三五号は〈報国会雑誌〉、翌年度の第三七号は〈報国団誌〉と、時局にあわせて改名をしながら発行を続けた。しかし、戦況は急迫し、終刊せざるを得なくなってしまっている。

この〈学友会雑誌〉を読むことによって、旭岳への学校登山の歩みを知ることができる。早くも第一号に、その登山記二編が現れている。「山と水」（第五学年・小林安序）と「大雪山探険旅行記」（第四学年・新里文八郎）である。この二編をあわせ読むことによって、当時の登山状況を詳しく読み取ることができる。

時は一九〇七年七月二七日から三〇日まで、旭川から旭岳までを徒歩で往復するという三泊四日の行程であった。予定では予備日を含めて六日間となっていたが、天候に恵まれたようで最短日数での登破となった。後者の「探険旅行」とは大げさな表現とも思われるが、大雪山登山そのものがまだ初期段階であり、かぎられたごく一部の登山者の領域であったことを考えると、精神的には冒険であり、探検であったと思われる。現今の安全重視の野外活動からすれば、強引無謀と言われかねない行事である。前者の「山と水」の書き出しは次のようにはじまっている。

単調にして変化なく、趣味なき、東川基線、道路を行く事、五里許《ばかり》にして、午前十一時と云ふに、忠別川の上流に出づ。両岸相せまる處、左岸は、高く峙《そばだ》ちて、上には蝦夷松、ふき、熊笹など、處せまきまで密生せり。(「山と水」二八ページ)

一方の「大雪山探険旅行記」の書き出しは以下のとおりである。

昨年、オプタテシケ火山探険の挙ありて、首尾よく、その嶮砦《けんさい》を蹴破りたる吾等《われ》は、それを以て、未だ足れりとする能《あた》はず。本年もまた、大雪山大探険隊を組織し、昨年と日を同じうして、その行を始むること丶なれり。(「大雪山探険旅行記」四〇ページ)

そして、その文末には、「往年は、オプタテシケの嶮を探り、今又、大雪山の絶頂を確かむ。壮なる哉《かな》、快なる哉」と記されている。この記述から、一九〇六(明治三九)年にオプタテシケ火山の登頂が同校において最初に行われたことが分かる。では、オプタテシケとはどの山のことなのだろうか。過去の一時期、大雪山を「東オプタテシケ」と呼んでいたことはあるが、文面から察すると大雪山（旭岳）ではないように思われる。このあたりは諸説あって定かではない。
ところで、二つの登山記はともに文語体で綴られている。現代においては難解な文章だが、当時の国語教育では文語文や漢文がよく使われていたので、中学生でもこのような表現が可能であったのだろう。時に、美文調、韻文調、詠嘆調を交えて、流れるように音読をすることができる。常にこのような文語体で書いたわけではないだろうが、「文苑」（文芸）欄だったため、意識的にこのような表現にしたと思われる。そんな登山記を読み解きながら、当時の様子をたどっていきたい。

――七月二七日、終日曇り。午前六時一同五〇余名（新里文八郎による）、校庭に集合、記念写真を撮る（写真では四一名が数えられる）。出発に際し校長の訓示、安藤先生の注意事項は、（一）団体登山なので自由行動を取らないこと、（二）大小便を注意して、途中一歩も遅れないこと、（三）第一日は東川村東二〇号までは自由に歩き、以後は職員または組長の指揮命令に従うこと、（四）隊の編成は、五年―礒部、室伏教諭と組長・高橋の外一八名、四年―安藤、山田教諭、大村外一八名、三年―渡辺教諭、吉田外六名。（以上、要約）
合計四〇人となり、およそ写真のとおりである。それに案内人、強力人夫などを加えて、新里のいう総勢五〇人くらいになったのかもしれない。そして、六時半に出発している。荷物は二貫（七・五キロ）余り、重いというほどではないが、日ごろ山歩きに慣れない生徒たちには重荷であったろう。行程七里（約二八キロ）、その間休憩や昼食をはさみながら今日の宿、忠別川畔の富田小屋に午後二時ごろに着いている。川に出て身体を洗う者や、なかには釣糸を垂れてヤマベを釣る者もいた。

全員が宿泊できるだけの大きさであったこの小屋には、囲炉裏《いろり》もあったようだ。炊事のことはあまり書かれていないが、それぞれのグループに分かれて飯盒《はんごう》で米を炊き、汁をつくったようである。

「山と水」では、ヤマベを釣り、友が炊事を行い、釣った数匹のヤマベを汁に投げ込んだという記述があったが、友のつくった汁はきわめて辛かった、ともある。一方、「大雪山探険旅行記」には、炊き方が拙くて半煮えの飯をつくった、という記述が見られる。

夕食後は、全員が囲炉裏を囲んで歓談したとある。怪談話も続出し、楽しい一夜であったことがうかがわれる。「山と水」を書いた小林は、初日から足にマメをつくり、囲炉裏端にへたばっ

旭川中学校生徒がメンバーの第１回大雪山探検隊
（明治40年７月）（出典：「大雪山のあゆみ」6ページ）

たままロウソクの火を灯して日記をつけたようだ。

二八日（二日目）晴。三時に起床して五時に出発している。樹間の川沿いの道を対岸に渡ったりしながら八時に菊地の小屋に着き、そこで休憩をとっている。ここからピウケナイに入り、登りとなる。さらに支流のユコマンベツを登って「クマノツメカケ」（小泉秀雄登山要図による）を過ぎたあたりで午後四時半となり、予定の露営地に到着した。どんな形で露営したのかよく分からないが、三々五々適当な所で仮寝をしたようである。

小林らは、奥行一メートルほどの岩陰を選んで岩の両方に棒を立て、草葉で覆って夜露を防いでいる。床には、柔らかい草葉や外套《がいとう》（防寒着）を敷き詰めている。火を焚き、五合入りの飯盒《はんごう》で飯をつくったとある。一方の新里は、ここで草を刈り、木を伐って、四、五人ずつの小屋を造っている。

二九日（三日目）晴。三時半に起床して、昨日と同じく五時に出発している。六時半になって、不要な荷物を置いて軽装で登りはじめた。温泉の湧出を見ながら喬木帯から灌木帯へ進み、八時過ぎに旭岳の裾に達した。ここで、小林の文を引用しておこう。

更に進めば、右手に当り、火口原湖の存在するを認む。水清く、緑の小波をただよはす様《さま》、け（ママ）に（実に、の意）奇観なり。同行の礒部先生、命じて姿見の池と名づく。蓋《けだ》し、

一水波清くして、大雪の山姿を寫せばなり。（「山と水」三四ページ）

急登にあえぎながら、ようやく一〇時半に山頂に立った。新里は、その様子を次のよう記している。

硫気には、壮《さかん》に烟霧を吐いて、鳴動するを聞き、烈しき風、横ざまに吹いて己《おのれ》を谷に投ぜんとするに遭はゞ、その凄じさは、自ら気失《しっ》せんばかりなる。頂上は、雲深く閉《とざ》じて、時に晴るれば、群山脚下《きゃっか》に集まりて、景色雄也、偉也。（「大雪山探険旅行記」四四ページ）

風が強く、雲が去来して、展望も見えたり隠れたりという変化のある山頂であった。一二時に下山を開始し、露営地には午後四時半に戻っている。ところで、小林の登山記はなぜかここで終わっているので、以下は新里の記述をもとに記すことにする。

三〇日（四日目）快晴。起床は少し早く三時、出発は五時であった。下りながら、このまま旭川まで帰るか、それとも富田の小屋でもう一泊してから帰るかと話し合っている。その結果、三分の二が早く帰りたいということであったので、富田の小屋で全員が集合し、別の二人の先生が解散を告げている。疲れた足を支えながら一路旭川へと戻った。軍歌や詩吟の声で自らを励ましての歩みであった。ちなみに、新里が帰宅したのは午後八時過ぎとなっている。往復三六里（約一四四キロ）、六日の予定を四日で登破したわけである。

以上が、記念すべき上川中学校の第一回旭岳登山の大要である。この登山は、学校登山のみならず大雪山登山においてもきわめて初期の登山であり、要した日数、その困難さにおいても全国的に特記されるべき登山であるといえる。

初期の日本山岳会会員である大平晟《おおだいらあきら》(1)が旭岳に登ったのは、一九〇九（明治四二）年八月である。その登山記は、〈山岳〉（第八年第一号、一九一三年）に「ヌタプカムウシュペ山」として発表されている。それによると、大平はすでに上川中学の二回の登山を引率した山田常憲教諭を訪ねており、歓待、教示を受けるとともに二回の登山に同行した案内人である佐藤岩蔵を紹介されている。大平の登山記には、旭川からの旅程が詳しく記述されているので要約して紹介しておこう。

一日目は東川の農家・石井亀太郎家に泊まり、二日目はピウケナイに露営している。ここは、先月の三〇日、上川中学の一行が露営した所であり、それを補強して宿舎としている。三日目の八月二四日、快晴のもと旭岳に登頂し、大展望を楽しんだあと露営地に戻っている。四日目、再

---

(1)（一八六五〜一九四三）新潟県生まれの教育者。全国各地の山に登り高山植物を研究する。のちに名誉会員に推挙される。

び石井家に宿泊し、五日目に旭川に戻っている。

大平は登山記の文頭に「本島の中央部は、山岳重畳《ちょうじょう》人跡未到の地多し、而して之《これ》が帝座を占めるもの、実に大雪山となす」と書き、文末には「華厳以上のアイシポプの瀑布を探らざりしを一遺憾とす」と記している。すなわち、日光華厳の滝に勝ると言われている羽衣の滝を見損なったことを非常に残念がっているのである。

案内料は五日間で七円（それとは別に糧食分を要す）となっており、旭川での旅館の宿泊料は「一宿三飯一円」となっている。大平は上川中学の学校登山の跡をなぞった形となっているが、この登山記も、当時の東川界隈や旭岳登山の状況を補強する資料ともなる。

上川中学校は「旭川中学校」と名前を変えながらも、毎年のように登山を続けてきた。小泉秀雄（第2章1節参照）が、〈学友会雑誌〉（第一三号・一九一八年）に「我が旭中の大雪山」という論文を寄稿している。その冒頭を紹介しておこう。

大雪山は我が旭中幾百の健児が代々我が校の山として天下に向つて誇る所である。実に旭中の健児が花の辰月《しんげつ》の夕、敬慕渇仰《かつごう》の標的となり以て偉人の如く深き慈愛の下に大なる感化を与へつゝ、常に健児を励まし健児を慰むるものは其の山腰《さんよう》を繞《めぐ》る石狩川と共に我が校歌に歌はるゝ大雪山であらねばならぬ。石狩川に宿る月影は皓潔《こうけつ》比類も無き男性的気概の標徴《ひょうちょう》を

――表はすものとしたならば、大雪山の白雪皚々《がいがい》八面玲瓏《れいろう》玉の如き英姿は崇高《すうこう》なる人格の鑑《かがみ》であると云ふも決して過言ではあるまい。（前掲誌、八ページ）

このような美文がなおも続くのであるが、紙幅の関係もあって省略させていただく。ただ、大雪山に寄せる熱い思い、大雪山と旭中の絆が伝わってくる文章であることは十分にご理解いただけるであろう。

また、「姿見の池」の命名者である礒部精一（一八七五～?）については、大雪山登山史上見過ごせない人物なので略記しておきたい。

東京に生まれた礒部は、国民英学会、大成学館（漢学撰科）、東京高等師範学校（英語専修科）をそれぞれ卒業したのち一九〇五（明治三八）年に上川中学校に赴任し、その後、旭川高等女学校の校長となっている。そして、一九二九（昭和四）年からは東京女子医学専門学校（現・東京女子医大）の英語教授の職に就いている。アイヌ語の研究家でもあった礒部は、旭川中学（元・上川中学）での在職中に『北海道地名解』（富貴堂書房、一九一八年）、東京では『和愛愛和《わあいあいわ》・アイヌ語辞典』（東京実業社、一九三六年）を著している。

ここまで上川中学（のちの旭川中学校、現・旭川東高校）の旭岳登山について記してきたわけだが、実は、それ以前に私立中学の上川文武館が行ったオプタテシケ登山というものがあった。このことは、旭川市博物館が所蔵する台紙付きの一枚の写真によって証明される。その台紙の裏面には写真の説明文が書かれているので、全文を原文の形のままに転記させていただく。

明治三十六年六月十一日早発我私立中学
上川文武館撰抜生徒廿一名登千於武建
志計噴火山幹先生引率之同行第三學年
小池吉田山村岩崎及余第二學年石川
小暮上野新里野村鈴木中鉢山崎塩野谷
藤野中河早川第一學年大石三田橋谷松
田之諸氏也而小池松田之両氏有事故不列於
此撮影来海館長及遠田金子両氏不加登山
之行余等請而賛於此撮影此行往復三日露宿
山腹両夜也描以爲他日之紀念　山崎千代松記

句読点のない一〇行の漢字が並んでいるわけだが、毛筆書きなので、時には略字を用いている場合もある。さすがにこのままでは分かりにくいので、意訳しながら解釈をしておこう。

一九〇三（明治三六）年六月一一日、朝早く発った我ら私立中学上川文武館の選抜生徒二一名は、幹先生の引率でオプタテシケ（於武建志計）噴火山に登頂した。同行者は、第三学年の小池、吉田、山村、岩崎および余（山崎千代松）の五名と、第二学年の石川、小暮、上野、新里、野村、鈴木、中鉢、山崎、塩野谷、藤野、中河、早川の一二名、そして第一学年の大石、三田、橋谷、松田の四名、合計二一名である。

しかし、小池、松田の両名は、用事があったため撮影に加わることはできなかった。来海館長および遠田と金子の両名は登山には加わらなかったが、余（山崎千代松）らの依頼によって撮影には加わってもらった。この登山は、往復三日、うち山中二泊（露宿）となった。今後の記念のために書いておく。山崎千代松・記。

残念ながら写真を掲載することができないが、そこには二三名が写っており、人数的にはこの説明文と合致する。学舎の外壁をバックに、杖（木の枝）を持ってリュックを背負い、脚絆《きゃはん》にわらじがけという姿である。ということは、下山直後に校庭に集まって撮影したものと思われる。館長らが登頂の成功を祝って出迎えたことが想像できる。

このオプタテシケ登山は、「噴火山」とあることから旭岳とも考えられる。上川中学のオプタテシケと同じ山と考えていいだろう。この写真は『旭川市教育史』（旭川市教育委員会、一九八五年）にも転載されており、そこには「上川文武館生徒の大雪山登山記念」という説明がされている。

いずれにしても、この写真と説明文は信頼できる貴重な史料と思われる。上川中学の旭岳登山に先立つこと四年、同校のオプタテシケ登山に先立つこと三年である。この上川文武館は、一九〇〇（明治三三）年、演武場を造って武術を基本として文武両道の少年を育てることを目的として設立された私立中学であるが、登山もその教育目的に沿う活動の一つであったのだろう。同館は、のちに「旭川中学」（校長・来海実）と名を改め、一九〇六年に閉校している。

余談になるが、同校があったために後発の庁立上川中学校（前掲参照）は「旭川」を冠することができなかったといわれている。また、学生帽も旭川中学は二条の「白線」を巻いていたので、庁立上川中学校のほうは二条の「黄線」を巻くことによって区別したようだ。

補足という形で上川文武館の登山に関する説明をしたが、大雪山系の学校登山としては史上最古であると思うがゆえである。まだ残雪豊かなこの時期に、一年生を含めた少年が三日で登破したことは驚愕の事実といえる。

本書の編集作業を行っている最中に、地元である東川村（現・東川町）の小学校でも旭岳登山を実行していたことを伝える写真が見つかった。その写真の説明には、「東川小学校（尋常高等小学校）の旭岳登山（一九三七〜一九三八年ごろ）」とあった。撮影したのは、「写真の町　東川」を象徴する人物、飛弾野数右衛門である。（第4章2節参照）。

まず、カッコ書きとなっている「尋常高等小学校」について少し説明しておこう。東川小学校は一八九八（明治三一）年に開校されたが、当時の義務教育は四年であった。その後、一九〇七年に義務教育期間が六年となり、同校に高等科が併置された。分かりやすくいえば、尋常科六年が義務教育であり、そこで終えるか、さらに勉学を続ける生徒は二年制の高等科に進むので「尋常高等小学校」となる。これ以外にも、尋常科から五年制の中等学校（中学校、商業学校、工業学校など）に進むことや、実務の専門学校に進む道もあった。これが、当時の学制制度である。

さて、旭岳登山の写真は二枚あったが、人物から見て同時期であり同じパーティーであったと思われる。どちらも三四人、引率の先生のほか、高等科の生徒や父兄も同行しているようである。小学校の高学年児童の夏休みの行事として実施されたものと思われるが、それが定例的なものだったかどうかは分からない。いずれにしろ、その目的は中学校の登山と同じく心身の鍛錬にあったのだろう。

掲載した一枚は旭岳山頂である、右後ろにわずかの残雪が見られる。山頂の標識はないが、日

東川小学校の旭岳登山・山頂（撮影：飛弾野数右衛門）

東川小学校の旭岳登山・旭岳をバックに（撮影：飛弾野数右衛門）

の丸のを掲げているのでそれと分かる。国旗に敬意を表して、先生がネクタイを締めて威儀を正していることも興味深い。思えば、日中戦争の直後か一年後であり、当時の時代背景からして国威発揚《こくいはつよう》、戦意高揚《せんいこうよう》という意味もあったのかもしれない。山頂では、万歳三唱をしたにちがいない。

もう一枚は旭岳をバックにした写真である。二枚を見比べると分かるように、学生帽、半そでシャツ、長そでシャツ、学生服、巻ゲートル、地下足袋など服装がさまざまである。登山中は暑いので、上着を着たり脱いだりしていたのかもしれない。幸い、好天に恵まれたようだが、これは地元の利である。それにしても、小学生には日帰り登山はできなさそうにないので、どのような日程で行ったのか興味のあるところである。

この二枚の写真が語りかけているものはたくさんある。写真とともに、当時の綴り方（作文）や文集などがあれば、登山のありさまがより具体的に分かることだろう。それらが残っていないことが残念である。

（2）一九三七年七月七日、盧溝橋《ろこうきょう》事件に端を発した日本の中国侵略戦争で、当時は「シナ事変」と言った。長期化し、一九四一年一二月の太平洋戦争に突入した。

2 民謡詩人・野口雨情、大雪山に登る

民謡や童謡の詩人として知られ、北原白秋（一八八五〜一九四二）、西條八十（一八九二〜一九七〇）とともに「童謡界の三大詩人」と謡われた野口雨情（一八八二〜一九四五）が大雪山に登ったとは、にわかに信じられない人もいるのではないだろうか。「七つの子」「青い眼の人形」「十五夜お月さん」などの名曲を作詞した雨情と、登山姿の雨情は簡単には結び付かない。無理もない、彼の作品から登山につながる詩や文を見いだすことはできない。

しかし、雨情が大雪山に登るはずがないというのは思い込みである。彼はまちがいなく大雪山に登っているし、それを証明する資料も残っている。それは「黒岳石室宿泊芳名録」である。それには、一九二七年七月二六日の日付で「東京市外吉祥寺　詩人　野口雨情」と記名されている。同行者は「旭川市六ノ七左一　塩谷忠」と「東京市赤坂区丹後町一〇三石川方気付　村田丹下」であった。

塩谷忠（第2章4節参照）は「大雪山調査会」（八三ページの註参照）の理事を務め、会長である荒井初一（八三ページの註参照）(3)を補佐する実務上のトップであり、大雪山にもよく登っていた。もう一人の村田丹下は、同じく荒井の要請によって層雲峡に滞在し、大雪山と層雲峡を描

いていた。山にもたびたび登っており、石室宿泊もこの月だけで三回目となる。一回目の九日には「層雲峡　画家　村田丹下」、二回目の二一日には「真夏すら知らぬ真顔の大雪山　丹下生」の記名を残しており、絵も描けばしゃれた唄や句もつくるし、文もよく書くという風流のある画家であった。

二人に導かれて雨情は、この年の三年前に新しく開かれた登山道を歩いて黒岳の山頂に立った。彼自身が登った最高点であり、さぞかし感無量であったことだろう。そして、雲ノ平の石室に泊まっている。石室の前で撮った一枚の写真がある。左に丹下、右に雨情の二人が写っている。塩谷のカメラで撮ったものと思われる。このあと、文学の先輩である大町桂月に敬意を表して、一〇分ほどの所にある桂月岳にも登ったにちがいないと筆者は確信している。

それからどうしたのだろうか。記録がないのではっ

(3)（一八九六〜一九八二）洋画家。荒井の委嘱で大雪山、層雲峡の絵を描く。その後は東京で活動し、風景画や肖像画を描いている。

大雪黒岳石室にて（左・丹下、右・雨情、1927年）
（出典：『大雪山のあゆみ』87ページ）

きりとしたことは分からないが、翌日、三人とも黒岳を登り返して層雲峡に下山していることはまちがいない。時に雨情四五歳、三人のなかでは最年長者である。今なら壮年期といえる年齢だが、人生五〇年の時代を思うと決して若いとは言えない。それに、雨情には登山の経験がなかった。さらに加えて、日程的にも余裕がなく縦走はできなかったはずである。

というのも、雨情は「大雪山夏期大学」の講師として招かれて北海道に来ていたのである。この催しは、北海タイムス社と大雪山調査会が主催し、北海道山岳会(4)が後援していたもので、七月二九日から八月五日までの八日間にわたって大々的に行われた。定員一〇〇名、費用の内訳は、「旭川寺院一泊三食一円、旅館一泊三食二円、ほか見学旅行費若干」、「層雲峡温泉六泊費一五円(旭川・層雲峡間の自動車費を含む)」となっている。「会費は調査会の犠牲的好意によって一切の費用を含めて僅かに十五円」ということなので、大雪山調査会はかなりの費用負担をしたものと思われる。会長である荒井は層雲閣の経営者でもあったので、この程度の費用負担はたいした問題ではなかったのかもしれない。

参考までに、夏期大学の講師を紹介しておこう。喜田貞吉(東北大教授)、馬場孤蝶(5)(慶応大教授)、野口雨情、永井一夫(北大教授)、青葉萬六(北大予科教授)となっていた。本来なら、層雲峡と大雪山にゆかりの深い大町桂月が講師に招聘されるところであろうが、すでに没していたので、桂月の親友であった馬場孤蝶が代わって招かれていた。ちなみに、馬場を記念する「孤蝶岩」が層雲峡の入り口にあったが、観光上いつのまにか「胡蝶岩」に変わってしまった。馬場孤蝶を知らない往年のバスガイドは、「蝶のような形の岩……」と説明していた。

さて、初登山となった雨情の動向をたどってみよう。七月二五日一一時四四分着の列車で雨情は旭川駅に降り立った。一九〇九（明治四二）年に離道して以来一八年ぶりの来道であった。当然、塩谷や丹下も出迎えたことと思われる。二七日の〈北海タイムス〉に次のような記事が掲載されている。

（4）一九二三年、自然の研究、登山の普及を目的として官公庁により設立。登山道開削、石室設置、登山会の開催、会誌や関連図書を発行した。

（5）（一八六九～一九四〇）桂月と同じく高知県生まれ。英文学者、小説家、翻訳家として多方面に活動した。とくに、翻訳は高く評価されている。樋口一葉とも親交があり、『全集樋口一葉』にもたずさわる。愛煙家としても有名。

大雪山とは
恐しい山の様だ
夏季大學講師として来旭の
野口雨情氏語る

大雪山夏期大學講師として招聘された詩人野口雨情氏は二十五日午前十一時四十四分着の列車で来旭したが氏は明治四十四年先帝陛下が北海道へお成りの際グラフヰックの記者として来道したことがあり、今度は十數年振で北海道の山河を訪れた譯である、

◇…邊幅を飾らぬ　粗末な服の詰襟に包まれて小柄な氏は詩人らしい敬虔な口調で語る、

『前に来た時から見ると北海道も全然見覚えがない様に變つてゐます札幌の停車場は恐ろしく見すぼらしく見えましたよ』と輕く一矢を酬ゆる今度の来道は大雪山調査會の依囑に應じて大雪山の歌を作る仕事もあるので直ちに層雲峽に赴いたが山にも泊つて大雪山の

◇…景觀を詩にし　歌にする筈で大雪山といふと北海道のことですから雪なだれでもする恐ろしい山の様に思はれますあれが小笠原島にでもあるとそんなに思ひませんがね』

と觀察が面白い、尚氏は旭川の大衆夏期大學の講演『民謡と大衆文藝』に

◇…民謡や自作の　歌を歌ふことになつて居り新作大雪山と層雲峽の歌も披露されることだらう（寫眞は野口氏）

〈北海タイムス〉1927年７月27日付

◇…辺幅《へんぷく》を飾らぬ、粗末な麻の詰襟《つめえり》に包まれて小柄な氏は詩人らしい敬虔《けいけん》な口調で語る。「前に来た時から見ると北海道も全然覚えがない様に変わっています。札幌の停車場は恐ろしくみすぼらしく見えましたよ」と軽く一矢《いっし》を酬《むく》ゆる。「今度の来道は大雪山調査会の依頼に応じて、大雪山の歌を作る仕事もあるので直ちに層雲峡に赴いたが、山にも泊まって大雪山の◇…景観を詩にし歌にする筈《はず》で、大雪山というと北海道のことですから雪なだれでもする恐ろしい山の様に思われます。あれが小笠原島にでもあるとそんなに思いませんがね」と観察が面白い。尚氏は旭川の大衆（ママ）夏期大学の講演「民謡と大衆文芸」に◇…民謡や自作の歌を歌うことになって居り新作大雪山や層雲峡の歌も披露されることだろう。（〈北海タイムス〉一九二七年七月二七日付。一部、常用漢字、現代仮名遣いに改変。以下同）

この記事は、二五日に旭川で取材したものなので、その後のことは予定的に報じられている。旭川に到着した雨情はそのまま層雲峡に向かった。そして翌二六日に黒岳に登って石室に泊まり、二七日に下山して旭川にとって返した。その間に、層雲峡も探勝している。そして二日後の二九日に夏期大学がはじまり、大休禅寺本堂の会場では、馬場孤蝶が「近代文芸思想の経路」というテーマで、雨情が「国民と大衆文芸」というテーマで講演を行った。このとき雨情は、層雲峡を探勝したあとにつくった唄「大函《おおばこ》　小函《こばこ》の　河鹿《かじか》の子さへ……」（唄は後述）を講演のなかに詠み込み、やんやの喝采《かっさい》を受けている。

三一日、いよいよ会場が本舞台の層雲峡に移った。宿舎は、「層雲閣」の川向こうに新築したばかりの「蓬莱閣」である。蓬莱閣は料理店として建てられたものだが、まだ開店もしないうちから夏期大学のために建物のすべてが提供されていた。そこの大座敷が講演会場となった。木の香も新しく、最初の利用者が夏期大学受講生とは、さぞかし最高のムードであっただろう。このあたりにも、荒井の配慮と遠謀がうかがえる。

ここでの雨情の講演テーマは「児童文芸の考察」というものであった。このとき彼は、これまで「重箱岩」と称されていた岩を「天狗の挽臼岩」と改名して唄に詠み込んでいる。当時〈旭川新聞〉の記者であった詩人の小熊秀雄は、(6)「詩人野口雨情氏が、自ら蓬莱橋を雨情橋と名付けたことにも、私は同感できない。大自然の一草木、一石にも、軽忽《けいこつ》な命名は慎むべきだ」と慨嘆しているが、幸い「雨情橋」は定着しなかった。これらは、雨情の名にあやかって名付け親を期待した地元民の気持ちの表れであると思われる。

そして、夏期大学最大の行事である待望の登山が、予定どおり八月三日と四日に行われた。三

(6)（一九〇一～一九四〇）小樽生まれ。旭川新聞社を経たのち上京し、活発な詩活動をするも夭逝。旭川に詩碑が建立されるとともに小熊秀雄賞が設定されている。

日の午後、第一班の三〇人は雷雨のなかを出発して黒岳を越えて石室《いしむろ》に泊まっている。宿泊名簿には「塩谷忠外夏期大学生四名」と記入されているが、これは何かのまちがいだろう。もちろん、雨情の名前はない。翌日は好天に恵まれ、ご来光を拝んで出発したのち、北鎮岳を経て旭岳まで縦走した。一方の第二班は、四日の五時に層雲閣を発って九時に黒岳に着き、噴火口やお花畑を楽しんだあと第一班の縦走組と合流して午後三時に下山の途に就き、全員が無事に層雲閣に帰着している。

五日にも他の講師による講演があり、そのあと閉会式となっている。〈北海タイムス〉旭川支局次長、大雪山調査会会長代理の挨拶、参加者総代の答辞があり、夜は賑やかに送別の宴が開かれている。そして六日の一一時、一同は層雲峡を後にした（雨情はすでに北海道を去っている）。

それでは、雨情の詠んだ層雲峡と大雪山にちなむ詩歌を紹介しておこう。

北海道

十勝石狩／狩勝峠／山が波打つ／うねり打つ
夏の日盛りや／大雪山の／お花畑は／花盛り（註、大雪山麓には層雲峡あり）

この詞は、『全国民謡かるた』として一九二九（昭和四）年に普及社から発売されている。同書は、一道四三府県に樺太、台湾、朝鮮を加えて、合計五〇の地名を詠んだものである。なかでも、「北海道」には「註」として層雲峡が特記されているが、それだけ強い印象を与えたのであろう。次のような唄もある。そう、講演の際に披露した唄である。

大函小函

大函小函は、北海道大雪山の南麓。峡流美で名高い層雲峡の上流。河鹿の名所である。

大函　小函の　河鹿の子さへ
岩にやせかれる　瀬にや流される
浮世なりやこそ　あきらめしやんせ
りん気ァせぬもの　恋ァせまいもの

この唄は、一九二九年にビクター出版社が発行した創作民謡集『波浮の港』に収録されている。初出は〈民謡詩人〉（一九二八年四月号）で、ゆかりの「層雲閣グランドホテル」にはこの唄の碑が建っている。

雨情の登山から四〇年ほど経った一九六五年に、『大

唄の碑がある露天風呂（写真提供：層雲閣グランドホテル）

雪山のあゆみ』（層雲峡観光協会発行）という大雪山関係の記録や研究、文芸などの資料を網羅的に抄録した本が刊行されているのだが、そのなかには、前述の「大函小函」に加えて次の唄が続いて掲載されているので紹介しておこう。

ゆうべ夢みた　層雲峡の夢を／天狗でなければ引かれない／天狗の引臼ゆめでみた
夏が来てさへ　大雪山に／積る雪さへ　まだ解けぬ
秋の大空　見わたす限り／浮かぶ雲なく　はれ渡る
浮世はなれて　層雲峡は／朝は霧立ち　湯さへ湧く

層雲峡となると、もう一つ忘れてはならない唄、「層雲峡小唄」がある。以下に掲載した唄は、『定本　野口雨情』（全八巻）の第五巻に基づいて転載しているが、『上川町史』によるとほかの歌詞もあり、替え歌もあるとなっている。ちなみに、歌詞に出てくる「女滝」と「男滝」は「銀河の滝」と「流星の滝」の旧名である。

層雲峡小唄

一、大函小函の　小石でさへも　トコセ

淵に沈んで　瀬にや流される　ハ　チヨイトサ
トコ層雲峡　ヨイヤマタ　リヤンリヤトセ（以下、囃子《はやし》詞略）
二、浮世なりやこそ　諦らめしやんせ／悋気《りんき》ァせぬもの　恋ァせまいもの
三、女滝男滝は　石狩川へ／落ちて流れて　平野を下る
四、女夫《めおと》なりやこそ　連れ添うものを／悋気ァせぬもの　水ささりよと
五、山が高けりや　夜明けがおそい／枕屏風は　まだ夜が夜中
六、朝の寝姿　わしや恥しや／悋気ァせぬもの　髪ァ乱れても
七、雪の上吹く　大雪山の／風は夏でも　袖吹きたがる
八、風は吹いても　袖ひきやしない／悋気ァせぬもの　袖吹いたとて

大雪山と層雲峡に関する雨情の唄を紹介してきたが、彼にとって大雪山への登山は一世一代の大登山であり、強烈な印象を残したと思う。たしかに、層雲峡の唄のなかに大雪山は詠み込まれているが、そのほかの文やエッセイにはいっさい大雪山のことが触れられていない。

一九三一年、日本交通公社（現・JTB）の主催で「山を語る座談会」が開かれ、雨情のほか麻生武治、黒田初子、塚本閤治ら登山家を含む七人が出席したことがある。そのなかで雨情は、「米山甚句に誘われて米山（九九三メートル）に登ったのが最初で最後の山……」（〈旅〉日本交

通公社、一九三一年七月号）と話しているが、その数年前、大雪山に登っているのに、なぜ米山が最初で最後の山になるのだろうか。筆者は雨情の真意を図りかねている。このような例はほかにもあるが、長くなるので止めておこう。

雨情は全国を旅して歩き、人と語り、風物を愛で、歌を詠んでいる。当然、時に応じて対象が変わることもあっただろう。だが、彼にとって大雪山は飛び抜けた最高到達点であり、忘れるとは考えにくい。それだけに、文やエッセイにその印象が見られないことは大きな謎として残る。これでは、案内した塩谷忠や村田丹下も登場するはずがない。

先に、雨情は「一九〇九（明治四二）年に離道して以来一八年ぶりの来道であった」と記した。では、かつて北海道にいたときに、雨情は何をしていたのであろうか。雨情の生涯と北海道とのかかわりを説明しておこう。

野口雨情は本名を「英吉」といい、一八八二（明治一五）年に茨城県の回船問屋の家に生まれた。四年生の高等小学校を卒業後、東京専門学校（現・早稲田大）に入学して坪内逍遙に師事するが、中退をして詩作をはじめている。

一九〇七年三月、〈報知新聞〉の通信員として取材のために渡道したが、そのまま居ついてしまった。札幌では〈北鳴新聞〉に入社したが、まもなく倒産となる。石川啄木が訪ねてきて、二人は〈小樽日報〉に入社したが、まもなく退社し、〈北海タイムス〉〈室蘭新聞〉〈胆振新報〉と入退社を繰り返した。一九〇九年には旭川の〈北海旭新聞〉に転じたが、この年の一一月に帰郷し、二年有余の北海道生活に終止符を打っている。その後、民謡詩人、童謡詩人として新境地を開き、全国にその名を知られるようになったわけだが、そのなかでも中山晋平が作曲して空前の大ヒットとなった『船頭小唄』は、彼の不遇時代の心情を唄にしたものとされている。

一九四五（昭和二〇）年、六二歳で没。雨情の号は、漢詩「雲根雨情」（雲を眺めて思い悩み、しめやかに降る雨に情を感じるの意）から取ったものである。

雨情没後六七年が経った二〇一二年六月一五日、東川町の松岡市郎町長に一枚のはがきが披露された。披露したのは、雨情直孫の野口不二子である。その表書きには、「茨城県多賀郡磯原町（現・北茨城市）　高塩廣（戸籍はヒロ）様　旭川にて七月卅（三〇日）野口生」とあり、文面は次のように書かれていた。

拝啓。北海道の帰途およりする考へでしたが。島根県へ直行せねばならなくなりましたので、おより出来ません。旭川は八月一日に立ちます。雅夫（雨情の長男、不二子の父）が「いかない、ゝ」とゆったあのあたりは、昔の俤《おもかげ》はありますが、たづぬるよすがもなきほど変りました。喜連川《きづれがわ》より皆様おいでゞしたら宜敷《よろしく》お願ひ致します。仁ちゃんは来ましたか、消印は「旭川七月三一日」、年は読みにくいが一九二七（昭和二）年と判断される。この一枚のはがきから、当時の彼の心情や動向を知ることができそうである。不二子が言うには、「雨情が北海道で新聞記者をしていたころ、妻ヒロはずっと生家を守っていたが、〈胆振新報〉時代に友人から、彼を一人にしておくのはよくないと説得されていた」ということである。

妻のヒロは思いきって雅夫を伴い、すでに転じていた旭川へ来てしばらく三人で暮らしたことがあった。雨情はこのたび一八年振りに旭川を訪ねて、今も生家に住まうヒロのことを思い出してこのはがきを書いたのである。

雨情が大雪山を指さして、当時二歳であった雅夫に、「あの山はクマの出る山だ」と話し、クマが怖いから「いかない、いかない」と言ったらしい。とすれば、「あのあたり」とは大雪山ではないだろうか。彼が旭川にいた一九〇九（明治四二）年当時は、大雪山はごく一部の入山を許すのみで大半は

はがきを松岡町長に見せる野口不二子

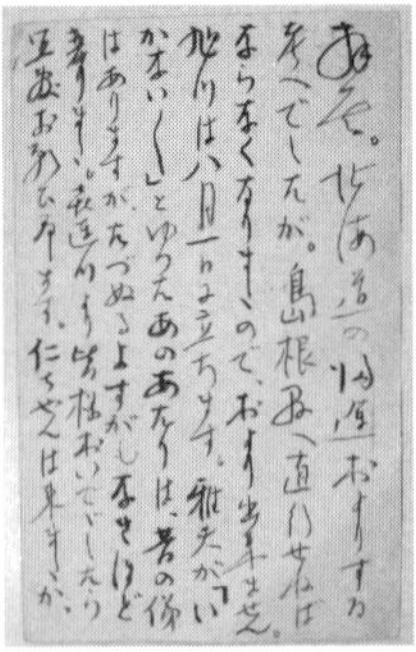
雨情が出したはがきの文面

未開の地であった。とても彼が近づけるような所ではなかった。

それから一八年、山間の石狩川上流（層雲峡）まで車が入るようになり、立派な温泉宿も建った。大雪山への登山道も造られ、山上には石室《いしむろ》もできて登山者が宿泊できるようになった。その変わりように驚嘆したことが、「たずぬるよすがもなきほど変わりました」という表現になったと思われる。もちろん、そうでないかもしれないが、このような解釈をしたとしても不思議はない。もともと、このはがきは身内に対して出したものであり、省略してあるところもあると思われるので第三者には解釈に苦しむところである。

それにしても、彼の多忙かつ人気絶頂ぶりがうかがえる。大雪山夏期大学のはじまる前に山へ登り、層雲峡を探勝し、その間に唄をつくって自身の講演を終えると、すぐさま島根県へ行かねばならなかった。その間に慌ただしくはがきを書き、三一日に投函したのであろう。

野口不二子は「野口雨情生家・資料館」(7)の館長として、生家を守りながら資料の保存と研究を続けてきた。そして、二〇一一年三月一一日、東日本大震災の津波に遭って一階部分が浸水し、展示資料などを二階に上げることになった。そのなかにまぎれていたのがこのはがきである。旭川の消印があることから、雨情と大雪山のつながりに思いを馳せて東川町を訪れたのである。

（7）　住所：〒319-1534　茨城県北茨城市磯原町磯原１３０－１　TEL：0293-43-4160

不二子はまた「アジアの風」(8)という女性のみの活動グループのリーダーでもあり、このとき会の研修交流の一環として九人のメンバーが六月一五日～一六日に旭岳温泉の「大雪山白樺荘」に二泊している。やはり、大雪山を望むには旭岳温泉が最適である。また、一六日には旭岳温泉の野営場で山開きが行われており、不二子たちグループ有志はアイヌ神事のはじまる前に、参加者の輪に紹介されて「七つの子」と「シャボン玉」をアカペラで合唱し、祖父・雨情の登った大雪山に来ることのできた喜びを語った。

この様子を取材したNHK旭川放送局は、直後の一八日、ネットワークニュース北海道で「孫の女性　祖父も登った旭岳へ」というタイトルで放映した。ちなみにこの年は、雨情生誕一三〇年、雨情の大雪山登山八五年にあたる。

また、一七日付の〈朝日新聞〉茨城版では、はがきと不二子の大雪山行に至ったいきさつを記事として掲載している。そこでは、「はがきを東川町で披露することになったのは、不二子さんの知人の城之内景子さんが、旧知の松岡市郎町長に伝えたのがきっかけ」と報じていた。

(8)　一九九五年、北京で開かれた「国連第四回女性会議」に茨城県から出席した女性たちが、一九九六年「アジアの風」を結成。「女性の権利向上、女性への暴力根絶、男女共同参画社会の実現」を目指して活動している。

3 「大師堂守、森岡チク」の旭岳霊峰登山

現在、「登山」といえば非常にポピュラーなスポーツとなっている。それは、富士山へ登る光景を見ても明らかであろう。「トレッキング」とか「山ガール」といった言葉が山岳関係の雑誌に踊り、男性だけでなく多くの女性たちが全国の有名山に足を運んでいる。事実、東川町の中心街でアウトドアグッズを販売している「mont-bell《モンベル》」でも、シーズンになると女性客のほうが多くなっている。

そんな登山がまだ一般的には普及していなかった大正時代、東川村（現・東川町）から旭岳（二二九一メートル）へ山岳信仰の修験道のごとく、拝むようにして登り続けた女性がいた。その名は、「大師堂守、森岡チク」である。

読者のみなさんもご存じのように、弘法大師空海（七七四～八三五）が山岳修行して開いた四国八十八か所霊場と同じく、森岡チクは大雪山に畏敬の念を抱いていたようだ。チクのことを詳しく紹介する前に、この事実を大正時代の〈旭川新聞〉記事から見つけだした大雪山登山史研究家、吉田友吉（一九二五～二〇一二）から紹介しよう。

旭川嵐山ビジターセンターが二〇〇四年に発行した『吉田友吉の嵐山百科』(9)の略歴が興味深い。

一般的には自慢気に書かれる場合が多い「略歴」の欄に、このように書いた人はまずいないだろう。

編集部の強いての要請により「履歴」を書くことにしたが、吉田には世間に通用する学歴も職歴もない。ひたすら森を調べ樹を伐り木を植えていた。履歴書とは無縁の人生である。（前掲書、三四九ページ）

吉田は、上川村（現・上川町）市街地から九キロほど離れたクマが出没するような山間部で育ち、九歳のころにはすでに専用の花畑小区画をもち、裏山から採ってきたトドマツの幼苗を移植していた。一四歳のときに大雪山系を初めて縦走し、一五歳で旭川営林区署層雲別伐木造材事業所「検尺補助」となり、二五歳で「森林主事」試験に合格してからは国有林ひと筋になっていく。

四五歳のときに、「北邦《ほっぽう》野草園」の造成に着手し、開園後は初代園長となって活躍した。この野草園は、旭川市と鷹栖《たかす》町の境にある嵐山の国有地に旭川営林局が一九七二年に開設し、現在は旭川市が所管している。二年余りをかけて北方系を中心に約六百種の植物を植栽した一大野草公園で、約一二ヘクタールに五・二キロの散策路が縦横に伸びている。カタクリやエゾエンゴサクの群落が咲きそろう春は、真っ先に飛びはじめるエゾヒメギフチョウを撮ろうと、道外からもファンがやって来る。

営林局退職後も吉田は山に登り続け、多くの登山仲間に慕われた。還暦記念に山中六泊七日にもなる大雪山縦走にチャレンジした際も、吉田の人柄を慕う大勢の仲間がサポートして、見事に成し遂げている。その記録は、「大雪縦走」というタイトルで〈北海タイムス〉に一五回にわたって連載された。

神経系難病のパーキンソン病を発症して、身体が思うように動かなくなっても、山への情熱・執念はさらに増し、二〇〇〇年九月、不自由な身体を旭川勤労者山岳会のメンバーに支えられながら黒岳（一九八四メートル）への登頂を達成した。吉田の周りにはいつも温かい友情が厚く取り巻いていた。

吉田は、思うように動いてくれない手先にくじけることなく、リハビリと称してワープロを打ち、『嵐山百科』や『中央高地　登山詳述年表稿』を仕上げていった。後者は、古い記録や新聞、雑誌などから大雪山がらみの記述を丹念に拾い、年代順に記録していったもので、根気のいる執念の労作である。その年表稿を、古希記念に非売品で刊行し、友人や知人に送って校正の応援をお願いしている。

（9）　五十音順に一〇〇〇項目について解説している。吉田は数百回のガイドと講演を行い、千数百編の小論を発表しており、その折々に調べたメモや、テキストにしたものをベースに七年かけて「百科」にまとめた。

たとえ「自家用」とはいえ、正確な年表にするため、鋭意努力をしましたがワープロ編集以来既に六年余「古希」にもなり、自分一人では誤謬《ごびゅう》や遺漏探しは限界で、荏苒《じんぜん》日を送ることが多くなりました。この際、私家版として世に出し、同好の方々にご覧いただき、誤謬や脱落等ご指摘を受け、より正確な年表資料にしようと思い上梓しました。ご高覧の上、ご意見をお寄せくださいますようお願いいたします。(『中央高地登山詳述年表稿』裏表紙のあとがき。ルビは筆者)

飾り気のない文章で、ひたすら謙虚である。大雪山の登山詳述年表を正確なものにしたいので、どうかみなさん、校正を手伝ってくださいと率直に伝えている。

友人、知人から六二〇項目にも上る「増補訂正」が届いた。一九六五年ごろから登山メモを書きはじめ、三二年間にわたった年表づくりは、こうして一九九六年八月、「増補版」を発行する形で完了した。一一七ページで構成されている私家版は、現在も大雪山の諸々を調べる際には欠かせない格好の手引書となっている。

その二四ページに、「大正一二年八月一八日〜二一日、北海道山岳会上川支部設立、第一回設立記念大雪山登山会、北海タイムス記者同行取材、一〇回連載、旭岳頂上に明治神社の小祠あり、明治天皇写真奉安。山頂に森岡チク、四八歳、既に登頂八回目」と書いてある。本稿で紹介する

「森岡チク」の名前が登場してくる。おおまかに、山岳会結成の記念登山会が行われ、同行記者が連載記事を書き、旭岳山頂には既に八回も登った森岡チクがいた、となる。しかし、これだけでは森岡チクとは何者かが分からない。

几帳面な吉田は、おそらく旭川中央図書館だとは思うが、地元の図書館に通い、〈旭川新聞〉と〈北海タイムス〉の昔の記事を調べ尽くしていたらしく、「大正時代新聞連載　中央高地登山記事集」（ワープロ完了　平成八年十二月十二日）と表題を付け、ホッチキスで留めた二三ページの冊子をつくって、ごくかぎられた人に送っている。高澤光雄(10)に送ったこの冊子には次のような簡単な添書きがある。

——·—·—

大正時代、新聞記事、散発的なものは時折ありますが、連載は珍しいので取纏めてみました。ご高覧下さいますように。吉田友吉

高澤先生

---

(10)　一九三二年、江別生まれ。登山歴は高校二年から。丸善（株）札幌支店に勤務、本のセールスを通じて山関係の人脈を増やし、札幌山の会設立などに参加。日本山岳会、日本山書の会、日本山岳文化学会などの会員。『北海道の登山史探究』『愉しき山旅』『山旅句』など著書、寄稿多数。

昔の新聞は活字が今よりはるかに小さく、旧漢字も読みづらい。それを写し取って、根気よく読み解きながら、時間をかけてワープロ打ちしたのだろう。冊子に取り上げている登山に関する連載記事は以下の三本である。

- 〈旭川新聞〉に一九二三（大正一二）年六月二四日から七月二日まで七回にわたって連載された「十勝岳探勝記」。
- 〈北海タイムス〉に一九二三（大正一二）年八月二四日から九月二日まで九回にわって連載された「大雪山　本道山岳の雄たる霊峰の秘を探る」。
- 〈旭川新聞〉に一九二六（大正一五）年七月五日から九日まで五回にわたって連載された、小菅雄七の「大雪山登山の思ひ出」。

チクが登場するのは「大雪山　本道山岳の雄たる霊峰の秘を探る」の連載である。北海道山岳会上川支部結成記念の登山であり、北海タイムス社が後援していることから連載には力が入っていたようだ。それは、この連載を担当した「汎時楼」というペンネー

〔四〕　【第三種郵便物認可】　大正十二年八月二十九日　北海タイムス

大雪山
本道山岳の雄たる
霊峰の秘を探る
北海道山岳會上川支部主催本社後援登山
（六）
旭川支局　汎時樓

大雪火山彙

大雪山黒岳山麓温泉の吊橋

〈北海タイムス〉1923年８月29日付

ムの特派記者のコメントからもうかがえる。当時の「特派記者」といえば新聞記者のなかにおいては最高のステータスでもあった。

幸に北海道山岳会は本道を代表する中央高地にして、天下の霊峰たる大雪山踏破の計画を起し、登山隊を組織するや本社これを後援し、余その特派記者となれり。快何物にか譬《たと》へん。
（冊子「大正時代新聞連載　中央高地登山記事集」一四ページ）

大雪山が「天下の霊峰」だったことに注目していただきたい。連載に沿って、「霊峰の秘を探る」がどのような登山であったかを紹介していこう。

一九二三年八月一八日、午前八時半、旭川駅に集合した一行は三一人。その主な顔触れは、乗竹上川支庁長をはじめとして浜野旭川土木事務所長、柳内営林区署長とあり、すでに二日前には川村旭中校長と根本測候所長の両氏が出発しており、温泉で落ち合うことになっていた。

一行は北海タイムス社が寄贈した金剛杖を手に持って、旭川駅前で記念撮影をしたのち石北本線の三等車に乗り込み、愛別《あいべつ》駅で下車した。それからは歩きづくめで、華氏八〇度（摂氏約二七度）以上の苦熱に閉口しながら越路を経て、ルベシベに着いて一泊目を迎えた。二日目も炎天下、層雲峡へ向かっていくが、その道が工事中だったようだ。その様子を次のように書いている。

是《これ》は山岳会の設立と共に、道庁と部落有志が費用と労力を提供し合い、施工せるものにて途中には屈強の若者が、曳々《えいえい》声して伐根を掘返しつつあるなどを見る。蓋《けだ》し完成の後は馬車は勿論、自動車にても通ずべし。（前掲冊子、一六ページ）

大木を切り、大きな根株を掘り出している。まさに開削中の道路で、馬車も車も満足に通れなかったことがうかがえる。この様子からして、言うまでもなく、二日目の泊まりとなる層雲峡温泉もひどい状態であった。

温泉近しと覚《おぼ》しき頃、崖を下りて河原に到れば果して飯田、加藤の両温泉あり。何《いず》れも河原に粗末なる小屋を造りて纔《わずか》に投宿者を収容す。浴場は無論、河原に箱を埋めたるのみ。原始的と謂《い》へばそれ迄なるも登別や定山渓《じょうざんけい》にのみ馴《なれ》たる余等には甚《はなは》だ異様に感ず。

ここにても一行を三分して宿泊することとて、余等十名ばかりはそれより五、六町ある塩谷温泉といふに行く。途中石狩川の左岸より右岸に渡るべき吊り橋あり。両岸に高く懸《かか》って景勝の一点には想像さるるも、実は粗末千万にして中頃傾斜せるところあり危険に近し。（前掲冊子、一七ページ）

記者の筆は、鋭さを通り越してめった切りの境地である。大町桂月（九五ページの**コラム4**参照）の紀行文「層雲峡より大雪山へ」が〈中央公論〉に発表される前後の登山会なので、一帯は、層雲峡というよりも「霊山碧水」と呼ばれ、汎時楼記者も霊山碧水を記事のなかで使っている。

それにしても、河原に箱を埋めただけの温泉、そのようなこともあったのかと驚かされる。温泉としての開発がはじまったばかりなのだが、そんなことにはおかまいなしの記述であり、いつの世も、新聞記者の分析は鋭く、厳しいものだが、旅装を解いてもなお、汎時楼の嫌味は続いていく。

ここは塩谷温泉と称するも本年四月一切の権利を旭川の荒井組に譲渡せるものなれば荒井温泉と唱ふるが妥当なりなど人々語り合ふ、名の如何《いかん》は暫《しばら》く措《お》き掘立《ほったて》小屋に畳もなく浴槽と謂《い》へば河原の中に石を積みて湧泉を湛《たた》えたるなど温泉宿などとは正に僭上《せんじょう》の沙汰《さた》なり。（前掲冊子、一七ページ）

層雲峡の開祖といえる塩谷温泉が、まだ掘立小屋の時代に実施された縦走登山だったわけだが、その宿で不吉な話がもちあがっていた。

座に旭中の竹内教諭あり、不愉快なる話を聞けりとて余等温泉到着の日に登山せる一老人が絶頂の噴火口に下り湧泉に浴せるため噴気坑の硫化水素に中《あ》てられ頓死せるなりと告ぐ。満座唖然として謂《い》ふところを知らず、蓋《けだ》し世人《せじん》往々にして山岳の知識に乏しく冒険を通り越して乱暴を行ふが故に斯《かく》の如《ごと》き椿事を惹起《じゃっき》するなりと嗟嘆《さたん》久しふす。登山を決行せんほどのものは能《よ》く能く心すべきなり。(前掲冊子、一八ページ)

噴火口跡のお鉢平に手ごろな温泉があると勘違いした老人が、硫化水素にまかれて事故死したというのである(11)。この夜は大雷雨だったようで、一層、肝を冷やすことになった。

翌朝、四時五〇分に出発。一行はルベシベの青年有志や温泉から同行するメンバーも加わって四七人に膨れあがった。吉良屋敷討ち入りの赤穂浪士とちょうど同じ数になり、「蓋《けだ》し千辛萬苦《せんしんばんく》を嘗《な》めて遂に目的を達し得る前徴《ぜんちょう》なり」と笑い喜んでいる様子が記されている。

新たに開鑿《かいさく》されたる登山道路は頗《すこぶ》る完全なるものにて単に登山の為には勿体なきほどなり。浜野土木所長の満足顔もさることながら、工事の任に当れる阿部技手の真摯さ偲ばれて床しなど評し合ふ。森林帯の中を行くは甚《はなは》だ単調にて前後の語り合ふ声のみが寂寞《じゃくまく》を破る。道は漸次《しだい》に登りとなり、急を告ぐるに従ひて電光形を描き始む。この六月、この道路を設計せん

――が為に、樹の根を攀《よじ》熊笹に縋《すが》りて黒岳の麓に邁進せる頃の苦心を知る浜野所長と住谷支庁技手は今更の如く感に打たれたる如し。（前掲冊子、一九ページ）

黒岳登山道を開削した当時の担当役人らの名前が記事から読み取れる点でも興味深い。さて、開削に敬意を表した記者は、「金剛杖に縋《すが》り縋って最後のハヒ松を掻き分け、遂に絶頂に到着す」、「時計は正に午前八時五十分」と記している。四時間かけて登ったことが分かる。ロープウエーやリフトがない時代であり、途中、要所要所で識者の解説が行われたかもしれず、現在の黒岳登山の所要時間と比較することはできない。

黒岳山頂で五〇分間の休憩。その間を活用して、川村旭中校長が、大雪山火山彙《い》が火山活動によって形成されてきたことについて講演している。黒岳から凌雲岳（二一二五メートル）を目指した一行の足元は「悉《ことごと》く珍を蒐《あつ》めたるお花畑の連続にして勿体《もったい》ない心地もし、毛氈《もうせん》を歩むが如き快感をも得たり」であったから、崩壊が広がる現在の登山路とは雲泥の差があったようだ。

一行は、雪解け水を汲んで昼食を済ませてから北鎮岳を登り、下りは右に愛別、比布、永山の

---

(11)　一九二三（大正一二）年八月一七日、下愛別梶浦藤吉、小林与三松ら三人が大雪山に登山したが、有毒温泉で梶浦が事故死した（『大雪山のあゆみ』層雲峡観光協会発行、一九六五年、一一四ページ）

諸峰を眺め、左に大噴火口底を望みつつ焼け石を踏んで南へ進み、午後一時、熊の平で小休止をとった。このあと、いよいよ目的の旭岳へと登っていくことになる。

疲労漸次《しだい》に加はれる身には困苦に相当するも是《これ》が最後の努力なりとて相扶《たす》け相励まして一草なき焼石を蹴る。一尺登れば五寸下るの不自由は人生の行路難にも譬《たと》ふべきか。数歩攀《よじ》ては金剛杖に身を託して息を継ぎ、数歩登りては水筒の水を含みて喘ぐ。頻《しき》りに去来する霧、中に声ありて呼ぶは既に絶頂に達したるもの、激励の意ならんとて遅れたるものは油汗を絞りて登り登り遂に三角点を発見す。

その喜びは極度の疲労に反比例して満足の沸騰点に導くなり。お花畑の間を分けて頂上に達せるに正に二時四十分、茲《ここ》に始めて山上の縦走終れるなり。（前掲冊子、二一ページ～二二ページ）

山頂には、一行の到着を今か今かと待ち受けていた人たちがいた。そして、三角点測量のやぐらが残り、その横には小さな祠がまつってあった。

――ここには山麓より歓迎の意を表すべき松山温泉の主人や五、六名の有志在りて一行を犒《ねぎら》ふ。

――三角点の一脚が吹き倒されたるは風の威力を語るものか。一角にいと小《さ》さやかなる祠《ほこら》ありて明治神社の札を打てり。蝋燭《ろうそく》二、三本が閃《ひらめ》く。中には明治天皇のお写真を飾る。疲労の身にも思はず拝跪《はいき》しぬ。（前掲冊子、一二一ページ）

新聞連載のタイトルを「霊峰の秘を探る」としたのがよく分かる記述であり、山頂の光景に記者は心を打たれたのだろう。ここで、本節の主人公、東川村の女性がいよいよ登場する。

――見渡す一行の中に思ひがけずも老婆の姿を発見す、何者ぞと問へば上川郡東川村の太子堂を守る森岡チク（四八）とて、既に旭嶽には八回の登山を済ませりといふ。（前掲冊子、一二二ページ）

新聞紙面で記事のこの部分の行数を数えれば、僅か五行である。なお、新聞の小さな活字をよくよく確かめると、「太子」ではなく「大師」とあり、チクの年齢も（五八）であり、吉田が書き写すときに見誤っている。

赤穂浪士よろしく勇んで挑戦した男たちは、油汗を絞ってようやく登りつめた旭岳山頂に、（おそらく）涼しい顔をして女性が立っており、しかも、もう八回も登っていますわと言ってのけたわけだから、記者ならずとも「何者ぞ？」と興味がわくのは当然であろう。

現在であれば、女優の市毛良枝さんがそこに立っていたしても、誰も不思議がらないであろう。しかし、時は大正時代である。旭岳に女性が登るとは、にわか赤穂浪士たちには考えも及ばなかったことであろう。

当時においては、あまりにも険しすぎる登山だったのである。塩谷温泉の貧相な状況を書きたい放題にこき下ろした記者も勇ましさがすっかり鳴りを潜め、下山時の記述は必死の形相へと変わっていくのだから面白い。

下山の最大難所と称される天人が峰の頂きに到達せるは六時なり。遙《はるか》に渓間の忠別川上流を俯瞰《ふかん》すれば夢の如き遠さを以《もっ》て白く認められる。実にこの頂きより河岸までは一千百尺の直立せる断崖にして、一歩誤らば死の問題なり。

余等七、八人一団となりて最近設けられたる梯子《はしご》を一歩づつ降り始めたるが、余は生れて以来、斯《かく》の如《ごと》き危険を感じたる経験なく全く必死の努力にて伝はり降りぬ。途中林間を透《とお》して著名なる羽衣の滝の流下するを発見す。雌滝は直下六百五十尺（吉田注・一九七ｍ）、雄滝は八百五十尺（吉田注・二五八ｍ）、数段に流れ落て鞺鞳《とうとう》の響きを発す。死か生かの努力中にも恍惚として望見するだけの引力を有す。（前掲冊子、一二三ページ）

下山のとき、風化してグラつくひと抱えもある石に足を掛けた者がいる。大石は転がりはじめ、惰性がついて風のごとく転がり落ちていくのを、先頭を行く者が辛うじてかわして難を逃れている。切り立った崖を梯子を伝って降りる恐怖は、生まれて初めてと怯えている。このように、男性ですら恐怖を感じた当時の旭岳登山を、女性が恐れることなく八回も登っていたのだからますます興味がわいてくる。

チクは、霊山信仰の強固な意志で、迷いもおびえをも克服し、彼女にとっては通い慣れた修験道であったにちがいない。そんなチクが拠り所として守っていた「大師堂」は、東川村西八号市街地（現在の東川町北町九丁目）にあった。

吉田が小さな漢字二字を見誤って「太子堂」とワープロ打ちしているが、偶然の一致ながら、当

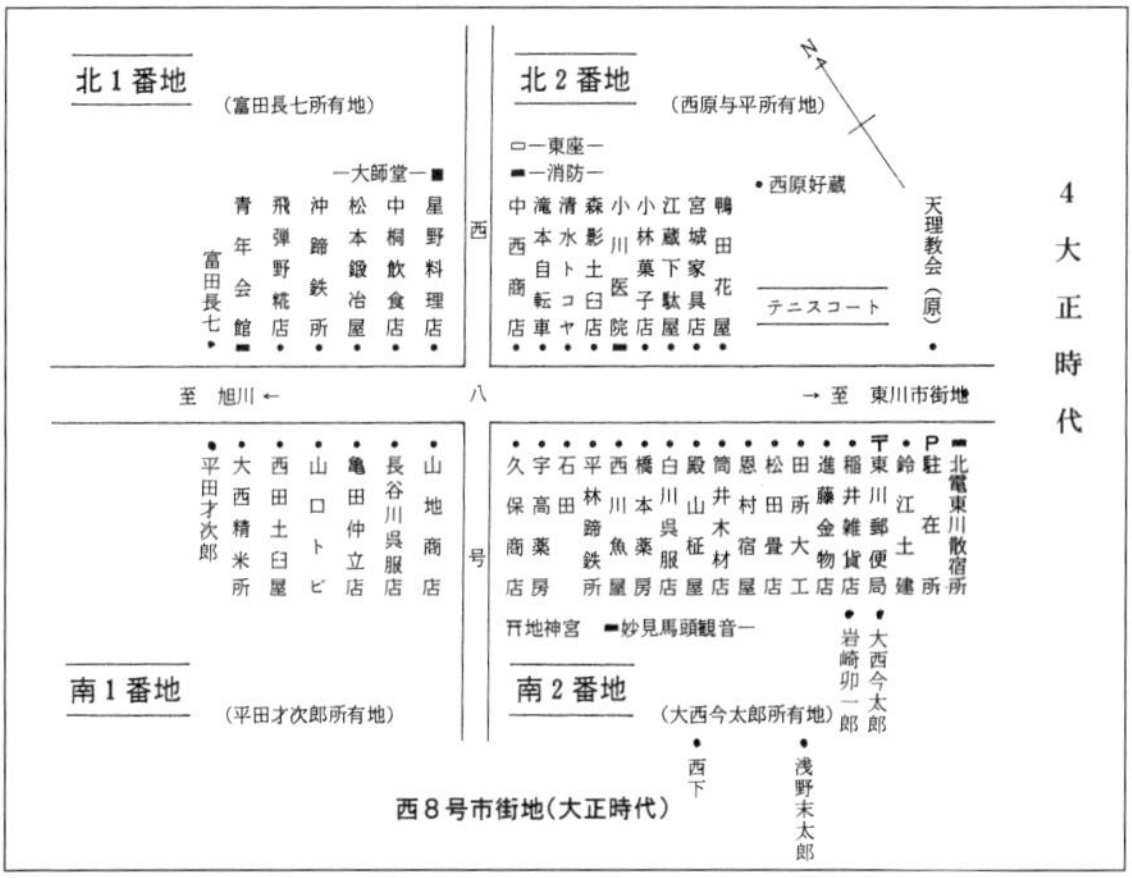

大師堂の位置（出典：『郷土史　ふるさと東川　Ⅱ　激動編』2ページ）

時、「大師堂」と「太子堂」が同じ所に存在していた。おそらく、一つのお堂の中にお大師様と聖徳太子様が一緒にまつられていたのではないだろうか。不思議なめぐりあわせは重なり、お堂に安置されていた弘法大師の木像も、聖徳太子の木像も、同じ彫刻家の手で彫られていた。

「弘法大師堂」について、『郷土史　ふるさと東川　Ｉ　創世編』の「明治時代　文化」の項に次のような記載がある。

大正五年（一九一六）、西部地区で弘法大師の信者が小さな「大師堂」を建てて、大師講を始めた。大師像は福山霊堂作で、「東川村大師一心講」と名付けられた。講人数は二七名である。一心講は昭和も続けられたが、戦時のあおりを受けて講人数の漸減したことや、堂守（森岡おちく）の転出などで、昭和一八年（一九四三）、本尊の大師像は東弘寺に安置されたのである。（前掲郷土史、四〇一ページ）

ご覧のように、「堂守（森岡おちく）」と括弧書きのなかにチクが登場している。講仲間から「おちく」と、親しみを込めた敬称「お」が付けられ、ひょっとしたら、「おちくさん」と呼ばれていたのかもしれない。

弘法大師は、讃岐国（四国香川県）の出身である。東川村西八号市街地地区は、村の開拓がはじまって最初に開けた集落なのだが、そこは香川県の出身者が大勢入植した土地でもある。

先にも述べたように、弘法大師が霊山修行した地は、四国八十八か所として「お遍路さん」の信仰で知られている。西八号を切り開いた入植者たちは困難に悩んだとき、収穫に喜んだとき、いつも思い浮かべたのは故郷・香川のことだったのだろう。彼らは、弘法大師堂と大師一心講に集まり、心を寄せていったのかもしれない。

一方、「聖徳太子像」については、同じ『郷土史　ふるさと東川　I　創世編』の「明治時代芸術」の項に次のような記述があった。


大正一〇年（一九二一）、無名の仏師福山霊堂の作で聖徳太子が一六歳の時の姿を彫ったものである。木彫りの立姿像で、高さ一メートル、芸術的価値のある作品で、昭和四六年一〇月一日に東川町指定有形文化財に指定されている。

　また、好蔵寺の仏体「阿彌陀《あみだ》如来」も霊堂の作であり、その外に霊堂作として、木

好蔵寺の聖徳太子像（撮影：大塚友記憲）

彫の弘法大師像（東弘寺蔵）と、ナラの大木に彫り込まれた立木弘法大師像（旭山公園内）がある。聖徳太子像は西八号北二番地の好蔵寺内に安置されている。（前掲郷土史、三九三ページ）

ここに記されている好蔵寺には、「聖徳太子尊像之件」という一枚の証文が残されているので全文を紹介しよう。

聖徳太子尊像ハ西八号好蔵寺ニ永久奉安スル約ニ依リ好蔵寺へ無償譲渡致候事　昭和十八年十一月　右証スル為代表者左ニ署名ス　東川村第十一部落　西川勝次　山中茂一　稲井藤平　西原與平　松岡市四郎　平田才次郎　橋本長松　斉木清一　片山虎吉

証文で九名が署名した「昭和十八年十一月」と、郷土史に書いてある「堂守（森岡おちく）の転出などで、昭和一八年（一九四三）、本尊の大師像は東弘寺に安置された」の年代が同じである。つまり、太子堂と大師堂は、ともに昭和一八年に役割を終えて、太子様は好蔵寺へ無償譲渡され、お大師様は東弘寺へ安置された、ということらしい。

聖徳太子奉賛会が地域で毎年行っている太子祭について、次のような証文も好蔵寺に残っている。

大正九年頃、福田霊堂氏という佛師（彫刻家）が当地方に渡って来て西八号、大西基造様（農協精米所のところに居た人）宅に寄寓しておられた。この人は、旭山の立木の観音や好蔵寺の本尊など製作してゆかれた人であります。この人が西部に三年在住のお礼に聖徳太子像一基を寄贈して立去りました。（後略）

つまり、聖徳太子像は、お世話になった西八号地域への彫刻師のお礼だったようだ。この彫刻師はお大師様の熱心な信者だったようで、一九二〇（大正九）年、旭山(12)中腹のナラの大樹に弘法大師像を彫った顛末が『東旭川町史』に残っている。

当時阿波の国源之丞の人形彫刻者の系統を有する福山礼蔵が心血を濺《そそ》いで彫刻したもので、当時まだ原始のままの密林

(12)　旭川市東旭川にある小高い山。旭山動物園が有名だが、お寺と霊山でも知られる。

旭山立木大師堂（撮影：大塚友記憲）

中から一大栢樹を撰び、毎朝倉沼川の清流で沐浴の上住民の起き出ぬ前に一丁の鑿《のみ》と槌《つち》を携え十数尺高所に登って人間大の像を刻んだものである。人里に炊煙の昇る頃は雑念の起るのを患いすぐに下山していたので、この仕事を見た者は稀であった。青葉香る春に着手し、終わったのは中秋である。同年一〇月三日善男善女が集まって入仏式を挙げたが、四国88カ所の霊場とともに活樹の御大師像として年とともに崇敬者が増加している。

（中略）

その後樹令老い加えて啄木鳥の被害がはなはだしくなり、遂に幹の半ばから折れたが、幸い彫像には被害無く、後人が像に金網を廻らして鳥害を防ぎ、さらに屋蓋を築いて風雪の害から守っている。（前掲町史、五三六ページ）

彫刻家の名前が文献によって微妙に異なり、どれが正しいかは分からないが、同一人物にまちがいはない。福山霊堂が彫った弘法大師像を拝んでみたいと思い、郷土史に安置されていると記述がある東川町東町一丁目、高野山真言宗「東弘寺」を訪ねたところ、一九九六年に執り行われた「東弘寺創立八十周年記念報恩慶讃法会」記念誌に「森岡キク」の名前を見つけ驚いた。カタカナの「チ」と「キ」はまちがいやすい。もしや、チクではないだろうか。

森岡キクの名前は、記念誌の二一ページ、「東弘寺80年のあゆみ」に載っている。この記述の歴史的な部分は『大日本寺院大鑑　北海道樺太版』（編集・発行松井國義、一九三八年二月一一日）から引用しているというので、東弘寺に「持ち出し厳禁扱い」で保管されている分厚い大鑑を見せていただくと、高野山大師教會東川支部の紹介ページにやはり檀家功労者として森岡チクの名前があった。

大正九年（正しくは大正一〇年・筆者）十月十七日東川村東十三號柳澤為五郎一門暗中に鏖殺《おうさつ》（筆者注・皆殺しの意味）の厄に遇ひ悲惨極まりなし、七霊頓性菩提の為上川郡内十ケ町村寺院に三十三ケ霊場配置、同所第一番の観世音菩薩の安置を當寺内に同十二年六月中旬完成せり。（前掲書、九五六ページ）

檀徒功労者（二）上川新四國霊場発起人　桑原眞心尼、森岡チク、故高橋キクヱ、久保徳之進。（前掲書、九五七ページ）

開拓時代に東川村で起きた柳沢一家七人皆殺し事件が、なぜ『寺院大鑑』に書き残されたのか。それは、七名の菩提を弔う三十三か霊場が設けられ、その第一札所が高野山大師教會東川支部であったことから、同支部を紹介するなかに書き入れられたということである。大鑑が出版されたころはまだ東弘寺はなく、その前身である「高野山大師教會東川支部」として紹介されている。

『寺院大鑑』は、仏具、仏壇屋が頒布した書物で、全国津々浦々の寺社を宗派も超えて詳しく紹介している。府県別にまとめられ、北海道と樺太の寺社が一冊になっている。

檀徒功労者の（一）に創立発願者総代らの名前があり、（二）に新西国霊場発起人四名が載っている。その一人であるチクは、東川村と近隣の村々のお寺を訪ね歩き、趣旨を説明し、賛同を募っていったと思われる。旭岳の険しい山登りも、柳沢一家七名の霊を弔い、悲惨極まりない事件が二度と起きないようひたすら霊山に祈るためだったのかもしれない。チクの悲願は、事件発生から三年後、「三十三か霊場」の設置で報われた。

『郷土史　ふるさと東川　Ⅱ　激動編』に「上川新西国三十三箇所霊場」の項があり、三十三の札所をすべて記載している。そのいきさつについても抜粋して紹介しよう。

柳沢の七人殺し事件によって、東川の各寺住職たちの間で「供養のために地蔵尊を設置し、巡礼祈願をしてはどうか。」との話が持ち上がった。これを村内の真言宗信徒たちに諮ったところ、多数の賛成があり、この機会に「西国三十三箇所の札所」をつくって供養しようということになり、広く主旨の啓蒙に努めることになった。

東川村の意見もまとまり、名称は、「上川新西国三十三箇所霊場」と決まった。札所は東川に始まり、東川で終わることになった。（中略）

この計画の中心になったのは、東弘寺の開基佐竹心塔住職であって、当時は高野山大師教会東川支部と称した。心塔は、村内各寺と隣村の真言宗・禅宗の各寺に諮り、上川管内一〇か町村の寺院にも趣旨を及して協力を得て、札所が設置された。（前掲書、一八六ページ）

郷土史のこの項にチクの名前は見当たらない。しかしチクの名は、『寺院大鑑』を通して北海道から樺太まで、あるいは全国各地に知られていたことになる。このよう

上川新西国三十三箇所霊場

1　東弘寺　東川町東町１丁目	18　日切地蔵寺　旭川市末広町
2　法城寺　東川町東町１丁目	19　金剛禅寺　愛別町字本町
3　東川寺《とうせん》　東川町西６号北２番地	20　大道禅寺　旭川市永山町
4　好蔵寺　東川町西８号北２番地	21　大照寺　比布《ぴっぷ》町市街
5　極楽寺　東神楽町13号	22　真久寺　旭川市５条４丁目
6　春宮寺　東神楽町12号	23　旭山寺　旭川市東旭川町倉沼
7　神楽寺　東神楽町12号	24　東川教会　東川町東10号南２
8　観音院　旭川市西神楽12号	25　真弘寺　当麻《とうま》町１丁目
9　回向院　旭川市神岡	26　龍華院　旭川市豊岡８条５丁目
10　立岩寺　旭川市忠和	27　浄道寺　旭川市東旭川町倉沼
11　真久寺　旭川市５条４丁目	28　洞嶺寺　旭川市東旭川町倉沼
12　大休寺　旭川市５条４丁目	29　円明寺　当麻町市街６区
13　金峰寺　旭川市５条17丁目	30　栄禅寺　東川町西７号北29
14　報恩寺　旭川市金星町	31　龍華院　旭川市豊岡８条５丁目
15　興隆寺　旭川市10条８丁目	32　聞名寺　東神楽町志比内
16　田中寺　鷹栖《たかす》町13線	33　観音堂　東川町東11号谷汲山
17　明覚寺　旭川市東鷹栖町	

（出典：『郷土史　ふるさと東川　Ⅱ　激動編』、187～188ページ。住所は郷土史掲載時のまま）

にして調べていくと、チクは弘法大師の山岳修行にならって大雪山にひたすら登り続け、そしてまた、悲惨な殺人事件の犠牲者を弔う霊場づくりに奔走した特筆すべき大師堂守であったことが分かる。

東川町の戸籍を遡って調べると、森岡留吉、チク夫妻は一九二五（大正一四）年に大阪市東淀川区から東川村に転入している。役場への転入届が大幅に遅れても大して問題にならなかった時代であったから、もっと早くに東川村に移住していたと思われるし、それでなければ話が合わない。言うまでもなく、四国に近い大阪は、お大師様を慕う人が多い地域でもある。また、真言宗の総本山高野山は、大阪の南、和歌山県に位置している。

チクの戸籍の記録は、一九四四（昭和一九）年、台湾の台北市にて死亡で終わっている。たぶん、一九四三年ごろ、西八号地区の大師堂守を辞したチクはなぜか東川村を去り、日本統治下にあった南の台湾に渡っていったのである。

塩谷忠が〈寒帯林〉三九号（一九五三年）に寄稿した「松山温泉の開発について」のなかにも森岡チクの名前がちらっと出てくる。孫が台湾にいたらしいことも書いているが、その真偽は分からない。

筆者の推測を広げさせていただきたい。台湾にも大雪山の名前をもつ山があり、台北市には弘法大師をまつる廟もある。北の霊峰大雪山を究めたチクが、新たに南の霊峰大雪山に信仰の大望をいだき、台湾に渡ったのではないだろうか、と思っている。

それを証明するように、台湾の山のインターネット案内書には、「大雪山の命名は日本人による、而《しか》も北海道の大雪山に環境が似ていることに由来する」と紹介されている。標高は三五三〇メートル、北海道の大雪山と同じように国立公園であり、「雪覇國家公園管理處」が管理している。一帯の原住民ロータリークラブのメンバーが東川町と大雪山に興味をもち、旭岳の山開きで行われているアイヌ神事「ヌプリコロカムイノミ」に二〇一三年から参加するようになり、新たな国際交流がはじまっている。

森岡チクの辿った生涯信仰の道は、北と南にそびえる二つの大雪山へ通う修験道こそが最後の思い入れであったように思えてならない。開拓時代の東川村に信仰ひと筋の功績を遺したチクと、大正時代の古い新聞記事からチクの名前を見つけ、書き残してくれた吉田友吉に感謝したい。冥福を祈る。

4 忠別川の源流を遡って忠別岳へ――石橋恭一郎の探検

忠別川は、その源を川名のとおり大雪山忠別岳（一九六三メートル）に発し、東川町、東神楽町を流下し、旭川で石狩川に合流している。その間の流域には、天人峡、羽衣の滝、敷島の滝などの名勝があるほか、古い歴史をもつ温泉もある。このように忠別川は、石狩川の支流でありながら大雪山とともにある名河と言える。

忠別の名前については、アイヌ語の「チュッ・ベツ」から転化していると言われている。意味も諸説あるが、「東の川」「日の出る川」という説が一般的のようである。そう思うと、旭川市と東川町の名称も、ともにアイヌ語を日本語に訳した忠別川ゆかりの名前であることが分かる。たしかに、地図を見てもおおむね東の方角から流下している。ちなみに、「ベツ」は「川」という意味なので、「忠別川」という表記は重複していることになるが、もはや忠別川で馴染《なじ》んでしまっている。

現在では天人峡まで車で行くことができ、そこから羽衣の滝までは観光客もたやすく歩くことができる。その先の敷島の滝までも、軽い山歩き程度で観賞することができるが、探勝路はここで行き止まりとなる。とはいえ、その先はどうなっているのか、と興味をもつ人もいるかもしれない。

しかし、この先の忠別川は激流と大小の滝、両岸に岩壁を連ねる函《はこ》、深く淀んだ淵などがあって、経験豊かな登山家しか入ることのできない別世界である。冒険的、探検的ともいえる未知の領域に初めて分け入り、忠別岳に達したのはいったい誰なのか。それは、北大山岳部の石橋恭一郎である。そのときの登山記を〈北大山岳部々報〉（第六号、一九三八年九月一日）に「忠別川溯行」として発表している。このときの登山の様子を、その記録をもとに再現してみよう。

時は一九三七（昭和一二）年の九月である。なぜ九月を選んだのかといえば、一年のうちでもっとも水量が少なく、かつ季節的にも夏に続く初秋という登りやすい時期であったからである。それに、その年の七月に入谷した同じ山岳部の仲間である朝比奈英三と林和夫たちが融雪期の増水のために引き返していること、そして先輩の中野征紀が言うように、九月の減水期は楽であろうというアドバイスがあったからである。川の遡行《そこう》は、水量の多い時期は困難で、雨による増水でもあろうものなら遭難という危険性もある。

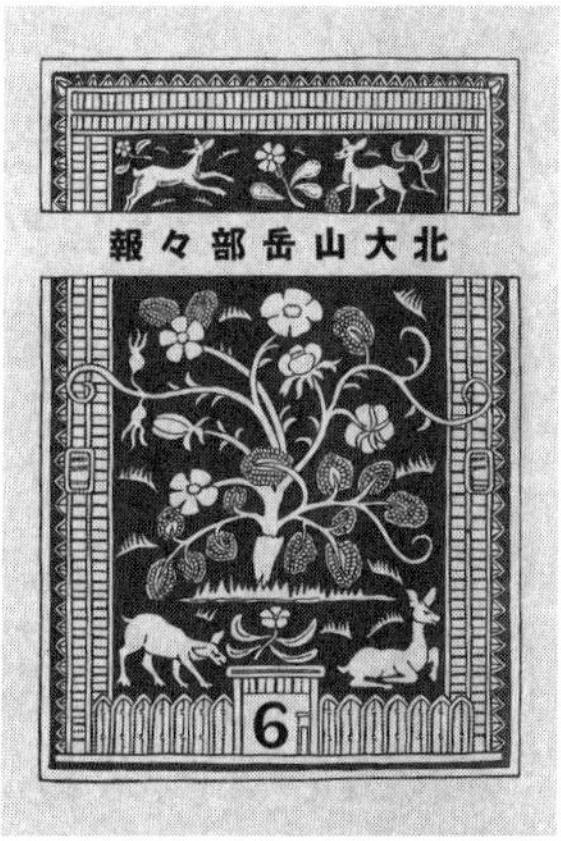

〈北大山岳部々報〉の表紙

彼はたった一人でこの川に入った。数日を要する困難な登山なので、テント、炊事用具、食料などを背負ってのことなので相当な重量になったはずである。しかも当時は、軽量の合成繊維やプラスチック、便利な携帯食料もないという時代だったのでその重さは計り知れない。

九月五日、石橋は札幌を発ち、国鉄、旭川電気軌道、バスを乗り継いで松山温泉（現・天人峡温泉）に泊まった。ここで彼は、「忠別川はとうてい溯行できないそうだからお止めなされ。今もこの川に入った鉱山師《やまし》が二人怪我をして湯治していますよ」と忠告されている。翌日の朝も同じことを言われたが、彼は「行けなければ行けないで見物してきますよ」とその言葉を振り切って、草鞋《わらじ》をはいて七時に出発した。

羽衣の滝までは道はあるが、その先に道はない。川沿いに、歩きやすそうなところを右や左に徒渉《としょう》せねばならない。最初の徒渉では四五度先の対岸を狙って渡りはじめたが、水量と水勢に押し流されて、やっと下流に渡りきるというありさまであった。杖一本を頼りに、全神経を集中して、危うくバランスを取りながら何回かの徒渉を続けた。出だしから、予想はすっかりはずれて

昭和40年代の旭川電気軌道

しまったのである。

ようやく第一の滝が現れる。これが「敷島の滝」であるが、当時は名前も定まっていない滝であった。この滝は、左岸（右側）[13]の岩と灌木を頼りに、大きく高まいて[14]水辺に下り立った。この第二の滝を越えると、両岸から落下した家屋大の岩が折り重なっており、その岩をよじ登っては越え、よじ登っては越えるという連続となった。そして、いよいよこのあたりから先が忠別川の核心部である「悪場《わるば》」のはじまりとなる。石橋は、この先のことを次のように表現している。

> 沢が愈々《いよいよ》左転した、と見るその右岸の素晴らしい断崖、行く手遥かに、約五百米の赤褐色の壁は延々と続いて、白く泡立つ沢辺より垂直に切り立ち赤く爛《ただ》れた岩壁の中腹より数条の小滝を吹き出している。
>
> 本流が左転した。今度は函だ。あの本流の水勢が重く澱《よど》み、両岸は高く天を摩して、長髪[15]の言った猿も取り付けない岩壁は左岸の函に覆い被さって来ている。左岸は到底登れない。

---

(13) 左岸、右岸は上流から見た左右である。よって遡る場合は左右が逆になる。以下同じ。

(14) 滝や急流、深淵などで水流沿いに登れない場合、登りやすそうな山腹を大きく迂回して進むこと。

(15) 中野征紀の通称。中野（一九〇四～一九七八）は北大医学部卒。日本山岳会会員。南極越冬、北大山の会ネパール・チャムラン遠征隊長。

右岸は或《あるい》は巻けるかも知れない。しかし暗澹《あんたん》たる函はここでぐっと拡がって奔流している。渡るのは危ない。引き返すか——時間はまだ一時だ。天気もいい、よし行こう——何回目かの泳ぐ様な徒渉であった。（前掲部報、七七ページ。一部、常用漢字、現代仮名遣いに改変。以下同）

ここを読むだけでも、この川の素晴らしさとともに、その凄さや険しさ、そして怖さが伝わってくる。石橋の先輩にあたる中野（長髪）がこのあたりまでは遡ったことがこの記述で分かる。ここから先は、誰一人として入ったことのない未知の領域である。彼はここでひと呼吸入れて、思案をした。そして、前進を決めた。

渡るのは危ないと思いながらも、対岸へ渡らなければ先は開けない。深くて泳ぐような徒渉《としょう》となり、もうこれ以上函のなかを進むのは無理となった。仕方なく、七〇メートル余りのガレ（岩壁が崩壊してずりやすい斜面）を這い登って小尾根の一端に立った。ここから上流に開けた景観は素晴らしく、約四〇〇メートル続く滝と淵、両岸の上半分は断崖、下半分は広葉樹に覆われていた。右岸はこのままでは進めそうにないが、左岸は楽に進めそうなことが分かる。それには、また水辺に下りなければならない。

小尾根にはクマの踏み跡があったので、それを追いながら三〇〇メートルほど登ると断崖が迫ってきた。本流は、はるか下に一条の白線となって見下ろされる。このとき、急に小尾根の一端が台地に変わっていった。いつしかクマの跡も消え、ブッシュを掻き分けながら右へ右へと進み、下り口を探しながら進んだ。なんとか下りられそうなガレ場を見つけて川原に下りた。

そこは函のすぐ上流で、足もとには数段の滝がかかり、上流はこれまた滝と淵の連続で、「水煙猛々《もうもう》と立籠《たちこ》め、暮れ易い秋の暮色は一人陰惨の気を加え、僕は此の雰囲気に圧倒されて、しばし今宵の泊まりも、明日の行程の事も打ち忘れて、只一人ポツネン（ママ）とルックに腰を下ろして」いたのであった。

この先の右岸は函と滝で困難だが、左岸のほうが登りやすそうな感じである。ここにはテントを張る砂地はあるが、もし雨でも降れば徒渉もできなくなるので、今日中になんとかここだけは徒渉をしておきたい。それには、少し上流にある小滝の手前、流れがゆるく大きな深い淵になった所しかない。そのときのことを、石橋は次のように記している。

忠別川上流第一の函「忠別川溯行」添付図。石橋恭一郎画。カメラは濡れて使えなくなるので持たなかった

「帽子をルックに入れ、バンドを締め直して、ザンブと飛び込んだ。この試みは幸に成功した。僕は対岸の岩に食い下がっていたのである」

そして、わずかな砂地にテントを張った。濡れた身体はぞくぞくとして寒く、急いで焚き木を集めて火を点けた。火が燃えると、心も身体もすっかり暖かくなってきた。

二日目の七日は曇、六時半に出発している。今日中には、稜線の登山道に行き着くだろうと石橋は楽観していたようである。ところが、本流が左に曲がったと思うと、「左右の岩壁は急に狭まり、直下には前にも増して急湍《きゅうたん》が岩を噛み、両岸高く峙《そばだ》ち、いずれも巻く術《すべ》もなく本流は屈曲して前途の状況も伺えず、昨日の函にも増して暗澹《あんたん》たる気持に追い込まれた」と、そのときの心境を吐露している。

よく見ると、両岸の岩壁は凹凸の手がかりがあり、それを伝って、時には胸まである水を漕いで進んだ。また、川が左に曲がっている。その前方には、これまでよりさらに高くて狭い函が迫っていた。両岸は一枚岩で幅は五メートル、深く切れこんだ谷間は暗くて日も射さず、その物凄さに驚嘆しながらも絶望的な思いにかられた。しかし、これまでも失意のなかに活路を見いだしてきた。すでに引き返すつもりはまったくなく、前進あるのみである。

泳ぐように徒渉をして浅瀬を探しながら進むと、函の奥に白く光るものが見えた。目をこらすと、それは落下する滝であった。それを見て、彼は嬉しくなった。なぜなら、そこは待望の二股

忠別川の航空写真
（出典：『大雪山積雪水量及び流出調査』経済安定本部資源調査会北海道庁、1949年。筆者、加筆説明）

であったのである。滝は白雲岳から流下するもので、彼の進むべき忠別川の本流は右であることが分かる。もう迷うことはない。二股正面はビルディングのような大きな鋭い岩角で、川を直角に二分していた。この岩は、今では船の舳先《へさき》になぞらえて「軍艦岩」と呼ばれている。

　本流も函は続くが、右側のガレを登りきり、函の上と思われるところから本流と並行して進んだ。振り返ると、二股は二つの函が合流する深い川底であることが分かる。ときどき本流をうかがいながら移動するも、なかなか函は終わらない。ようやく、函が終わったと思われる所から川底に下りた。

どうやら、悪場から脱出できたらしい。川原も広くなり、今までの圧迫感から開放されて心も明るくなってきた。石橋は、「心も晴々とヒョイヒョイと飛石伝いに、あるいはザクザクと砂を踏んで、快い足裏の感触を楽しみ、又あるときは既に水々しさ（ママ）を失った蕗の林を分けて沢歩きの楽しさを味わいながら」上流へと歩みを進めた。

三〇メートルの滝が現れたが、左側を巻いて、その上の適当な川原に二泊目のテントを張った。午後三時三〇分である。もっと登りたかったが、雨が降ってきたこともあってテントを張ったのである。もうここは安全地帯なので心配はない。ゆっくりと休むことにした。

翌八日は霧雨のため、動かずにもう一泊することにした。昨日見た飛び交う赤とんぼを思い出して、山日記の一ページに一句書きとめている。

一人旅　呼びかけみんか　赤蜻蛉

九日は、晴れのなか八時に出発した。沢を回ると、夢にまで見た忠別岳が忽然と姿を現した。一歩一歩登るごとに視界は広がり、風景が開けてゆく。このときの感動を、石橋は次のように書き綴っている。

「いままでにこの様な自然の美しさを見た事がなかった。そこは実に五つの沢の合流する広々とした河原で、柔らかい尾根はすっかり紅葉し、その裾には幾条かの白糸の滝が掛り、僕は只々造《ぞう》化《か》の神の美妙さに恍惚《こうこつ》と時の経つのも忘れて了《しま》っていた」

　一段一段と沢はせり上がり、やがてひと掬《すく》いの忠別川源流の泉が切れたとき、尾根道まで二〇メートルもなかった。時間は一一時三〇分、ついに忠別川源流行を達成したのである。しかし、これから下山をせねばならない。とはいえ、もう踏みならされた登山道の登降を繰り返しながら下るだけである。

　しかし、気まぐれな秋の空はにわかに悪化し、強い雨が降ってきた。慌ててハイマツに囲まれたお花畑のなかにテントを張って逃げ込んだ。ちょうど正午ごろのことである。天候はますます悪くなり、嵐となって夜を迎えた。寒さとともに、テントを倒されないよう支柱を押さえながら一睡もできなかった。

　いつしか嵐も静まり、ウトウトとしているうちに明るくなって朝を迎えた。外に出てみると、今しも石狩岳に太陽が昇ろうとしていた。昨夜の雨は薄雪となっており、あたりの秋色がひときわ映えている。テントを畳み、カチカチに凍りついた地下足袋《じかたび》をつっかけて七時三〇分に出発した。凍った足先のままに、朝日を背に受けて駆け下っていった。そして午後の二時、無事に松山温泉に帰着した。

　こうして石橋は、山中四泊五日という、ただ一人の忠別川初遡行を成し遂げたのである。と同時に、この登山は彼にとって最後の北海道の山となった。

最後に、石橋恭一郎の生い立ちと、その後の人生に触れておこう。石橋は岡山県生まれ（太田と同じ一九一五年生まれか？）、一九三二（昭和七）年に北大予科に入学すると同時に山岳部に入部した。仲間からは「恭チャン」と呼ばれて親しまれていた。一九三八年に農学部畜産学科を卒業しているが、同期の山仲間にはのちに北大教授となった太田嘉四夫[16]がいる。太田は〈北の山脈〉四号（北海道撮影社、一九七一年）に「わが友・石橋恭一郎」という一文を寄せている。それによると、石橋は牧場経営を夢見ていたが、卒業後は鐘紡《カネボウ》に入社したとなっている。そして、一年も経たずにその翌年の一月に現役兵として入隊し、日中戦争、太平洋戦争のさなかに騎兵将校として従軍している。ビルマのインパール作戦にも加わり、悲惨な敗走も経験しているが、時には穏やかな日々もあ

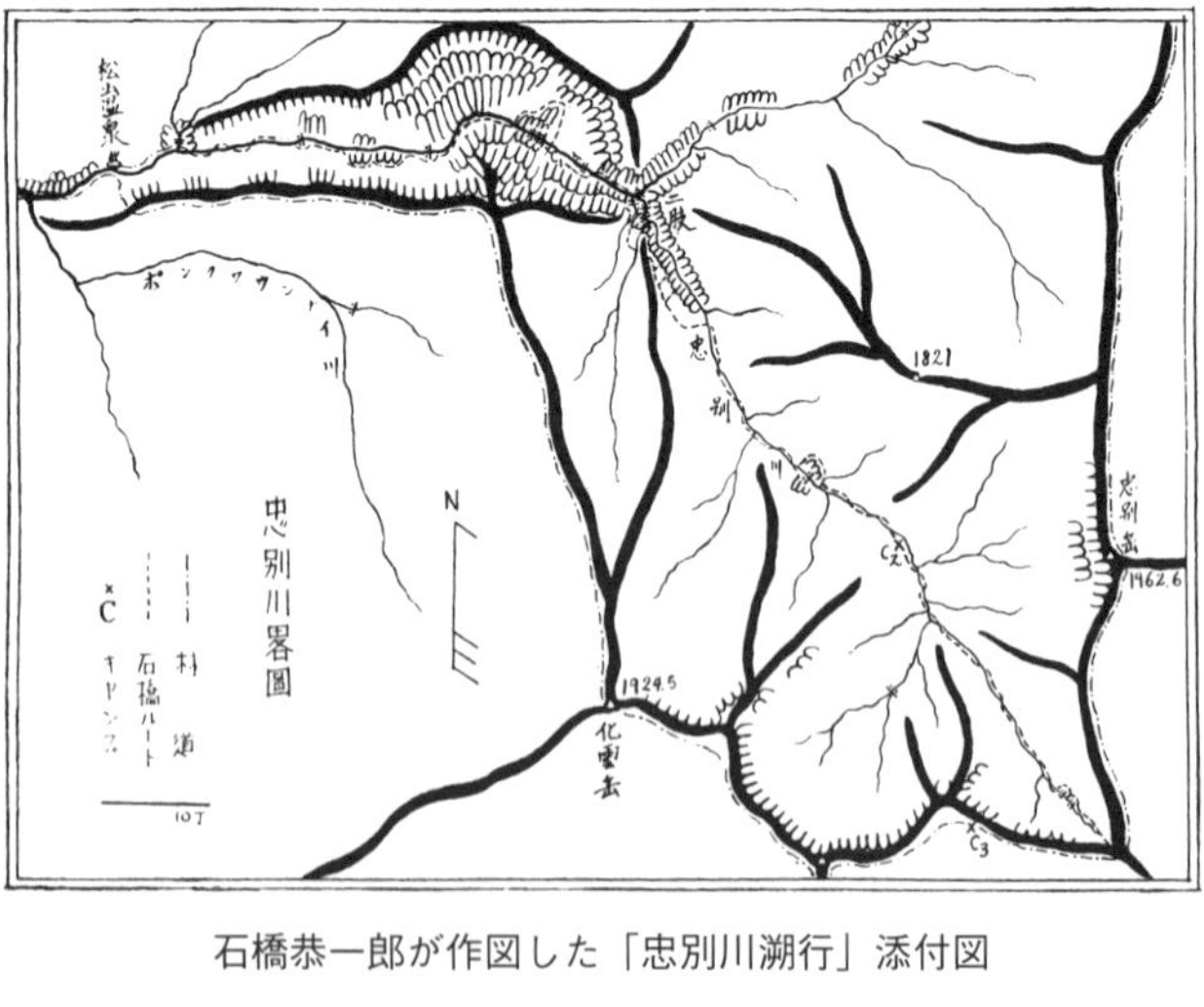

石橋恭一郎が作図した「忠別川溯行」添付図

ったようだ。

石橋から届いた筆者への書簡の一部を紹介しておこう。

―・―・―・―

イラワジ河とシッタン河の間に挟まれたペグー山脈(17)の兵用地誌調査を師団から命じられ、現地山住民族と一行六名で高々と茂るチークの山中を象の背で、二週間旅をしましたが、このときは平和な一時期であり、樹種こそ違いますが、北海道の山行をつづけているような気がいたしました。

―・―・―・―

そして、一九四五（昭和二〇）年八月一五日に終戦。石橋が帰国できたのは一九四七年であった。郷里に帰って岡山県の農業試験場の講習所長として勤め、農家の子弟の教育にあたった。その間にも牧場経営の夢は捨てずに、土地を買い求めて、そこに小さな山小舎を造っていた。太田嘉四夫は石橋を訪ねてその山小舎に泊まり、ドラム缶の風呂に入って月を仰ぎながら語り合ったという。

(16)（一九一五〜一九九四）静岡県生まれの動物学者、生態学者。北大農学部農業生物学科動物分科卒。陸軍に召集され中国から南方戦線を転戦。戦後、北大助手から教授となる。

(17)ビルマ（ミャンマー）南部、標高一〇〇〇メートルくらいの低い丘陵の密林。幅は約一〇〇キロとなっている。

一九六五年に定年退職をし、息子と念願の牧場経営をはじめた。書簡には、「県北の山中に小舎を建て、牛を飼う準備に追われている昨今です」と書かれている。それから三〇年近く、石橋恭一郎は一九九四（平成六）年二月一一日に七八歳で亡くなった。親友の太田嘉四夫も、その直後の三月一六日、石橋の後を追うように同じく七八歳で亡くなっている。

石橋の忠別川遡行は、北海道登山史上に残る初登の記録である。とはいえ、単独なので、ある意味では無謀のそしりを免れないかもしれない。後年、石橋は、「初めは太田嘉四夫と二人で遡行する予定であったが、太田の都合がつかず一人になってしまった」と語っている。

北大山岳部は体育会系でありながら、あまり束縛されない自由な空間があったようだ。書簡でも、「小生らの時代の北大山岳部は〝山を楽しむ〟という雰囲気が強かったようです。そうした気持ちは初老?の年を迎えた今日も続いているのでしょうか」と伝えている。

言うならば、彼はパイオニアであり、ロマンチストであった。それは彼のみならず、当時の岳人は登山という行為を思索的、哲学的に思考していた。石橋の忠別川遡行から八〇年近く、彼が没して二〇年経った今、筆者の手元にあったはずの彼の書簡を改めて探したが見つからなかった。これもまた、失った時の流れと変化を物語っているようである。

5 砲兵の鎮魂譜

大雪山国立公園指定五〇周年を迎えた一九八四年、記念事業推進協議会が記念写真集として『北海道大雪山』を発行した。このなかに、一九四二（昭和一七）年に旧陸軍七師団（旭川）が行った大雪山突破演習時の写真が五枚掲載されている。戦争の体験は、忘れ去ろうとしても消えない非情なものだが、これらの写真が生き延びた兵士たちを再び結び付ける発端となり、演習を詳細に記録した『追憶（大雪山頂で大砲を撃った兵の鎮魂譜）』という大部の本が生まれるきっかけとなった。

写真集は、五〇周年を迎える前年から大雪山国立公園を抱える十勝側の上士幌、士幌、鹿追《しかおい》、新得の四町と十勝支庁[18]、それに旧環境庁のレンジャーとで編集計画が進んでいた。翌年の二月、北海道庁自然保護課から「十勝側だけでなく、上川管内を含めて編集してはどうか、応分の支援もしたい」ともちかけられ、東川町が中心になって上川支庁側をまとめ、東川、美瑛、上川、上

(18)　支庁は知事の権限に属する事務を分掌するために条例により設置された出先機関。明治時代から設置されていたが、広いエリアに人口が少ない北海道だけに残されてきた制度。二〇一〇年の支庁再編で、それまでの一四支庁が九総合振興局と五振興局に改称された。

富良野の四町が加わって編集されたという経緯がある。

大雪山を国立公園にすべきかどうかを審議していた当初は、国立公園候補地になっていた区域は黒岳、旭岳、十勝岳などの上川支庁管内だけで、十勝側は予定地に入っていなかった。そこで十勝毎日新聞社[19]の元社長である林豊洲らが猛烈な巻き返し運動を展開し、然別湖《しかりべつこ》、糠平《ぬかびら》温泉、トムラウシ温泉、ニペソツ山などの十勝側も含まれることになり、日本一広大な山岳国立公園が誕生したわけである。

このような経緯があるからといって、上川側と十勝側の間にしこりが残っているわけではないが、国立公園指定五〇周年を祝う事業は、なぜか十勝側の四町だけで先行されていった。同誌の記事部分を見ると、「明治四十四年、帝国議会で日光や富士山の公園化が論議されている頃、北海道の片田舎で国立公園運動を進めていた先覚者がいた。太田龍太郎愛別村長（八九ページの註参照）である」と、上川支庁側の太田が「卓越せる先見」として冒頭に紹介されている。

太田龍太郎（写真提供：笹川良江）

しかし、そのあとに続くのは、「東奔西走」する林豊洲の紹介と、彼が一九三四（昭和九）年に雑誌〈国立公園〉に寄稿した「大雪山」の再録、さらに「十勝国十三万町歩を大雪山国立公園編入に必死の運動」という「十勝毎日新聞」への寄稿の再録、特別寄稿「父、林豊洲を語る」と続き、ほとんどが十勝側に関する記述で占められており上川側を圧倒している。

自然保護運動を貫いている俵浩三[20]は特別寄稿「大雪山国立公園の歴史と課題」によって上川側と十勝側を分け隔てなく締めくくり、国立公園から学ぶこととして次のように提唱している。

中国には、「井戸の水を飲む者は、その井戸を掘った人のことを思わなければならない」という意味の格言があるという。我々も、大雪山国立公園指定五十周年にあたって、今日の大雪山国立公園を残してくれた、多くの有名、無名の先人に感謝することを忘れてはならない。また、同時に、先人から引きついだ大雪山を、良り豊かな自然の宝庫に育くみながら、五十年、百年先の子孫に引きつぐことを忘れてはならない。(『北海道大雪山』三〇〜三六ページ)

---

(19)　一九一九年創刊、帯広市に本社を置くローカル新聞。「勝毎《かちまい》」の愛称で、地元で最多の普及率を誇っている夕刊紙。中央紙の夕刊などと違って日曜日にも配達されている。

(20)　一九三〇年、東京生まれ。札幌在住。千葉大学園芸学部を卒業後、厚生省国立公園部勤務。一九五六年、支笏洞爺国立公園管理官として赴任し、道庁で林務部、公園計画などを担当。退官後は専修大学北海道短期大学教授となり、現在も名誉教授。「北海道自然保護協会」の活動にかかわる。『緑の文化史』など著書、寄稿多数。

コラム8

国立公園運動の秘策──少女達による童謡のおもてなし

1933（昭和８）年７月、政府派遣の国立公園調査会（団長：貴族院議員・一条実孝伯爵、17人）が旭川の宿舎「永楽館」に入った。その１か月前、国立公園指定獲得運動のために旭川観光協会（奥田千春会長）が結成されたばかりで、常任理事、佐藤門治らは「大雪山をぜひ国立公園に！」と陳情することにした。ところが、伯爵は風邪を引いており体調が思わしくないという。側近に聞くと、伯爵は童謡を好むということなので、佐藤は自ら経営する「旭川明治屋」を拠点に活動する「北海ハーモニー協会」の少女達（12名）を連れて童謡をお見舞いとして披露することにした。

永楽館に、オルガンを運び入れた。その際、『大雪山小唄』（作詞・佐藤門治、作曲・同協会、1928年）も披露した。そして、当時としては大金となる30円を寸志として賜った。

関係者一同は、「もう指定されたも同然」と喜びあった。事実、1934年秋に国立公園指定の内報を受け、旭川市、上川支庁、旭川商工会議所が共催した記念祝賀会で佐藤は感謝状を受けている。

旭川明治屋は1892（明治25）年、初代音次が新潟県から旭川に移住し、荒物雑貨屋を開業したのが始まりで、精米業、時計、楽器、自転車の販売などへと商売を広げていった。２代目門治が、1941年、松山温泉の再建を請われて「天人峡温泉株式会社」設立し、戦時中の資材不足、戦後の大豪雨で建物流失といった苦難を乗り越えて「天人閣」を建設し、大雪山を代表する天人峡温泉へと発展させた。

大雪山の国立公園入りを目指す運動としては、層雲峡側や十勝側の逸話が語り継がれてきたが、旭川でも指定運動を盛り上げるために観光協会が急きょ設立され、常任理事の門治が機転を利かせ、調査団長を少女達の童謡でお見舞いするという温かいおもてなしをしていたわけである。（『旭川明治屋の百年』（株）明治屋、1986年を参照）

さて、記念誌の大部分を占めているのはもちろん写真である。「偉大なる遺産」の項には、大雪山の主峰旭岳などの風景を七枚のカラー写真で紹介している。そのなかの一枚「東川から望む大雪山連峰」は、手前に黄金色の稲穂が広がり、後方に初雪が降った大雪山が青空にくっきりと映える構図となっている。また、「壮大なる自然」の項では、紅葉がはじまったころの天人峡や羽衣の滝など、四季折々のカラー写真が三四枚、そして「大雪山の動物、植物」の項ではカラー写真が二三枚収められている。

歴史的な写真で紹介する「苦節のあゆみ」という項には、六七枚の白黒写真が載っている。そのなかに、天人峡温泉を発見した松山多米蔵（第2章2節参照）と奥さんが、旅館をバックにたたずむ明治三十年代の写真がある。そのころの松山温泉の湯場は粗末な吊り橋の先にあり、雨をしのぐ程度の屋根を乗せただけの露天風呂であった。風呂と吊り橋の上には、裸や着物姿の男女が写っている。前を隠さずに露天風呂を楽しむ女性客らの健康的な写真が数枚あって、おおらかな時代がしのばれる。

また、旧国鉄士幌線の終着であった「十勝三股駅」の全盛時の写真として、大木を満載した森林軌道と、膨大な丸太を蓄積した土場が掲載されているほか、黒煙が空を覆い尽くした一九六二（昭和三七）年六月二〇日の十勝岳大爆発[21]の写真や、一九五四（昭和二九）年の台風一五号（洞爺丸台風）によって原生林がことごとくなぎ倒された白楊平一帯の風倒木被害写真など、そのすごさに圧倒されるものが多い。

ページを繰っていくと、帝銀事件[22]で逮捕され獄死した平沢貞通が、テンペラ画家として活躍していたころに、然別湖宣伝にひと役買って絵を描きに来たときの記念写真もある。

六七枚目、最後の写真には「時価三〇億円といわれる秋田佐竹藩の財宝をめぐって、昭和五七年トムラウシの十勝川源流で探検調査が行われ、全国的話題となった」という説明が付いている。三〇億円の財宝については、その後、話題を聞かないから見つかってはいないのだろう。

さて、ここで注目するのは「苦節のあゆみ」のなかに見開きで掲載されている兵士と軍馬の写真五枚である（六八～六九ページ）。凍りついてツルツルと滑りそうな雪原を、乗馬した指揮官を先頭に、完全装備の兵士が隊列をつくって徒歩で続いている。軍馬の鞍に分解した山砲の筒を縛りつけ、馬の前後を固めながら斜面を下る兵士たち。山頂付近では、山砲を組み立てて、重そうな車輪を懸命に押して攻撃地点に山砲を据えるという姿もある。また、霧が薄くかかってきたころ、小休止する兵が高山植物の花にそっと手を差し延べている印象的な一枚もある。

十勝岳大爆発（出典：『北海道大雪山』80ページ、撮影：大場嗣）

写真で見せるページなので、説明文は要点だけを簡潔にまとめている。短いので、その全文を紹介しておこう。

昭和十七年、太平洋戦争は国民保養の場である大雪山国立公園をも訓練の場と変える。当時、北部軍は旭川第七師団を主力とした名実共に「北の護りの重鎮」であったが、その精鋭を錬成するため、北海道・樺太部隊の幹部候補や下士官候補を対象とする「北部軍砲兵幹部教育隊」を創設し、大雪山突破演習が実施されるのである。

(21)　一九二六年の大正噴火では泥流が麓の上富良野を襲い、甚大な被害となっている。一九六二年の噴火では、噴煙が高度一万二〇〇〇メートルに達した。

(22)　一九四八年一月、東京都豊島区の帝国銀行で、一二人が毒物を飲まされ死亡した事件。犯人として平沢貞通が小樽で逮捕された。裁判で平沢は自白を翻し無罪を主張したが、一審で死刑判決、最高裁でも控訴棄却となる。獄中で死去後も、養子が再審請求を続けた。松本清張が『小説帝銀事件』『日本の黒い霧』を著している。

兵士と軍馬（出典：『北海道大雪山』69ページ）

五日間にわたる演習は、行軍一五四km。初代隊長越沢三郎大尉を中心として、兵、砲、馬、三位一体で大雪の峻嶮に挑む。

旭川─愛別─ルベシベ─層雲峡─黒岳─北鎮岳─熊ケ岳─旭岳─勇駒別─旭川の行程は、七師団空前絶後のものであり、時の鯉登師団長は、この快挙に特別の賞詞を贈るのである。

(『北海道大雪山』六八ページ)

巻末に写真提供者の一覧があり、演習の五枚については越沢三郎、つまり文中にある初代隊長越沢三郎大尉が提供したらしいことは分かるが、提供者の名前だけで住所までは載せていない。記事を書くときの基本原則「5W1H」、つまり「誰が、何を、いつ、どこで、なぜ」くらいは分かるといえば分かるのだが、これでは演習の詳しいことまでは分からない。一九九四年三月に発行された『郷土史　ふるさと東川　Ⅱ　激動編』の「不幸な戦中、馬と共に」の項で、「大雪山突破演習」の記述として「終戦によって資料は煙滅され、今は知る手掛かりもない。軍馬・農耕馬関係をはじめ、特に軍関係の記録は焼却処分されたので、止むを得ないことである」(前掲書、四〇八ページ)とあるが、それまでに発行された「村史」や「町史」には陸軍が大雪山で演習したという記録がまったく書かれていなかったため、五〇周年記念の写真集に載っている説明文を参照したものと思われる。

郷土史がこのように締めくくっているのも、止むを得ない。旭川の第七師団では、終戦直後から膨大な量の資料を焼却したといわれているので、郷土史編集委員会が大雪山突破演習の「月日は不詳」と書くなど、それ以上は踏み込めないと判断したのだろう。

ところが、この五枚の写真は、消息不明だった昔の戦友たちを集めるという思わぬ方向へ進んでいっていた。『北海道大雪山』を見た新聞記者が陸軍の記録写真が堂々と載っていることに驚いたと想像するが、一九八五年四月二〇日付の〈北海道新聞〉の社会面（夕刊）に次のようなトップ記事が載った。その前文を紹介しよう。

昭和17年の大雪山縦走演習　完全装備で154キロ　馬に山砲、80人　元隊長　滝川の越沢さん　写真百枚を所蔵

【滝川】　本道の屋根、大雪山連峰は昨年、国立公園に指定されて以来、五十周年を迎えたが、四十三年前の夏に旧陸軍七師団（旭川）の兵士たちが重量約四百キロの山砲と十数頭の軍馬とともに大雪連峰を縦走突破するというわが国の山岳史上にも例のない山行をなしとげたことはほとんど知られていない。最近になって、大雪山突破演習を指揮した隊長が滝川市内に健在で、北海道新聞の前身の小樽新聞カメラマンの撮影した写真が、同隊長の手元にそっくり保存されていることが明らかになった。

この記事は、前文に続いて越沢隊長の滝川の住所と年齢が七四歳などと紹介しながら、演習の規模や行程、軍馬が谷底へ転落するというハプニングがあったことなどを詳しく書き、新聞社のカメラマンについても次のように明らかにし、カメラマンの談話を載せている。

この難行軍に従軍した当時の〈小樽新聞〉(23)の浅井正次カメラマン（七一）＝札幌市中央区＝の撮影した大小百枚近い写真が越沢さんのアルバムに大切に保存されているが、兵士たちの苦闘ぶりと、時にお花畑の花に手を差し伸べる兵士の詩情豊かなシーンも交じって大雪山突破の記録を刻んでいる。

浅井正次さんの話　従軍した報道カメラマンは私を含め二人だった。私は十六枚ほどの当時の写真を持っているが、ネガは恐らく終戦時に処分されたのでは。百枚も残っているのは信じられず、懐かしい思

北海道新聞（夕刊）　昭和60年（1985年）4月20日（土曜日）

完全装備で154キロ　昭和17年の大雪山縦走演習　馬に山砲、80人

写真百枚を所蔵

元隊長　滝川の越沢さん

〈北海道新聞〉1985年４月20日付夕刊

いでいっぱいだ。

記事が出てからどのようなことが起こったのか。それを『追想〈大雪山頂で大砲を撃った兵の鎮魂譜〉』を読みながら紹介していきたい。

この記事にびっくり仰天したのが、演習の際に山案内人を務めた工藤豊太である。工藤は、砲兵幹部教育隊から大隊長として北千島に派遣されていた越沢大尉が、苛烈な戦闘をくぐり抜けて生きていたとは信じられなかったのである。記事が出た当時、工藤は羽幌町に住んでいた。米寿を迎えていた工藤は居ても立ってもおられず、長男の工藤豊実の運転する車で滝川の越沢宅に駆け付けた。豊実もまた、層雲峡の野営地で越沢隊長からもらった黒砂糖の味が忘れられず、会いたいという一心であった。

生きていた、生きていた、夢ではない。元隊長と山案内人親子の四三年ぶりの再会は涙と喜びでくしゃくしゃだった。

その後、越沢は「この再会の感激が波及するところ耐えず、消息の不明の戦友を探し求める」

---

(23)　一八九四年創刊で、小樽の地域名を題字にしているが、道内全域をエリアにしており、北海タイムス、函館毎日新聞とともに北海道三大紙と評されていた。太平洋戦争中に道内各地の新聞が〈北海道新聞〉に統合され、姿を消した。

ことになり、その年の八月三日、勇駒別《ゆこまんべつ》温泉（現・旭岳温泉）の「仰岳荘」（一九九二年、施設廃止）に戦友たちが集合した。八月三日は、一九四二（昭和一七）年の大雪山突破演習の出発日にあたり、「仰岳荘」は山岳強行軍を完遂してたどり着いた所で、佐藤政之輔村長(24)が出迎え、一行が小休止をとって記念撮影をした懐かしい場所だった。

集まったのは越沢、山案内人の工藤親子、そして連絡がとれた元砲兵教育隊の戦友一二人であった。越沢が持参したアルバムを眺め、夜を徹して語り、集まりを「砲岳会」と命名して、毎年八月三日に会うことを全員一致で決めている。

そして、発会五周年の一九八八年、会誌「追憶（大雪山頂で大砲を撃った兵の鎮魂譜）」を発行し、八月三日、定山渓温泉での集まりのときに配布した。旧陸軍の関係者の多くが口をつぐみ、資料も消滅した大雪山突破演習を元兵士たちが掘り起こした貴重な詳細記録誌であった。しかし、図書館に置いてもらうほどの体裁ではなかったため、一九九一年に装丁を頑丈にした保存版として再版し、層雲峡温泉で開いた七回目の集まりで会員に改めて配布している。砲兵幹部教育隊が大雪山に登ってから、ちょうど半世紀が過ぎたときのことである。

ここからは、再版された『追憶（大雪山頂で大砲を撃った兵士の鎮魂譜）』をもとにして大雪山突破演習について書き進めていくことにする。

太平洋戦争の戦線拡大によって、旧日本陸軍は南方戦線特有の山岳密林での戦闘に備えることが急務となり、師団砲兵部隊を野砲から九四式山砲へ改編し、新山砲を駆使する幹部を養成する「北部軍砲兵幹部教育隊」を一九四二（昭和一七）年五月に結成した。越沢隊長のもとに、旭川師団と樺太師団の砲兵連隊から三七名が集まっている。

　昔の陸軍の主力戦力は歩兵であるが、それを援護する砲兵部隊が原生林や山岳地帯の道等全くないところでも密かに音もなく進み、敵を砲撃するのに最も効率的な場所に進出して放列を敷き、敵がよもやと思うところから砲弾が飛ぶ、これが山砲の新兵器たる所以《ゆえん》であり、威力なのである。（前掲書、二六九ページ。ルビは筆者）

　九四式山砲は、部品類が従来のものより素早く、しかも細かく分解できるうえに、射程距離や安定性が増していた。しかし、分解して持ち

(24)（一八八六～一九七二）東川村第八代村長、東川町名誉町民、勲七等瑞宝章受章。

再版された『追憶』の書影

運びしやすくしても、砲身などは九四キロと非常に重く、軍馬の鞍に縛りつけて運ぶのも、長距離となると軍馬がもちこたえられるかどうかという懸念が残った。険しい山道になると、足場が悪すぎて軍馬でも運ぶのは困難となり、兵士が数人がかりで担ぎ上げなければならない状況も想定される。こうした課題を克服する演習として、南方の熱帯林を想定した炎天下に一五四キロの行軍をし、途中の山岳訓練では、黒岳から登って勇駒別《ゆこまんべつ》温泉まで延々と縦走する大雪山突破作戦が組まれたのだ。その編成も紹介しておこう。

統監横尾大尉、隊長越沢大尉、助教並びに随伴者は全員乗馬。生徒達は背嚢《はいのう》背に全員徒歩。早くもマメを心配。山砲を曳く兵馬。後に続く大行李。(25)続々と東上する一隊八十名、軍馬十五頭。粛々《しゅくしゅく》と黎明《れいめい》を突いて只管《ひたすら》層雲峡を目指す。(前掲書、一六四ページ。ルビは筆者)

一行には、従軍許可を受けた新聞五社(小樽新聞社、北海タイムス社、東京日日新聞社、旭川新聞社、毎日新聞社)の従軍記者と従軍カメラマンが同行した。日程は、八月三日から七日までの五日間である。

初日は、午前五時に旭川師団を出発し、まずは四六キロの行軍をしている。軍馬の背に分解した山砲、弾薬、飼い葉などを積み、愛馬をいたわりながら進んだ。第一夜は国民学校校庭で露営。

二日目は層雲峡温泉にあった陸軍療養所まで三四キロの行軍。二日間歩き詰めの兵士たちの足の裏には、血豆がびっしりできた。衛生曹長が注射器で血を抜き、その痕に生のヨードチンキを注入するという荒療治を全員に施している。夜半に雨が降り、愛馬の背に個人天幕が掛けられた。

三日目、標高一九八四メートルの黒岳山頂へ山砲を担ぎ上げ、もっとも困難な演習開始となった。夜来の雨で、山道は険しさに加えて非常に滑りやすくなっており、一〇〇キロ余りの重荷を背負った軍馬を曳きながら、泥まみれ、汗まみれで登っていくが一向に前へ

(25)　将校の荷物、野営に必要な物、工作器具、予備の部品などを備えた追随部隊である。

黒岳山頂へ山砲を担ぎ上げる（出典：『北海道大雪山』69ページ）

進まない。山道は、一人がやっと通れるような細い道幅のうえ、急角度で方向転換するので軍馬がまともに進めなかった。おまけに行軍を邪魔するかのように樹木や岩石が山道の至る所を塞いでいる。軍馬を通すためには樹木を伐開し、岩石を除去し、山道を拡幅するといった修築を繰り返しながら、人馬一体となって少しずつ標高を稼いでいった。

一頭の軍馬が、急ごしらえの桟道を踏み抜いて動けなくなってしまった。もがく馬の鞍から砲身を下ろし、ロープを馬体に巻いて何度も引き、馬体を数人がかりで押し上げて、どうにかこうにかやっと救い上げた。どうやら、記者までが救援に手を貸さなければならなかったようだ。わずか八キロの行程に一〇時間もかかり、予定を二時間も遅れるという苦難の登頂であった。

その夜、疲れ切った兵士らは、ヒグマの出没に備えて交代で見張り番に立ちながら、黒岳の石室で野営している。非常に寒い夜だった。

四日目は、山砲を組み立てて、山頂で砲撃訓練をしながら進んだ。空砲とはいえ、山砲の轟然《ごうぜん》たる発射音が大雪山の遠い峰々まで轟いたはずである。放列した山砲が一斉砲撃を終えると、山砲をまた分解して馬の鞍に乗せて行軍を続けた。行軍、山砲分解、砲撃、これを何度か繰り返したわけである。

ハイマツ帯を進み、雪解け水を汲んで昼食をとったあと北鎮岳の大雪渓を登り切り、さらに熊ヶ岳の急斜面に差し掛かったとき、雪渓で軍馬一頭がとんぼ返りを打って一気に滑落していった。

幸い、馬は足を折ることもなく立ち上がったが、それからというものは、愛馬が滑落しないように前の兵士が轡《くつわ》を曳き、うしろの兵士が尻尾をつかみながら険しい雪渓をやっとの思いで通過している。ちなみに、天女ヶ原のぬかるむ湿地帯では、冬用馬カンジキを馬のひずめにはかせ、軍馬の歩行を助けなければならなかった。

まさに悪戦苦闘、想定外の馬の事故もなんとか切り抜けて、午後二時、ようやく勇駒別《ゆこまんべつ》温泉に到達した。旭川林務署の「仰岳荘」へ迎えに出ていた佐藤村長に敬礼でこたえてから、仰岳荘の前を流れる清流でしばし疲れを癒し、記念写真を小グループごとに撮っている。しかし、休ませてもらえない。行軍は間もなく再開され、長い下山が続き、辺りが暗くなりはじめる午後七時すぎに志比内国民学校に到着した。

ところが、黒岳から重装備で山越えしてきた演習はこれで終わりではなかった。わずか三時間の「大休止」の間に、夕食と仮眠をとり、午後一〇時、最後の行程となる三六キロに向かって出発した。越沢隊長の当時の心境は次のようなものだった。

過酷なまでの演習計画の遂行のためには指揮官たるもの心を鬼にして対処しなければならない。凡《おおよ》そ、訓練こそ実戦以上にきびしいものである。不眠不休、困苦欠乏に耐えてはじめて不撓《ふとう》不屈の必勝の信念が涵養。（前掲書、一五四ページ）

部隊は真夜中の道を黙々と歩き、寝静まった東川村を通過した。演習五日目の朝、旭川市内に入り、午前九時、衛兵が整列して迎える師団にようやく帰着した。演習は一人の落伍者もなく、一頭の軍馬も失うことなく終了している。

地形、地図に不案内な読者には見当がつかないだろうが、この五日間の行程は、当時の師団内部でさえ「聊《いささ》か、無謀の嫌いなきにしもあらざる」と懸念されたくらいで、今なら考えも及ばない行程である。分かりやすく言えば、そんなことできる訳がないと一蹴されてしまうことだろう。『追憶』に寄せられた戦友たちの思いは、生きていて再会の喜びに満ちあふれ、艱難辛苦《かんなんしんく》の大雪山突破を懐かしむ一方で、二度と戦争をしてはならないという決意が込められている。巻頭の詩「追憶」の末尾を紹介しておこう。

防人《さきもり》の多くは実戦で死の恐怖を味わい
終戦後は虜囚の屈辱に泣いた
我々は戦記を書いたが
これは戦争を美化し
子孫に戦を好ませるような
興味を抱かせてはならないと

辛かった戦の模様を率直に伝え
再び戦のないように　望む声でもある（前掲書、二ページ）

第一部は、叙情編という詩文で構成されている。その「第四章　愚かしき戦」には「戦に聖戦はない　前線基地の兵士玉砕　国土は廃墟と化す（暗闇の大雪山頂に佇む老兵の慟哭）」と添書きがあり、そのあとに詩文が続いている。そして、叙情編は次のような詩文で終わっている。

再び戦を　決して仕掛けてはならない
世界のどこかで戦があれば
一日も早くその戦いが熄《や》む事を願い
世界が平和で繁栄するように祈ろう（前掲書、一四五ページ）

先にも述べたように、砲岳会は毎年八月三日に集まっていたが、シベリア抑留が骨身に染みて、苦い経験を語ろうとしない戦友がいた。また、軍隊当時のことは一切忘れたい、もう二度と話したくないという戦友も現れてきた。こうしたことに『追憶』の編集を担当した石原二三朗はショックを受け、「貴君の真の心境も知らず、深入りした我身が恨めしい。私は貴君よりもずっと、ずっと兵隊嫌いなのです」と心情を打ち明けている。

石原は、教育隊員三七名中たった一人、大雪山突破演習には参加できなかった人物である。『追憶』に石原が書いた「落伍兵」と「砲岳会外伝」によると、出発前夜、激しい腹痛に襲われて深夜に旭川陸軍病院に運ばれ、軍医から盲腸の手術を受けた、とある。軍医の周りには見習い医官が数人いて、石原の腹を覗き込んでいた。盲腸は相当悪化していたらしく、もしも痛み止めの注射を打ち続けながら山の中を歩き続けていたなら命が危なかった、と軍医は見習い医官に説明したという。

「砲岳会外伝」は、戦後の祖国復興へと続いていく。余談となってしまうが、興味深いので続けて紹介していこう。

石原は戦後北海道庁に入って農地開発に従事し、新設された北海道開発局[26]へ移った。そのとき、中川一郎[27]と一緒だった。その後、中川は、日本自由民主党副総裁の大野伴睦[28]に見いだされて政界に入り、衆議院議員に当選している。これにより、石原の公務員生活も一転した。というのも、中川の後任として大野伴睦の第一秘書に石原が指名されたからで、中川を「光が当たる者」とすれば、石原は「陰の者」として、二人そろって波乱万丈の政界へと踏み出していったわけである。

当時、「天下の副将軍」と呼ばれ、義理と人情の代名詞のような大野伴睦の巷での人気は「伴睦殺すにゃ刃物は要らぬ、大義大義と言えば良い」というざれ唄で知られるほどであった。政界、経済界、芸能界から華やかな人たちが周りに集まってきたこともあり、第一秘書の石原は人脈を増やし、政治の表と裏を見ることができたという。

中川一郎も、いかついけれどどこか愛嬌のある顔立ちと、豪快な振る舞いから「北海のヒグマ」というニックネームで巷の人気も大野伴睦を上回るほど高く、待望の「道産子総理大臣」が出るかもしれないと期待を背負っていたが、一九八三年、札幌市内のホテルで急死した（自殺説もある）。中川が死の直前、最後に電話をかけた相手が石原だったと思わせるドキュメンタリー風の小説『光と陰　中川一郎最後の電話』を、石原は自費出版している（一九九四年一二月）。

話を『追憶』（復刻版）に戻そう。本のなかに大雪山突破演習の写真を七六枚も使っている。写真はすべて報道カメラマンの浅井が撮り、越沢がアルバムに保存していたという貴重なもので

(26)　北海道の開発を強力に進めるために、北海道庁とは別に国の直轄事業を推進する機関として一九五一年に発足した。道庁から、河川、道路、港湾などに従事していた職員らが移籍した。

(27)　（一九二五〜一九八三）北海道広尾郡広尾町出身。十勝地方選出の衆議院議員。農林水産大臣、国務大臣科学庁長官。石原慎太郎らと「青嵐会」を結成するなど自由民主党のタカ派議員として名を馳せた。長男、昭一（一九五三〜二〇〇九）、昭一の妻郁子も衆議院議員。

(28)　（一八九〇〜一九六四）岐阜県出身。衆議院議長、国務大臣北海道開発庁長官、自民党副総裁を務めた政治家。義理人情に厚く、酒豪、俳人としても知られた。

ある。臨場感あふれる写真を鮮明な画像として本に残すために、再版本のサイズはタテ約二六五ミリ、ヨコ約一八五ミリの大型本にし、一ページに原則一枚の写真が掲載されている。編集者、石原の狙いどおりに、そこには大雪山と砲兵部隊の歴史が見事に刷り込まれている。

また、従軍記者が書いた当時の新聞五紙のコピー記事も載っている。軍部が資料をいくら焼却隠滅したとしても、当時発行された新聞記事までは隠滅することはできなかったようだ。記録として新聞記事は長く残るわけだが、軍部の大本営発表をそのままに書いていた戦時中の新聞がすべてに正しい記述だとはかぎらない。それだけに、大雪山で泥にまみれ、汗まみれになった元兵士たちが書き記した『追憶』には計り知れない歴史と真実という重みがある。

大雪山国立公園五〇周年記念に発行された記念写真集『北海道大雪山』からはじまり、大雪山頂で大砲を撃った兵の鎮魂譜の『追憶』まで、一冊の本に秘められた力と広がりには感嘆するばかりである。

6 木文字ＳＯＳ——旭岳挽歌

大雪山旭岳は決して険しい山ではなく、むしろ登りやすい山である。北海道の最高峰であるとともに、「花の名山」としてもよく知られている。高山の景観と日本一のお花畑を求めて、全国から多くの登山者が訪れているのだが、稀に遭難事故も起きる。過去にあった遭難事故のなかから、一つだけ語らせてもらう。というのも、特異な遭難として忘れられない事故であるからだ。

この遭難を歌にした人がいる、加藤悦郎（一九二一～?）である。北海道上磯郡上磯町（現・北斗市）に生まれた加藤は、海軍に入隊したあと、戦後は警察官となって警察大学を卒業後、警視正まで務めあげた人物である。そんな彼が、ペンネーム「かとうえつろう」としてたくさんの歌をつくっている。自治体が主催したイベントや各種のイベントに歌を応募して、入選したこともたびたびある。つまり加藤は、警察官であるとともに趣味の作詞家であり、エッセイストであり、文学愛好家でもあった。

全道各地に異動転任した加藤は、任地先ごとに歌をつくっている。旭川に在任している間にも、「旭川賛歌」や「夢さそう大雪山よ」などをつくっており、それらの歌やエッセイは一九八八（昭和六三）年に『歌とともにわが人生』として自費出版されている。本のタイトルが示すとおり、加藤の人生にはいつも歌があった。

　この本が出版されたあとにつくられた歌を紹介したい。もちろん、本には掲載されていないが、一九八九（平成元）年一〇月二一日、道新ホールの発表会で歌われている。加藤は、「遭難者の生死の極限に達した心情を思い作詞した。ショッキングなミステリー的要素もあるが、山男たちが挽歌として唄いつづけてほしい」との思いで作詞したと記している。この歌は、まだ遭難事件の謎が最終的には解決していないときにつくられたものである。

旭岳挽歌――木文字・SOS

（かとうえつろう・作詞、工藤よしひで・作曲）

1　雲が風呼び霧を呼び　大雪山の峰さわぐ
若い生命《いのち》が身をひきずって　さまよう沢に熊笹繁り
方向占《ゆくえうらな》う星さえ見えぬ

2　これがこの世の見おさめか　生きる望みを捨てきれず

『歌とともにわが人生』の表紙

加藤悦郎（出典：右の本）

声のテープに助けを求め　白樺倒し木文字をつくる
空よ映してSOSを
運命《さだめ》はかなく夢遠く　山と語らう時むなし
父さんいまごろなにしているか　母さん達者かまぶたに浮ぶ
むせび泣くよな　あー旭岳　むせび泣くよな　あー旭岳

3

歌詞を読まれれば、遭難事故のおおよそは分かるだろう。とはいえ、四半世紀を経た現在、記憶が薄れている人や人づてに聞く程度という人、また若い人では、事故そのものをまったく知らないという人もいるかもしれないので、当時の報道や資料からこの事故を振り返ることにする。

この遭難事故の発端は、一九八九年七月二四日、道警航空隊のヘリコプターが上空から撮影した一枚の写真である。同日、黒岳から旭岳へ縦走中に行方不明となった登山者の捜索と救助に向かったヘリが、たまたま「SOS」の木文字を見つけ、とりあえず撮影したところ、人のつくった文字であることが確認されたのである。もちろんデジカメがない時代のこと、確認されたのは現像処理をしてからである。

そして翌二五日、改めてヘリから山岳救助隊の警察官が現場に下り、初めて具体的な捜索活動が開始された。そのニュースは、二六日以降、新聞各紙でかなりの紙面を割いて連日報道されることになった。その後も断続的ながら報道が繰り返され、最終の記事は翌々年の一九九一（平成三）年三月まで続いた。これほど大きく、しかも長期にわたって取り上げられた遭難事故は過去になく、今後も考えられないのではないだろうか。それでは、〈北海道新聞〉の記事を中心にこの事故を検

旭岳の遭難事故

木文字近くに頭がい骨

27㌢、男物の運動靴も

新たにカメラの三脚

[redacted]さんの持ち物か

【旭川】大雪山系旭岳（二、二九〇㍍）南側の沢地で二十五日、「SOS」の木文字と人骨などが発見された遭難事故で、旭川東署は二十八日朝から、ヘリで署員を現場へ派遣、木文字付近を再捜索した。その結果、人の頭がい骨と、男ものの靴などの新たな遺留品五点が見つかったが、現場近くにクマの巣穴があるなど危険なため、捜索は午前十一時過ぎに打ち切った。同署は頭がい骨の鑑定を旭川医大に依頼する一方、遺留品をもとに、先に見つかった人骨の女性や、カセットテープに声が録音されていた若い男性の身元確認を急いでいる。また、北海道新聞社の調べで、朝日航洋（本社・東京）が昭和六十二年九月、旭岳上空で撮影した航空写真をこの日引き伸ばし拡大したところ、SOSの木文字が写っていることが確認された。

発見された頭がい骨は、木文字から約三十㍍北の沢地にあり、性別などは不明。同署は同日午後、同医大に鑑定に出し、性別や血液型などを調べる。

また遺留品の靴は、頭がい骨から約十㍍離れた地点にあり、緑色の男もので左の片方。二十七㌢サイズで、

「SOS」の木文字付近で、ヘリコプターから降下して遺留品などを捜す道警の捜査員 ＝28日午前8時10分、北海道新聞社ヘリで撮影

〈北海道新聞〉1989年7月28日付夕刊

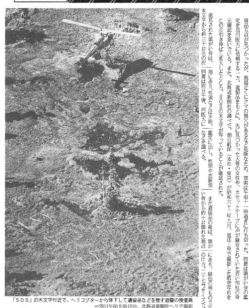

証していきたい。

現場となった場所は、旭岳の南南東約四キロ、標高約一五〇〇メートルの地点で、忠別川の支流、融雪沢畔にある針葉樹林の切れ目となっている小さな湿原である。そこに、一辺五メートル四方の大きさでシラカバの風倒木を積み重ねて「ＳＯＳ」の文字が描かれていた。そしてその側には、遺留品のリュックと白骨化した人骨（大たい骨と骨盤の一部の計三片）があった。リュックには、カセットテープレコーダーとテープ、洗面用具が入っていたが、記名したものはなかった。「木文字のシラカバには枯れ草がからまり、木の一部が土に埋まっていたこと、風化の状態などからひと冬以上経過か」と、二六日付の朝刊で報じている。

その日の夕刊には、もう少し具体的な記事が載った。道警外勤課によると、昨年以前に現場周辺で行方不明になって届け出があったのは、一九八四（昭和五九）年に消息を絶った愛知県江南市の会社員である岩村賢司（当時二五歳）一人である、となっている。岩村は、一九八四年七月一〇日から一五日までの日程で大雪山に写真撮影に行く、と家族に告げて入山したのだが、一六日になっても戻らないので、道警旭川方面本部に家族が捜索願を出していた。

岩村は、身長一六五センチ、紺色のシャツにズボン姿でナップザックとカメラを三、四台持っていたという。発見された遭難者は無届の入山者とも考えられるが、まずは京都市に住む岩村の両親に連絡をとる一方で、遺骨の鑑定を旭川医大に依頼している。ちなみに、テープは古くて、すぐには再生できないという状態であった。

記事は二七日も続く。道警旭川方面本部と旭川東署では、身元確認のためにリュックなどの遺留品一七点を公開した。そのなかには、山王神社の交通安全のお守りや小僧寿し本部（大阪）と印刷されたビニール袋などがあった。二五日にヘリから降りて遺骨などを収容した道警山岳救助隊の笠原紘一巡査部長は、「一週間もすると周囲の草が伸びるので木文字が隠れてしまい、上空から発見するのは難しかっただろう」と話している。北海道新聞社のヘリも二六日に現地を飛行取材したが、そのパイロットは「普通の飛行をしていてはまず目に留まらない」と話している。このことから分かるように、このときの発見は偶然の結果であった。

二八日には驚きの記事が掲載された。その大きな見出しは、「人骨は女性・テープの男性とペア遭難か・必死の叫び2分17秒」となっている。旭川医大の鑑定で、遺骨は女性、年齢二〇～四〇歳、身長一六〇センチ前後、死後一～三年と判明したのだ。また、再生したテープは若い男性の音声で、

――SOS、助けてくれ、がけの上で身動きとれず
SOS、助けてくれ、がけの上で身動きとれず
SOS、助けてくれ

——場所は初めにヘリにあったところ
ササ深く上へは行けない
ここからつり上げてくれ

と、ひと言ずつ区切るように大声で叫ばれていた。

進退きわまった遭難者の悲痛な叫びが伝わってくる。とはいえ、まだ遭難者は岩村とは断定されていない。さらに、女性の遺体という謎が加わってより複雑になってくる。現場の捜索では、新たにカメラ部品が見つかったこと、木文字「S」の部分は二〇本以上の倒木が使われており、直径二〇センチ、長さ五メートルのものもあったという。

「SOS」の木文字は、手塚治虫（一九二八～一九八九）が描いた『鉄腕アトム』の「イワンのばかの巻」に出てくる。アトムの乗った宇宙船が故障して月に不時着し、アトムが月の表面に木でSOSの文字を組んで地球に救助を求めるという話である。このときの遭難者は、アトムの救助法にヒントを得たのではないかとも考えられる、と新聞は報じている。

木文字に関する新しい情報として、札幌の地形図制作会社に勤める社員が、一九八七（昭和六二）年九月二〇日、航空写真を撮影するために旭岳付近の上空を軽飛行機で通過した際、旭岳南斜面の沢地に文字らしい形状のあるのを見かけたが、ヘリに比べて高度が高かったため文字をはっきりと確認することはできなかった。また当時、大雪山系で遭難騒ぎがなかったこともあって気にも留めなかった、という情報もあった。

二八日の記事でも、まだ身元を特定する進展はなく、謎を残したまま推定の域を出ない内容となっている。見つかったカセットテープには、叫びの声のほか若者向きの音楽が入っていたことから、若い男性もしくは男女ではないかと推測された。また、遺留品に地図やコンパスがないことから、山に慣れていない登山者であろうとされた。とすれば、滝の連続する困難な融雪沢からの入山は考えられないので、旭岳からの下山中に迷い込んだのではないかと推測された。

旭川山岳会の速水潔会長をはじめとした山岳関係者によれば、「旭岳から間違ったルートを下ると、途中でハイマツの群生にぶつかって前進できなくなるが、残雪がハイマツを覆っていれば楽に下れるので、遭難に気づくのが遅れたかもしれない」と指摘している。なお、現場の湿地帯にはテープの声にある「崖」はないが、西方数一〇メートルに密生するクマザサがあり、それをかき分けると融雪沢の崖であったことから、遭難者はあたりを歩き回ったものと考えられた。

二八日も、道警のヘリで旭川東署員四人が現場に降下して再捜索している。そして新たに、頭蓋骨とカメラの三脚、運動靴など五点を見つけた。周囲はクマザサの密集地帯で、身動きがとれない状況だということが分かってくる。現場付近にはクマの巣穴もあって危険なため、午前中に捜索を打ち切っている。ちなみに、運動靴は二七センチであり、頭蓋骨は旭川医大に鑑定を依頼している。

その一方で、二年前に撮影した測量会社の航空写真が公表された。セスナ機で上空三五〇〇メートルから撮影されたもので、ネガは二三センチ四方、「S」などの文字が一文字あたり〇・三ミリと肉眼では判別できなかったため一五倍にしたところ、くっきりと「SOS」の文字が確認され、位置も今回の現場と一致していた。

二九日の記事では、旭川医大の所見によると頭蓋骨は女性とされ、先に発見された人骨と同一人物で、血液型はA型（岩村はO型）、年齢二五～三五歳、死後一～三年経過、外傷はなし、と報道された。一方、男性の声入りテープは日本音響研究所（山梨県上野原町）で分析された結果、関西方面、とりわけ京都地方に特有の発音が聴き取れたという。発見されたお守りも京都の山王神社のものであり、その他の所持品などからほぼ愛知県の岩村（実家は京都）と見られた。

岩村は、入山届や周囲の話から単独行動であることがはっきりしている。こうした状況から、最初に推理された男女同時の遭難ではなく、男女が違う時期に偶然、同じ場所で遭難した可能性が強くなったと報じられた。

北海道放送（HBC）も、独自に取材班を結成して現地調査を行っている。取材班の一行四人は二八日に旭岳へ入り、二九日の午前六時から徒歩で現場に向かい、Sの字の五〇メートル手前、二股になった松の根元で二十数点の遺留品を発見した。そのなかに、運転免許証、会員証、印鑑などがあり、遭難者は岩村であることが決定的となった。この取材班一行は、その夜、現場付近でビバーク（露営）している。

三〇日、旭川東署は三度目の現場捜索を行った。HBC取材班と合流し、発見した遺留品を引き取っている。HBCの取材班四人は、クマの危険があること、疲労が激しいことを理由に救助を要請し、同日旭川に搬送されている。また、木文字のSOSも、今後のトラブルを避けるために解体された。遺留品の三五点は、旭川入りをしている両親が確認したところ岩村と断定され、犯罪性もないことから、フイルムは現像することもなく、手帳やノートは内容を調べることもなくそのまま両親に返された。

夏の金庫岩（撮影：大塚友記憲）

三一日には、大雪山国立公園勇駒別管理官事務所の職員四人が、岩村が道を誤ったと見られる通称「ニセ金庫岩」付近に、これまでの標識に加えて新しい標識を設置した。このあたりは、下山時に視界が効かないと迷い込む心配があったからだ。本来なら、金庫岩を右に見て右折すべきところを、真っ直ぐニセ金庫岩のほうに歩いてしまう。事実、はっきりとした踏み跡がついており、多くの人が入り込んでいることが分かる。

男性の身元はようやく分かったが、女性のほうは手がかりもなく不明のままである。八月三日、範囲を拡げて四度目の現場捜索が再開された。クマを警戒して護身用のピストルを携行し、警笛や爆竹を鳴らしながらの作業となった。そして、新たに人骨三〇片、毛髪、男物の時計など三点を発見した。しかし、女性の遺留品は見つからずに終わっている。人骨と毛髪は旭川医大に鑑定が依頼された。同医大の所見では、人骨は先の女性と同一のもので、男物の遺留品は岩村のものと見られる、となっている。そして、これ以上続けても新たな進展は見られないと判断され、現場捜索は打ち切られた。

それとともに、新聞記事も八月五日をもっていったん紙面から消えた。そして、二二日後の八月二七日にこの事件の総括記事が掲載された。その

無謀登山に貴重な警鐘

旭岳SOS木文字

遺体など未発見　ナゾ残しピリオド

「大雪山系旭岳（二、二九〇㍍）で、遭難者の救助に当たっていた道警のヘリが撮影した写真に『SOS』の木文字が見つかり、現場を捜索したところ、人骨とザックが発見された」・北海道新聞旭川支社報道部にこの一報が飛び込んだのは、七月二十五日夕のことだった。

木文字の主は、人骨の身元は、そしてその人はザックの所有者なのか—。山岳遭難事故としては異例なナゾめいた〝事件〟に、担当記者たちは

分かった。カメラ部品などもあったことから、遺留品の持ち主は、五年前に同山系で行方不明になった愛知県の会社員[redacted]さん＝当時（二九）＝とほぼ確認された。

ところが人骨の方は、旭川医大の鑑定結果では女性、しかも死

旭岳中腹で見つかった「SOS」の木文字。女性の身元などはなおナゾのまま

元は、これまでに有力な手がかりはなく、警察の解明作業も進まず、今後新たな情報が出ない限り事実上、打ち切られた。

ナゾを残したまま、報

〈北海道新聞〉1989年８月27日付

見出しは、「旭岳ＳＯＳ木文字—無謀登山に貴重な警鐘—ナゾ残しピリオド」となっている。ナゾとは、岩村の遺体と女性の遺留品が発見されていないことである。女性の有力な手がかりもなく、今後新たな情報が出ないかぎり、捜索は事実上打ち切られることになったと報じている。

これまでの経過が書かれた記事には、「ミステリーじみた話に、在京の雑誌記者も取材に押しかけ、警察署の記者クラブは連日、真夏の暑さと人いきれにむせ返った」という内容のものがあり、取材時の熱気が十分にうかがえる。この記事を最後に、当然のごとく北海道新聞旭川報道部・ＳＯＳ木文字遭難事故取材班も解散した。

その後、一年半余の時を経た一九九一（平成三）年二月二八日、突然「骨の一部は岩村さん」という大きな見出しの記事が現れた。旭川医大の鑑定によって、あとに発見された人骨は、性別や血液型などから岩村のものと断定されたのである。それにより、異なる時期に岩村と身元不明のままの女性の二人が遭難、とされた。

ところが、その翌日の三月一日には「骨はすべて岩村さん」という記事が載った。三回にわたって発見された人骨のすべては岩村、という結論になったのである。初めはA型とされた血液型も、長期間にわたって風雪にさらされて血液物質が流出し、血液型が変化したと推定された。死後一～三年とされたことについては、「二年程度の幅はあり得る」と語っている。

遺骨は、三月一日、旭川に来ている父親の岩村慧一が旭川医大で旭川東署から受け取った。慧一は賢司が行方不明になって以来七年間、毎日陰膳《かげぜん》(29)を供えてきた。「やっと連れて帰れるという喜びと、決定的な瞬間がきてしまったという寂しさが入り混じって、複雑な心境」と、その心情を吐露している。こうして、長期にわたった遭難事故もついに落着したわけである。

遭難の原因は、単独行の初心者がルートを誤ったという単純なミスであるが、早くに捜索願が出されていたにもかかわらず、初期の捜索活動で発見・救助ができなかったことが悔やまれる。「木文字SOS」を発見したのは遭難から五年後のことである。さらに、人骨の所見が女性とされたことがミステリアスな遭難事故としてより複雑なものにしてしまった。それに加えて、人骨の最終鑑定に要した年月も長期化の一因となった。

あれから四半世紀、その後も山岳遭難は絶えることはないが、通信手段の進歩、救助対策の強化、DNA鑑定によって身元の確認が迅速化されたと同時に信頼性が増した今日、ここで取り上げた遭難のように複雑かつ長期化する事故は起こらないであろう。旭岳の遭難史に記録される大きな事故であったが、結論的には、単純な遭難事故をわざわざ複雑化したような事件でもあった。

---

(29)　旅行や戦地に出た不在者のために、その者が旅行中に飢えたり、危害を加えられ安全を脅かされたりしないように願って留守番をする者が留守宅に供える膳のことで、安全祈願の一つである。

遭難から結末まで、実に七年を要したこの事故を年表としてまとめておく。

一九八四年七月	愛知県の岩村賢司、旭岳で行方不明。
一九八七年九月二〇日	地形図制作会社の社員が、文字らしい形状のものを発見。
一九八九年七月二四日	道警ヘリが偶然、木文字ＳＯＳを発見。
二五日	山岳救助隊が現場捜索、人骨発見、旭川医大に鑑定依頼。
二八日	二度目の現場捜索。
二九日	北海道放送取材班、独自に現場捜査、人骨、遺留品発見。
	旭川医大の所見で人骨は女性、遺留品は岩村の所持品。
三〇日	三度目の現場捜索。
三一日	ニセ金庫岩付近に新標識を立てる。
八月　三日	四度目の現場捜索、これをもって現場捜索を打ち切る。
五日	この日をもって新聞記事から消える。
二七日	総括記事、岩村の遺体と、女性の遺留品が発見されない謎を残したまま記事を打ち切る。
一九九一年二月末	人骨はすべて岩村と確認。
三月　一日	岩村の両親が遺骨を受け取る。

第4章

描く

旭岳（撮影：大塚友記憲）

1 大雪山の秘境で波乱万丈——「山のキバ王」

広大な大雪山を縦横無尽に駆け回り、凶暴なヒグマと大嵐の日に対決するという痛快な物語が、全国のファンから熱い声援を受けたことがある。オオカミと犬の混血である「キバ」を主人公にした物語で、〈毎日新聞〉の夕刊に連載されていた「山のキバ王」である。作者は、動物文学を確立した人気作家の戸川幸夫。大雪山の豊かな自然を大舞台にして、生きとし生けるものの喜び、悲しみ、怒り、苦しみを描いた戸川は、大雪山を全国のファンに一年間にわたって発信し続けた大功労者としてたたえることができる。

戸川は、一九一二年四月一五日に佐賀市で生まれた。一歳のとき、医師でハンターでもあった戸川益勇の養子となった。動物が何より好きな子どもだったようで、著書『野獣撮影』に収められた「オホーツクの鷲」を読むと、小学生時代の戸川の一端を知ることができる。要約して紹介しよう。

伯父が朝鮮半島で射止めた鷲を塩漬けにして、戸川家に送ってきたことがある。肉が腐敗していたために家族は裏山に捨てたが、戸川少年はわざわざ拾ってきて、翼を広げて遊んだりした。父の仕事の関係で九州から東京に移り、小学校では新しい級友から「田舎ッペ」とバカにされた戸川少年は「鷲を見たことがある」と自慢げに話した。その鷲はすごく大きくて、小学生くらいなら簡単にさらってゆく魔王のような奴で、嘴《くちばし》は黒光していて鉤《かぎ》のように曲がり、金色の瞳をしていた。裏山頂上付近の大岩の上で「ギャーッギャーッ」と鳴く声が遠くまで響き、人々は恐れをなしたが、自分には狩人の伯父がついていたからよく見ることができた、と話した。

　子どもらしい嘘であったが、級友たちはびっくりした。一転、戸川少年は尊敬され、一時は英雄になった。しかし、半月足らずで嘘がばれ、級友から相手にされなくなった。恥ずかしさと悔しさから、「今に見ていろ、ほんとうの鷲を見てやるから……」と、子ども心に誓った。このような記述から、動物文学を志す原点のようなものがうかがえる。

　旧制山形高校（現・山形大学）に進学してから野獣への関心は一層高まった。ことに日本オオカミ残存説を信じて疑わず、何とかして見つけたいと思い、ヤマイヌが出たという噂のたびに県下の山村を歩き回ったというエピソードが残っている。

　オオカミ、ヤマイヌへの関心は、新聞記者になってから琉球諸島西表島《いりおもてじま》のイリオモテヤマネコの大発見[1]につながるのだが、戸川はオオカミに対して特別の思いを抱いていた。戸川の著書『極北に挑む白狼《はくろう》物語』の「序に代えて」には次のようなことが書かれていた。

戸川家で飼っていたイリオモテヤマネコ（写真提供：戸川久美）

オオカミは世界のどこの国でも悪獣とされ、嫌われものとなっている。『赤頭巾ちゃん』や『七匹の子豚と狼』などの童話でも、オオカミは悪役として登場している。小学校で習った修身の教科書に「嘘をつくな」というタイトルで、嘘をついたためにオオカミに喰われた子どもの話が載っていた。ニホンオオカミは小型で、人を襲って喰ったという事実はきわめて少ない。嘘をつくなと教えるなら、もっとよい例がほかに幾つもあったろうに。

元々はイソップ童話の焼き直しで、童話を事実のものとして教科書に載せたところも嘘である。こうしたことが、オオカミは恐ろしい悪獣で、人を襲って殺して喰うものだとする迷信に拍車をかけることになった。

一九三七年、戸川は東京日日新聞社（現・毎日新聞社）に入社した。取材で出掛ける先々で、動物園を訪れることが習慣のようになった。一九四九年ごろ、取材のために札幌に来たときには円山動物園へ出向き、飼われはじめたばかりのナキウサギを見ている。『野獣撮影』に収められた「氷河時代の遺児を求めて」のなかから、飼育主任に取材している様子を紹介しておこう。

――**主任**：これが、氷河の遺児といわれているナキウサギですよ。
　戸川：新着ですね？

主任：ええ、昨日きたばかりですが、うまく餌についてくれるといいが、こいつの飼育はなかなかむずかしくてね。
戸川：ナキウサギというから啼《な》くのですか？
主任：そう、キとシの間の甲高い声でね、キーッと、山ではさかんに啼《な》いています。こいつ、ここへきてから、むくれてるのか全然啼《な》かないんですがね。

主任はそう言って笑った。ウサギといえば耳が長い動物だという観念に支配されがちだが、これは丸っこい小さな耳をして、動きもモルモット的だった。

私は帰宅してからナキウサギについて本で調べてみた。今泉吉典氏の『日本哺乳動物図説』にはこう書いてある。「ウサギ目ナキウサギ科ナキウサギ属。小型で足は三十ミリ以下。毛皮は夏は赤褐色で冬は灰褐色、耳介は赤味なく暗褐色。（以下略）（「氷河時代の遺児を求めて」二二三〜二二四ページ。一部改変）

（1）一九六五年、戸川幸夫が取材で西表島にわたり、ヤマネコにも関心をもっていたことから島で頭骨、糞《ふん》、皮の標本を手に入れて日本哺乳動物学会に鑑定を依頼したことが新種の大発見となった。学者は「トガワヤマネコ」と名付けるよう提案したが、戸川は辞退したうえ、島の名前を付けるように提案した。一九六七年、生け捕りされたヤマネコが国立科学博物館の委託により、戸川宅で約一年間、飼育、観察されていた。

新聞記者として各地を取材するたびに、時間があれば必ず動物園を訪ね、飼育係から飼育のコツや悩みを聞き、さらに帰宅してから専門書で調べ直していく。常に正確な知識を求めていたことがうかがえる。

新聞記者は作家たれ、という気概をもっていたのか、在職中に動物小説『高安《こうやす》犬《いぬ》物語』を発表し、この作品で一九五四年に直木賞を受賞して、新聞記者から作家へと転身した。そしてその二年後、育ててくれた〈毎日新聞〉の紙上で絵物語「山のキバ王」の連載がはじまった。〈毎日新聞〉が事前に出した社告「新連載絵物語　十五日夕刊から」は、大雪山を舞台にした波乱万丈の物語を予感させる内容となっている。

新連載絵物語
十五日夕刊から
山のキバ王
作者の戸川氏は「高安犬物語」（こうやすいぬものがたり）で直木賞を受賞以来、数々の面白い動物小説を書き、日本の動物作家としての第一人者です。新しい物語は、得意のイヌを主人公にし、腕によりをかけた会心作。北海道の屋根・大雪山（たいせつさん）の広大な秘境を舞台にとり、そこにオオカミとイヌとの混血〝キバ〟が登場、若くて強い野性ぶりを発揮します。しかしこの〝あばれもの〟も人間社会の英知を知るようになります。人間の運命に波乱があるように〝キバ〟の身辺にも複雑な事件がつぎつぎと起ります。さし絵は新鮮・軽快な画風で鳴る佐藤氏が、動物画に初の筆をとります。「天空の魔境」に引続いてこの新しい名コンビの活躍にご期待ください。
戸川《とがわ》幸《ゆき》夫《お》作
佐藤《さとう》泰《たい》治《じ》画
戸川幸夫氏
佐藤泰治氏

〈毎日新聞〉1956年12月13日付夕刊

——作家の戸川氏は「高安犬物語」（こうやすいぬものがたり）で直木賞を受賞以来、数々の面白い動物小説を書き、日本の動物作家としての第一人者です。新しい物語は、得意のイヌを主人公にし、腕によりをかけた会心作。北海道の屋根・大雪山（たいせつさん）の広大な秘境を舞台にとり、そこにオオカミとイヌとの混血〝キバ〟が登場、若くて強い野性ぶりを発揮します。しかしこの〝あばれもの〟も人間社会の英知を知るようになります。人間の運命に波乱があるように〝キバ〟の身辺にも複雑な事件がつぎつぎと起ります。〈毎日新聞〉一九五六年一二月一三日付夕刊）

初回が載った一二月一五日付の夕刊二面は現在のラジオ・テレビ番組面に相当し、土曜日だったことから「毎日ニュース・マガジン」で大部分が占められ、『おトラさん』を描いた西川辰美（一九一六〜一九七二）や『フクちゃん』を描いた横山隆一（一九〇九〜二〇〇一）、『ハナ子さん』を描いた杉浦幸雄（一九一一〜二〇〇四）、『アッちゃん』を描いた岡部冬彦（一九二二〜二〇〇五）らという当代の人気漫画家が世相風刺を競っていた。下段には、ＮＨＫ大河ドラマの第一作となった『花の生涯』を書いた舟橋聖一（一九〇四〜一九七六）の「新・忠臣蔵」が載り、挿絵画家の風間完（一九一九〜二〇〇三）が描いた精緻な挿絵が目を引いていた。

「山のキバ王（1）」は、ラジオ・テレビ番組欄の下、記事五段のスペースを飾り罫線で囲み、本文を三段に組んで掲載された。その真ん中には、佐藤泰治[2]が描いた一本の高い樹の背景に大雪山の山脈が広がっている挿絵が配置されていた。物語のはじまりである。

その昔、北海道一帯に栄えていたアイヌ人たちは、彼らが住む大陸（島）の中央に一年じゅう雪をいただき、雲表に輝く神々しい山岳があることを知り、あがめて「ヌタクカムウシユッペ」と呼んだ。それは「沼や川多き神々の住める高原」という意味であった。

弓と矢をたずさえて、山奥深く分け入った彼らは白雲の去来する山頂に神秘な湖沼や、この世のものとも思えぬ美しい花々の咲き匂う別天地を発見して

「これは神の国にちがいない。山の神々の在《いま》す場所だ！」

と、汚れ多い身で神の御座近くに入り込んだ過ちを怖れ、台地にひざまずいて敬虔《けいけん》な祈りを捧げたのだった。

この山こそ、今日北海道の大屋根といわれる大雪山《だいせつざん》連峰である。

大雪山―何と雄大な呼び名であろうか。山は山を呼び、相い集まり、相い援けて見はるかす限り怒涛《どとう》の押し寄せる様にも似ていた。石狩、十勝《とかち》の両国にまたがり、北海道の中央高地約二三万ヘクタール（神奈川県ほどの広さ）を占める山岳地帯が、この日本一の国立公園なのだ。（〈毎日新聞〉一九五六年一二月一五日付夕刊）

ちなみに、大雪山のルビ（ふりがな）についてチェックすると、一三日付で掲載された社告では「たいせつさん」と清音で表記していたが、連載がはじまると「だいせつざん」と濁音となっ

ている。「何と雄大な呼び名であろうか」と書いているように、物語に猛々《たけだけ》しさを貫いていくには力強く「だいせつざん」でなければならなかったのであろう。

初回の連載では、このあとも「大雪山といっても、それは一つの峰につけられた名ではない」と大雪山の概要紹介が続き、旭岳、トムラウシ山、十勝岳、石狩川などについて子どもたちをしっかりと引き付ける分かりやすい語り口となっている。「山のキバ王」のあらすじを紹介しよう。

東京のサーカス団が大雪山の麓《ふもと》の町、上川町にやって来る。呼び物はライオンとヨーロッパ狼のレッド・デヴィルが戦うショー。猛獣使いの新米助手から手荒な扱いを受けたデヴィルが、檻に入れられる瞬間の隙を狙って脱走し、大雪山に逃げ込んだ。フランスとスペインの国境線に連なるピレネー山脈の麓で生まれた雌狼デヴィルは、大雪山中でやがて野生に還り、アイヌの猟師である本間カネトと息子のヨシトが飼っている猟犬テツと山中で巡りあい、五匹の子どもを産んだ。石狩川の上流、ホロカイシカリ川沿いの洞窟で最初に生まれた子が飛び抜けて大きく、牙がほかの子のよりはるかに長く鋭かったので、作者は「キバ」の名を贈った。主役の誕生である。

（2）（一九一五～一九六〇）東京都出身。洋画家、挿絵画家。角川書店から出版された単行本『牙王物語』上巻、下巻の装幀も担当した。

キバが妹犬と遊んでいるとき、不機嫌なヒグマに襲われた。クマ撃ちの名人、権爺《ごんじい》に片目を撃たれながら逆襲して権爺を殺したことから「片目のゴン」と言って恐れられるようになる。キバの敵役、登場である。

片目のゴンに追われたキバは断崖から忠別川へ飛んだが、そこは絶壁、羽衣の滝の岩と岩に挟まれて動けなくなってしまう。死が迫ったキバを、大雪山縦走中の女子高校生たちをガイドしていたヨシトとテツが偶然見つけ、救出する。しかし、引率の教師がヤマイヌは危険だから殺そうとする。それを高校生の一人、日高牧場の娘である早苗が止めた。友人らが怖がるのをしり目に、早苗は掌《てのひら》に口づけをしてから「ねえ、お友だちのしるしよ」と差し出し、キバもその掌をそっと舐《な》めた。暴れん坊のキバが信頼するたった一人の人間、早苗がヒロインである。

物語の本筋は、早苗の愛情に包まれて野生犬キバが変わっていくという、人と犬の信頼関係を描いた愛情物語である。

ちなみに、日高牧場の設定は「天人峡から忠別川に沿ってやや下った、清水沢との合流点の、なだらかな丘陵の上にあった」となっている。まさに東川町である。忠別川右岸は野花南《のかなん》地区といい、高台にはかつて戦後開拓の新井牧場があった。物語のなかでも、新井牧場は野犬の群れに襲われる牧場として名前が出てくる。

物語には、主役、敵役、ヒロインのほかに、村人から怖れられる存在として大雪山中の犬たちが登場する。戦時中に訓練を受けた軍用犬が終戦とともに放されて野生化し、群れをつくっていたという設定となっている。

物語は進み、家畜や人を襲う片目のゴンを倒せる猟犬は、逞しく成長したキバしかいないとカネトは思い立ち、早苗に懇願してキバを譲り受ける。猟犬としての訓練を大雪山中で受けているうちにキバは山が気に入り、野生化した群れに入ってリーダーとなり、「大雪の悪魔犬」と人々に恐れられる暴れん坊へと変わっていった。

山中に仕掛けられた罠に捕えられたキバは、焼却処分の寸前、悪魔犬を見世物に使ってひと儲けをたくらんでいる興行師に買われる。その後、さまざまな買い手にわたり、見世物小屋や闘犬など興行師の金儲けの手段としてキバは戦い、傷つきながら青森から東京、九州へと流転が続いた。猟犬に育てることができなかったことを悔いたヨシトが各地を訪ね歩き、苦労の末に伊豆大島でキバを探し当て、ようやく早苗のもとに戻すことができた。

日高牧場に戻ったキバ、大好きな早苗といつも一緒という平穏な日々が続いた。ここで終わるとハッピーエンドなのだが、作家の戸川は、一九五四年九月に北海道を襲った一五号台風、あの歴史的な台風を悲劇の最終章にもって来た。「洞爺丸台風」とも言われ、青函連絡船「洞爺丸」

が沈没して一一〇〇名以上の犠牲者を出した台風である。さらに、後志管内岩内町の約三〇〇〇戸が強風で焼き尽くされる大火となり、大雪山もまた、うっそうとしていた原生林が見るも無残になぎ倒されるという未曾有の被害を出している。

物語はクライマックスへと進んでいく。早苗の父が牧場経営の傍ら天人峡温泉の再建に乗り出し、旅館「望瀑荘」を改装したことから早苗はその若女将になっていた。台風に直面した旅館を心配する早苗は、風雨が荒れ狂うなか牧場から天人峡温泉へ向かったが、片目のゴンに襲われてしまう。早苗の異変を本能的に知ったキバは、山中の犬の群れを引き連れてゴンを追い、壮絶な総力戦の末に宿敵ゴンを倒して物語は終わる。

キバ、早苗、片目のゴンら主役級と同等以上に、物語の重要な役割を果たしたのが台風一五号だった。大雪山に残されていた手つかずの原生林をことごとくなぎ倒していった台風の威力を戸川は、連載三〇六回目の「山ゆれ…（十五）」に次のように書いている、

嵐は一たん静まりかけたかに見えたが再び前にも増して凶暴に荒れ狂いはじめた。ごうっ…と山全体がうなるとひきちぎられた枝が小石を混え矢だまとなって降ってきた。

雨もはげしくなった。それは上方からでなくほとんど真横に近い角度でたたきつけてきた。

チョコレート色の濁水はどっ、どっ、どっ、ど、ど、ど…と音をたてて坂道をはしり、大きな岩や石が押し流されてがらがらと崩れ落ちた。山のひだやガケや絶壁のいたるところに大小の飛瀑が出現した。風は秒速六十メートルのはげしさで峰の上からだっとたたきつけ、次の瞬間にぐうーんと谷間からあおり上げた。渦であった。しぶきも舞い、礫《つぶて》も舞った。木の枝や、木の葉が群れツバメのように高く低く飛び交った。

一番さきにトドマツがすさまじい音を立てて倒れはじめた。次いでエゾマツがよろめいた。葉をむしられ、枝をひき裂かれて痛々しい悲鳴を挙げ続けていた原生林は、身体の一部を犠牲にすることで身を全うし得なかった。ガケの下や、谷ぞいの、地形の関係で一つの方向からの風に強く抵抗できた樹林帯も、別の方向からの烈風に押し倒され、ねじ折られた。（〈毎日新聞〉一九五七年一〇月二三日付夕刊）

山のキバ王（306）

戸川幸夫《とがわゆきお》・作　●　佐藤泰治《さとうたいじ》・え

山ゆれ……（十五）

嵐は一たん静まりかけたかに見えたが再び前にも増して凶暴に荒れ狂いはじめた。ごうっ……と山全体がうなるとひきちぎられた枝が小石を混え矢だまとなって降ってきた。

雨もはげしくなった。それは上方からでなくほとんど真横に近い角度でたたきつけてきた。

チョコレート色の濁水はどっ、どっ、どっ、ど、ど、ど…と音をたてて坂道をはしり、大きな岩や石が押し流されてがらがらと崩れ落ちた。山のひだやガケや絶壁のいたるところに大小の飛瀑が出現した。風は秒速六十㍍のはげしさで峰の上からだっとたたきつけ、次の瞬間にぐうーんと谷間からあおり上げた。渦であった。しぶきも舞い、礫も舞った。木の枝や、木の葉が群れツバメのように高く低く飛び交った。

一番さきにトドマツがすさまじい音を立てて倒れはじめた。次いでエゾマツがよろめいた。葉をむしられ、枝をひき裂かれて痛々しい悲鳴を挙げ続けていた原生林は、身体の一部を犠牲にすることで身を全うし得なかった。ガケの下や、谷ぞいの、地形の関係で一つの方向からの風に強く抵抗できた樹林帯も、別の方向からの烈風に押し倒され、ねじ折られた。

目もあけられない風雨の中を、ゴンは狂気となって走っていた。飛んできた太枝や岩石に打たれたのであろう。左の耳の後が裂け、血を噴いていた。そして右の後肢を軽くびっこをひいていた。

そのためにゴンは怒りに怒っていた。彼は大自然の暴威に刃向かうように、ごうっと風がたたきつけてくると立ち上って「グォーン」と腹の底から憤怒をゆすぶり上げた。

トドマツの大木が揺らぐと、ゴンは駆けよりざまに鋭い鉤ツメで樹皮をはいだ。

天人が原から幣滝（ぬさのたき）を越して熊沢（くまざわ）に沿ったところに、無人小屋がぎしぎしとゆらいで辛うじて立っていた。ゴンはそれを見つけると、ぱっと体当りした。懸命に風力に持ちこたえていた小屋は、瞬間、ばらばらに消し飛んだ。

〈毎日新聞〉1957年10月23日付

戸川は、物語の舞台としてなぜ大雪山を選び、洞爺丸台風まで加えたのか。それは、物語の構想を温めてから北海道庁に「野生地帯はどこか」と問い合わせたことにはじまる。道庁の回答は、「北海道の原生林といえば知床半島が一番で、後は日高山脈か、大雪山だろう」ということで、大雪山は三番目の推薦だったようだ。確かに、知床半島には野生動物が多いのだろうが、小説の背景として知床はスケールが狭いと戸川は思った。

そこで「大雪山は?」と、戸川がさらに問い合わせてみると、「以前は日本一の原生林地帯だったが、例の台風一五号にすっかりやられてしまって」という担当者の返事だった。それならば、台風を取り入れると小説のアクセントにもなるだろうと戸川は考えたわけである。凶暴な台風に痛めつけられ、かつての大原生林を失ってしまった大雪山こそが「山のキバ王」にうってつけの舞台となった。何が幸いするか分からない。

連載が終わったあと、戸川は〈毎日新聞〉に「山のキバ王こぼれ話」という一文を寄稿している。そのなかで、読者の反応が非常に大きかったことを次のように振り返っている。

キバや早苗を死なせないでほしいという手紙や電話、電報を随分いただきました。が、真の愛情とは生死を超越するものであって、幽明所を異にしても決して破れ去るものではない。そして生死をこえた愛情に生きた時こそ、本当に強いものになる—そんなところまでキバを

成長させたかったので早苗を死なせました。（〈毎日新聞〉一九五七年一二月一五日付）

迫り来る台風、恐ろしい片目のゴンの恐怖から早苗とキバの死を感じとった大勢の読者が「死なせないで」と、電報まで打ったのだ。「死なせたら毎日新聞の講読をやめるぞ」という抗議に近い投書もあれば、キバに肉でも買ってあげてくださいと現金を送ってくるファンもいて、反響はものすごかった。

では、北海道内、とくに東川町内ではどのような反響があったのだろうか。毎日新聞のような全国紙と呼ばれた新聞は、当時、北海道へ運ぶというハンディがあったため普及には限界があり、さらに夕刊となると購読者数はかなりかぎられたものであったと思われる。大雪山を舞台とする連載ではあったが、肝心の大雪山麓の町で読むことができた人はきわめて少なかったと推量する。

学芸

山のキバ王 こぼれ話

戸《と》川《がわ》幸《ゆき》夫《お》

特定のモデルはない

山のキバ王の連載中や終ってから、読者から非常にたくさんの手紙をいただきました。その一つ一つについて返事も書けませんでしたので、紙上を借りて厚くお礼申し上げるとともに、寄せられましたご質問にお答えし、また私一人でしまっておくには惜しいことなどをお知らせ致したいと思います。

まずこの物語のモデルについていろいろたずねられましたが、キバには特定なモデルはありません。しかし全然想像上の犬ではないのです。しいていえば全部の犬がキバのモデルであり、ホシやテツや赤耳やクロのモデルでした。

戸川幸夫氏

これらの犬たちによっていろんな犬の型を表現してみたのでした。そしてこの物語は、犬という人間に一番親しまれている動物、素朴で、純真なものの姿をかりて生きとし生けるものが、その一生を尊く、強く、りっぱに生き抜いてゆくために体験するに違いない喜びや悲しみ、苦しみ、怒りの流転の姿を描くのが目的でした。キバはいろいろな関門を経て自己を成長させていったのです。

キバや早苗を死なせないでほしいという手紙や電話、電報をずいぶんいただきました。が、真の愛情とは生死を超越するものであって、幽明所を異にしても決して破れ去るものではない。そして生死をこえた愛情に生きた時こそ、本当に強いものになる――そんなところまでキバを成長させたかったので早苗を死なせました。

「こどもも読んでいるのだから、あまり強いショックを与えないでほしい」という投書をいただきました。その点、下劣な点や残酷な描写はできるだけ避けるように努めたつもりですが、これから強く成長してゆかねばならない少年たちが読んでいることを考え、私はストーリーの上では妥協をしなかったのです。

残存しないオオカミ

連載中（六月二十一日）、長野県大町の奥村さんという方から、

〈毎日新聞〉1957年12月15日付

このような時代背景と密接にからむ興味深い新発見が連載中に起きていた。それは、キバと早苗が初めて出会った羽衣の滝にまつわるエピソードであるが、戸川は小説のなかで羽衣の滝（九

○ページの写真参照）を次のように描写している。

旭平《あさひだいら》から走り出たアイシポップ沢と天人が原からにじみ出た渓流とが、相合して忠別の本流に注ぐところは二百メートル余の絶壁となっていた。

二条の川は二つの峰から一ヵ所の滝口にえりを合わせたように落ちかかり、二つは一つとなってさらに落ち、さらに折れ、曲り、砕け、また集まって、どうどうという声を水煙と共にふりまいている。滝は七段滝で滝つぼから見上げても、滝口から見おろしてもその全姿を見渡すことは出来ない。

遠くからこの滝を望めば、春風に天女の羽衣のひるがえる様にも似ていた。「羽衣の滝」という名がつけられていたが、たれが、いつつけたのか、たしかにうまくつけられた名であった。（〈毎日新聞〉一九五七年二月三日付夕刊）

「羽衣の滝」という美しい呼び名を、誰が、いつ付けたのか？　戸川は「山のキバ王こぼれ話」にその答えを用意していた。続けて紹介しよう。

――この小説を書いていて、いろいろなことが明らかになったのもうれしいことでした。松山温泉の羽衣の滝の命名者が分かったこともその一つで、岡山市津島におられる鳴海一二三氏という六十五才の方ですが、四十三年前、一行十二人で旭岳登山をしての帰途、滝に行かれ、旭川営林署の森林看視部長の短剣でかたわらの木に羽衣の滝と彫られたのが名の起こりだということです。〈毎日新聞〉一九五七年一二月一五日付）

物語のなかで「たれが、いつつけたのか」と書いてあることに鳴海が気付き、戸川に手紙か電話で「実は私です」と名乗りを上げた、ということだろう。徹底的に調べてから書く戸川の手法を思えば、名乗りを上げた鳴海に対しても追跡調査などをして、しっかりと確認したことだろう。

実は、羽衣の滝の命名については、一九一八（大正七）年、大町桂月（九五ページの**コラム4**参照）が名付け親となったと定説になっていたことがある。この大町桂月命名説は、権威ある官庁の書物とか地名大辞典にも掲載されていることから、現在もなお新刊本に「羽衣の滝は大町桂月が名付けた」という転用記載が散見できる。

しかし、小泉秀雄（第2章1節参照）が一九一七（大正六）年に書いた地図にはすでに「羽衣の瀧」と表記があるから、大正七年の桂月命名説は明らかに誤りとなる。戸川が発掘した鳴海一二三説について年代を整理してみよう。まず、「山のキバ王」の連載は一九五六年から一九五七年の一年間だった。鳴海が短剣で羽衣の名を彫ったのがその四三年前というから、一九一三（大正二）年か、一九一四年ごろになる。小泉が地図に書いた大正六年の三年か四年前になるので、真実味は一層増してくる。

東川町内でこの連載が町民に読まれていたならば、「山のキバ王こぼれ話」が載った時点で羽衣の滝の命名者のことが大きな話題になったと思われるが、その後の町史や観光案内書に鳴海一二三の名は残されていないし、町民の間にも残念ながら語り継がれていない。戸川の調査力を信じる筆者は、これからは、羽衣の滝と名前を付けたのは岡山の鳴海一二三という人で、作家の戸川幸夫が書いた「山のキバ王」がきっかけとなって命名者が分かったというエピソードを言い続けていこうと思っている。

作家の山岡荘八(3)が、戸川のことを「足で求めて書く文学」「珍重すべき型の作家」と評して次のように書いている。

戸川幸夫氏と私は同じ新鷹会《しんようかい》(4)の勉強仲間である。彼の勉強ぶりには他人の追随を許さない厳しいものがある。思い浮かんだテーマをそのまま作品化するというのではなくまずその材料を眼で見つめ、とことんまで足で求めて飽くことを知らないのだ。彼の作品のほんとうの味と迫力とは、そうした作品化以前のかくされた苦労の奥にある。（『戸川幸夫動物文學全集』栞、冬樹社、一九六五年）

戸川は「山のキバ王」の連載をはじめる一か月前に、大雪山の冬の厳しさを確認するために冬山に登っている。戸川がそのとき、毎日新聞社旭川支局に送った「北海道の山はスケールが大きい」という一文が、北海道内に配達された毎日新聞地方版に「白き神々の座に上りて」という見出しで掲載された。その一部を紹介しておこう。

第一日、山は氷雨に煙り、台風十五号にものすごく荒らされた原生林を見せてくれただけだった。その夜は層雲峡に一泊した。翌日は旭川に出る予定だったが、大雪連峰を展望できなかったのはいかにもくやしい。そこでもう一日ねばった。

翌日は幸いに晴天だった。私は初めて赤岳の山頂近くからぐるりと周囲を取り巻く銀峰をながめることができた。すばらしい景観だった。

桂月が「山の大きさは大雪山を見て語れ」といったというが、まさにそのとおりだった。しかし、ここからは雪と氷に閉された山道を旭岳に行けそうもないので、天人峡から登るこ

（3）（一九〇七～一九七八）新潟県魚沼市出身。新聞連載した『徳川家康』が単行本となってベストセラーになる。歴史小説の名作は多数。紫綬褒章受章、没後従四位勲二等瑞宝章。

（4）『瞼の母』などの股旅物を書いた長谷川伸を中心に一九四〇年に結成され、大衆文芸を育ててきた。財団法人となって新人作家の発掘、創作研究など活動を継続し、多くの直木賞受賞者を輩出している。

とにした。だが、天人峡でも不幸にも風雪のためにどうすることもできず「羽衣の滝」の偉大さを感嘆久しうしたにすぎない。(中略)

染まるように青い大空にぎらぎらと輝く銀峰、もくもくと男性的にわき上る噴煙、その雄大さは私の筆などではとうてい表すことのできないものだ。

「死ぬならこんなところで死にたい」と山頂でふと思った。ここで死んだら間違いなく神になれそうな気がした。山頂から見渡す大雪連峰はまさに「白き神々の座」だった。私はこんど、この天地を舞台にペンを走らせてみたいと願った。出来る、出来ないは別としてこの雄大な大自然が私の血を激しくかき立て力づけてくれたからにほかならない。(〈毎日新聞〉北海道版、一九五六年一一月三〇日付)

防寒着に身を包んだ戸川幸夫(写真提供:戸川久美)

事前調査の悪戦苦闘ぶりは続き、『戸川幸夫動物文学全集(3)』の解説(尾崎秀樹)によると、十勝岳では一夜の大雪で腰まで埋まり、案内役の道庁職員が凍傷にかかったのでやむなく下山したこと、そして、飛行機で一周して雪の大雪山を上から眺めたいと旭川の航空自衛隊司令に頼んだが、気流の悪化で断念し、毎日新聞本社からは「危険なことはやめてほしい」という電報をもらったという。

本題からはそれるが、赤岳で銀峰の眺めに感嘆した戸川は、そこでもう一つの収穫を得ている。山の案内人から、知床半島の番屋でひと冬の間、ネズミ退治のネコと暮らす孤独な老人の話を聞いたことである。その三年後、知床を訪ねた戸川は『オホーツク老人』を書き上げた。『地の涯に生きるもの』（久松静児監督、東宝、一九六〇年）というタイトルで映画化され、主演の森繁久弥が作詞、作曲した『知床旅情』が加藤登紀子によって大ヒットとなった。一連のものは、赤岳からはじまっていたのである。

「山のキバ王」は、夕刊連載のラストシーンが近づいていた一九五七年一〇月、角川書店から『牙王物語』と改題されて単行本の「上巻」が発行された。戸川の二女である戸川久美は、「新聞では牙という漢字が使えないということで、カタカナのキバ王にしたと父から聞いています」と言う。新聞連載では、植物、動物、虫の名前などは例外なくカタカナで表記され、子どもたちが読みやすいようになっていたが、本のほうは一転して、徹頭徹尾、漢字表記に変えている。一例を挙げると、這松《はいまつ》、蝦夷松《えぞまつ》、岳樺《だけかんば》、山毛欅《ぶな》、羆《ひぐま》、鷲木兎《ワシミミズク》、旭豹紋蝶《アサヒヒョウモンチョウ》、蚋《ブヨ》、深山竜胆《ミヤマリンドウ》、得撫草《ウルップソウ》、稚児車《チングルマ》、丸葉羊蹄《マルバギシギシ》、白山一花草《ハクサンイチゲ》などである。

難解漢字の読み方テストのようでもあるが、新聞連載を離れた途端、戸川は漢字表記に切り替えているのはなぜだろうか。花や虫の和名を漢字で書くと、その姿形を漢字から連想できるし、命名の由来が読み取れる。一方、カタカナでは意味も形も読み取れない。戸川には、漢字にひと際強いこだわりがあったようだ。

戸川の作品は子どものための動物物語が多く、戸川自身の手によって児童向けに書き改められている（『牙王物語（上・下）』国土社、一九六九年）。同じ作品を新聞連載として書き、単行本用にも書き改め、さらに児童書として分かりやすい表現に書き換えるなど、それぞれの執筆作業は大変だったと思われるが、その苦労は報われ、『戸川幸夫　子どものための動物物語』（国土社）でサンケイ児童出版文化賞を受賞している（一九六二年）。

また、毎日新聞の記事によると「山のキバ王」は教科書にも採用されている。

『牙王物語』（国土社）2011年に再版された表紙

本紙に連載中の戸川幸夫氏「山のキバ王」の一節が、来年から独立を予定されている道徳科の教科書（副読本）に登場することになった。東京教育大教授原富男氏を中心に文理書院で編集をすすめている「道徳―中学生のいきかた」の三年生用に「生と死の法則」として十

三ページ分があてられている。

本紙の回数でいえば三十八回から四十五回までの全文、幼いキバとその妹犬とが大グマに襲われる場面である。編集者によると「弱肉強食、適者生存などを動物と人間の二つの世界でくらべ、さらにはユダンもスキもないとか、ヒキョウなどの意味を理解させる」よし。ものが〝修身〟というので、戸川氏ひどく恐縮している。（〈毎日新聞〉一九五七年一〇月二〇日付）

単行本になった『牙王物語』は、作家の円地文子《えんちふみこ》(5)が、クリスマスプレゼントとして子どもにすすめたい本の一冊として紹介している。

戸川幸夫著「牙王物語」（角川書店、二四〇円）は新聞で私のような年のものも愛読しているが、動物物語の特色が少年少女にはもちろん歓迎されるだろう。面白いと同時に、明るい正義感に貫かれていて気持ちの良い読物である。（〈読売新聞〉一九五七年一二月一二日付）

(5)（一九〇五〜一九八六）東京都出身。女流文学者賞、野間文芸賞、谷崎潤一郎賞を受賞。『女坂』『食卓のない家』など。『源氏物語』の現代語訳など、古典への造詣が評価されて文化勲章受章。

単行本は「上巻」、「下巻」がそろってさらに人気が高まり、七年後、漫画家の石川球太[6]によって『牙王』というタイトルで漫画化され、〈少年マガジン〉の一九六五年五月九日号から連載がはじまった。ライバル誌の〈少年サンデー〉と競っていたころのことである。

石川球太も、原作と同じく大雪山の雄姿から書きはじめている。ページの脇スペースで、「北海道の大自然に、たくましく生きる狼犬（ろうけん）キバ！　むねをうつ感動と、アクションをえがく動物漫画、遂に登場！」とうたっている。洞爺丸台風が荒れ狂ったときの大雪山中や天人峡温泉の大荒れのシーンは、圧倒的な迫力と恐怖感で読者に迫り、多くの反響があった。全国から数多くの似顔絵が送られてくるなど、〈少年マガジン〉の看板作品の一つとなって一九六六年三月二七日号で連載を終えている。

連載終了後、大都社が『牙王①誕生編』『牙王②放浪編』『牙王③激闘編』の三巻を発行したほか、『牙王物語』は「日本アニメーション」によってテレビ・アニメ化もされ、『大雪山の勇者牙王』のタイトルで、一九七八年、秋分の日の特別番組としてフジテレビ系列で全国放映もされている。

「山のキバ王」と『オホーツク老人』の執筆で大雪山と知床に接点をもった戸川は、その後、しばしば北海道を訪れるようになった。とくに知床には、同窓会と称して毎年のように通っていた。流氷がせめぎあうオホーツク海で、重い望遠レンズを抱えたまま、上下に激しく揺れ動く流氷に向かってボートから飛び移った。アザラシの写真を撮りたいという一心だったようだが、海に落ちれば命がなかったであろう。

知床半島では、誰もやったことのないオジロワシの営巣撮影に挑んだこともある。北大名誉教授の犬飼哲夫(7)が断崖上にオジロワシの巣があると報告していたが、写真が付いていなかったことがきっかけで、戸川は二年をかけて知床半島モイレウシ原生林のなかに営巣を見つけ、撮影した。気が付くと、靴下にはヒルが房のように食いついて血で真っ赤に染まり、腹の周りには山ダニがいっぱいくっついていた。子ども心に誓った「今に見ていろ、ほんとうの鷲をみてやるから」という思いを、血まみれになってようやく果たしたのである。

大雪山には、一九六三年八月、ヒグマの生態撮影をするために入山している。層雲峡博物館長である中条良作(8)が案内し、紋別と上川町の猟師三名がボディーガードとして随行し、白雲岳の無

（6）（一九四〇～）横浜市出身。得意の動物漫画が人気になった。戸川幸夫とは野獣の撮影などで海外へ一緒に冒険旅行をしていた。

（7）（一八九七～一九八九）長野県出身。北海道帝国大学農学部卒、北大教授。ヒグマの著書や研究活動で動物学を一般にも分かりやすく広く伝えた。北海道開拓記念館初代館長。

（8）（一九二五～二〇〇九）愛山渓温泉の管理人を経て、層雲峡博物館長。郷土史編集員なども務め、上川町の高山植物、登山史など調査、研究した。父、護とともに愛山渓温泉での功労をたたえられ、中条岳の山名を残す。

人小屋で長逗留している。〈毎日新聞〉に寄稿した「大雪山のヒグマ」という一文を紹介しよう。

私たちは道のないハイマツ地帯をヒグマを求めて高根ケ原を左に小白雲岳の尾根に登った。ここは忠別川の上流になっていて、深い沢がとりまき、幾重もの山ひだを越して正面には大雪山の主峰旭岳がそびえていた。(中略)

二日目はあまり天候はよくなかった。(中略)小白雲へゆく途中の草原には生々しい足跡が縦横についており、新しい糞《ふん》もいたるところにあった。彼らが常食としているチシマニンジンやハクサンボウフウが掘りかえされて根をくわれた葉が散っている。まるで百姓が畑をすき返したあとのように、一面に耕されている。(中略)

双眼鏡をのぞくと、思ったとおりヒグマだった。それも金毛の、三百キロはたっぷりあると思われる巨《おお》グマが眼下のハイマツの間の草原で土を掘っているのだった。すでに四十五頭のヒグマをとっている佐々木氏(同行した紋別猟友会会長・筆者註)が「七、八才だろう。いいヒグマだ」うめくようにいった。彼我《ひが》の距離六百メートルぐらい。少し遠い。出来るだけ近づくことにした。佐々木氏が、霧が来るのを待って駆けおりようという。風は向かい風なので、ヒグマはこちらに気づいていない。霧がきた。私と佐々木氏は岩づたいに一挙に二百メートルほど駆け下った。霧のはれ間に下を見ると、金毛のヒグマはまだゆうゆうと遊んで

―いた。私は夢中になってシャッターを切った。〈毎日新聞〉一九六三年一〇月二一日付夕刊）

著書『野獣撮影』に収録されている「大雪山のヒグマ」には、さらに危ういエピソードも書いてある。戸川はこの巨大な金毛のヒグマに魅せられて、大雪山に三年間通い詰めた。そのとき、ねぐらにしていた白雲岳の無人小屋にこぼしたコメを集めに来る賢いリスがいることに気付き、そのリスたちとも仲良くなっている。

一ぴきのかわいらしいシマリスがぴょこんと出てきました。そしてあたりに恐《こわ》いものがいないかと見まわしているのです。

するともう一ぴき出てきました。二ひきは夫婦でした。

そして二ひきして、お米を口いっぱいほおばって、どこかへいなくなりました。

二ひきが、一度にお米をひらうことはなく、一ぴきがひらっている間は、もう一ぴきが見はりに立っているのです。

そして、かわるがわる口にいっぱいお米を入れて、巣にはこび、またもどってきてお米を拾うのです。

とてもかわいらしい姿でした。大雪山は雪がはやくふります。リスは夏の間にせっせとこうやって食べ物を貯めるのでしょう。こっそりと、リスのあとをつけて、ハイマツの下の巣をのぞいてみましたら、お米がいっぱいつまっていました。

私は、別に新しいお米を巣の入り口に、そっとおいてやりました。(戸川幸夫の動物誌⑧「米をひろうリス」出版社、出版年は不祥。戸川家に残るスクラップから)

こうして見てくると、戸川は作家であると同時に野生動物の研究家であり、写真家であり、大胆な冒険家であった。アフリカやインドで野生のゾウを撮影したときは、興奮したゾウの群れに追われたり、水牛に追われたりと、「山のキバ王」のストーリーのごとくハラハラドキドキの体験を何度もしている。家族はいつも心配していたことだろう。その一人、長女の戸川文《あや》が、『オホーツク老人』を原作に絵本『オホーツク海に生きる　彦市じいさんの話』を書いている。文《あや》は、その「あとがき」で次のように言っている。

白雪岳の小屋付近で戸川幸夫が撮ったリス（写真提供：戸川久美）

父も動物を書く時、土地を書く時、その場へ行き、納得するまで観察や調査をし、自分の目と心を大切にする人だ。それは新聞記者魂かも知れないが、本当の事を知りたい、それを伝えたい、特に滅びようとしているもの、皆から忘れられているものに、その気持ちが強かったようだ。私は幼心に、山に入ったきり帰って来ない父を、「元気でいるかしら」と、寂しく思ったことを覚えている。（前掲書）

文《あや》は、児童書『のら犬物語』の解説で家族と犬のことを振り返っている。家には、アリス、コマ、キチ、ケン、クロ、サク、ハツという名の犬がいた。男の子がいなかったので、父と一緒にキャッチボールをしたり、プロレスごっこをしたことはなかったが、父と母と二人の娘は犬を間にはさんで散歩したことが大きな思い出になっている。

先に「牙という漢字を新聞では使えなかった」というくだりで紹介した二女の戸川久美もまた、父が発見したイリオモテヤマネコの保護活動をはじめ、世界の稀少動物を救う認定ＮＰＯ法人トラ・ゾウ保護基金[9]の理事長として講演や執筆に活躍している。彼女の著書として、『家にいたイリオモテヤマネコ』や『生命を考える授業　動物が教えてくれること』などがある。

久美は次のように語ってくれた。どうやら、これからもっと忙しくなりそうだ。

「来年（二〇一五）が西表島のイリオモテヤマネコ発見五〇年なので、一般の方に知っていただくキャンペーンを考えています」

あの世界を驚かせた発見から半世紀を迎えるのだ。

「父の跡を追っていくと、野生の世界があるところ北から南まで、くまなく歩いていることが分かります。本当に素晴らしい大自然がまだ残っている日本。自然は人を豊かにしてくれますね」と、筆者にメールを送ってくれた。

戸川は二〇〇四年五月一日死去、戸川の追い求めたもの、書き残した作品は、二人の娘に継承され、さらに広がり、新しいファンをこれからも増やし続けていくにちがいない。

みんな仲間という思いを込めた自画像（資料提供：戸川久美）

（9）戸川幸夫が発見したイリオモテヤマネコをはじめ、絶滅の危機にある野生のトラやゾウの保護など、生物多様性の保全を目指している。Japan Tiger and Elephant Fund（JTEF）。住所：〒105-0001 東京都港区虎ノ門2－5－4 末広ビル5階。TEL：03-3595-8088

百田宗治詩碑 真崎晋吾と風山瑕生 開高健「ロビンソンの末裔」 宮之内一平「造材飯場」 八匠衆一「地宴」 大町桂月「層雲峡より大雪山へ」「北海道の山水」 大町桂月胸像 野口雨情「層雲峡小唄」 小熊秀雄来遊 与謝野寛・晶子短歌 火野葦平「谷の宿」 城山三郎「石北峠」	爪生卓造「あふれる山岳美大雪山」 西野辰吉「石狩川紀行」 戸川幸夫「牙王物語」 船山馨「夜の傾斜」 原田康子「北の林」 木野工「樹と雪と甲虫と」 三好文夫「山に消える」 深沢七郎「和人のユーカラ」 渡辺淳一「峰の記憶」 吉村昭「石狩川」 倉橋由美子「はじめて見た層雲峡から阿寒への道」ほか

（出典：『北海道文学散歩Ⅳ　道北編』目次、iiiページ）

作家たちは、大雪山をどのように描いているのだろうか。こうしたことを調べるのには『北海道文学散歩』が重宝であり、「道北編」の「大雪山・層雲峡」の項を開くと作家名と著書がずらっと並んでいる（上の表参照）。その四番目に、宮之内一平『造材飯場』がある。

2　東川町ゆかりの作家——宮之内一平

宮之内は旭川ゆかりの文学者として知られているが、実は東川小学校の卒業生であり、卒業名簿には飛弾野数右衛門（一九一四～二〇〇八）の名前と仲良く並んでいる。飛弾野は、暮らしを撮り続けた写真家として知られ、功績を永く残そうと「飛弾野数右衛門賞」が「写真の町　東川町」には設けられている。宮之内は生涯、作家活動を貫き、日常を口語短歌やメモに取り、小説や短歌、随筆として発表してきた。

この二人は、手法こそ異なるが、大雪山や造材飯場などをそれぞれが得意とする映像と文学によって永遠に残した功労者である。ここでは、宮之内の作品から大雪山や旧東川村の様子を紹介していきたい。

宮之内は、一九一三年、北海道樺戸《かばと》郡《ぐん》浦臼《うらうす》村（現・浦臼町）に農家の三男として生まれた。樺戸郡の鶴沼小学校で二年生まで過ごし、そのあと新十津川《しんとつかわ》村（現・新十津川町）の下徳富小学校に変わり、さらに卒業したのは東川尋常高等小学校である（大正一五年三月二一日）。名簿は「宮内」、生年月日「大正三年二月十二日」となっているが、経歴には「大正二年十月一日生まれ」と書いているので、卒業名簿は誤記載か、転校届けの際に誤ったものだろう。

東川村に来たのは、父良太郎、母シカのもとを離れて叔父に預けられたからである。一人っ子に憧れ、進んで叔父のもとで

映画を撮る飛弾野数右衛門

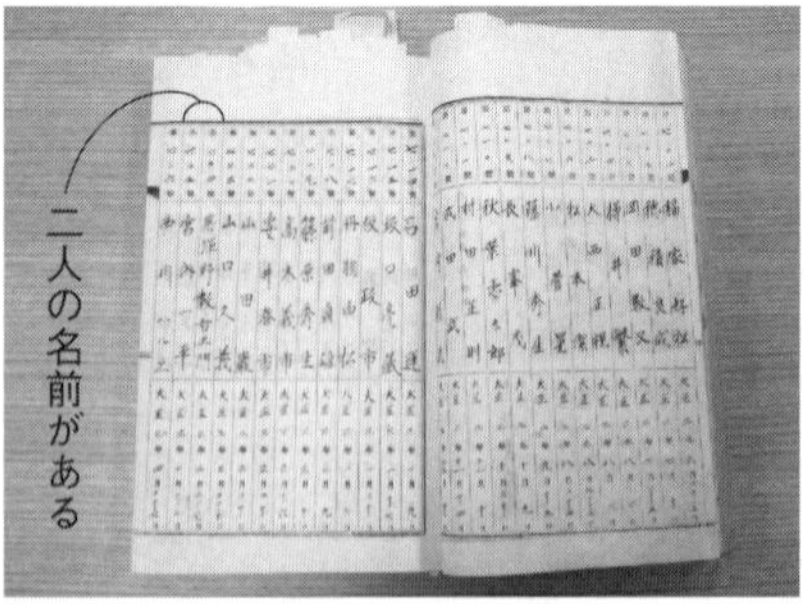

2人の名前が並ぶ卒業名簿

暮らすようになったふしがある。叔父は穂積といったが、当時、穂積は東三線と東四線に二軒あり、通学区域を考えると東三線のほうだったと思われる。宮之内の随筆集『被写体』には、「私は札幌へ出て、従兄の穂積武雄の家へ下宿させてもらった。物資不足の時代に気の毒であったが、穂積とは兄弟のように育った時期もあってそれほどの気兼ねはなかった」とか、口語短歌集『雑草園』には「私の叔父に穂積知章という俳人がいた。私はその叔父の影響で文芸に親しむようになった」という記述がある。

宮之内の長女である煙山一恵（旭川市在住）は、古い脚付きの将棋盤を父の形見として大切にしており、盤の裏に「穂積」「東川村」などと書かれてあるが、文字が薄く消えかかっているため正確には判読できない。叔父宅で暮らしていたときの将棋盤ではないかと、一恵は思っている。

卒業したあと、東川にいつまで暮らしていたかは分からないが、「旭川文学資料館」がまとめた宮之内一平略年譜によると、一九三一（昭和六）年には新十津川村下徳富に居住しており、両親のもとで農業を手伝っていたらしい。

東川村で過ごしたのは短い期間であった。この間、養母との関係があまりよくなく、空腹で過ごした一時期もあるようだ。そのころに身についたものか、「私はかつて従兄に、お前は人の食事のとき、黙って他人の顔を見つめている悪い癖があるときつく、たしなめられた」と随筆に書いている。

新十津川村で農作業をする傍ら口語短歌をつくるようになり、〈小樽新聞〉（二三三ページの註参照）に投稿をはじめた。宮之内一平口語短歌集『雑草園』の「口語短歌ひとりごと」から抜き書きすると、「短歌の道に興味を持つようになったのは少年時代の小樽新聞の短歌欄、並木凡平[10]選の口語歌に接したことに始まる」、「樽新歌壇に投稿したのは十八歳くらいであるから、以来六十年余、八十歳の今日まで口語短歌一筋で幾編かの小説や随筆も口語短歌線上にある」と振り返っている。

小説「遠く暗い道」に、その時代をほうふつさせるシーンがある。

『雑草園』の表紙

私は十四才から十九才の秋まで、村を離れて叔父の家に養子に出されていたが、叔父たちが内地へ引き上げることになったので、再び生家へ帰って来たが、ある日、荒滝尚美が私の家へ野良仕事を手伝いに来たので、何年か振りで顔を合せた。それまで私の心の片隅にも尚美のことはとどまっていなかった。彼女が二つ私よりも年上であったこともよけい私には無関心であった。尚美は眩いばかり美しく成長していた。（第二小説集『赤い羽根夫人』所収、

（「遠く暗い道」二四七ページ）

小説のなかで尚美が、「健ちゃんは兄妹多勢の家はいやだ、一人息子になりたいって叔父さんの家にもらわれて行ったけど、まゝ母の叔母さんにだいぶ泣かされたんですってねえ」と、からかうくだりもある。尚美が「私＝健ちゃん」に短歌づくりをすすめるシーンを紹介しよう。宮之内が口語短歌へ思いを潜ませていることがよく分かる。

「短歌というのは和歌のことなんか」
「えゝ、まあ和歌みたいなもので、でもわたしたちはなるべく普通の口語体で、生活に密着した歌を作ろうとしているのよ、健ちゃんも仲間に入ってくれない」
「おれだって石川啄木の歌集くらいはもっているけど、歌なんて作ったことない」
「歌なんかあまり難かしく考えなくたっていいのよ、啄木の、わが恋をはじめて友にうち明けし夜のことなど、思い出づる日、などわたしたちの日常の感情の起伏をなんの無理もなく

---

(10)（一八九一〜一九四二）札幌出身。口語短歌普及の原動力となった歌人。新聞記者としても活躍、紙面に口語歌壇欄を設けた。新聞社を辞めたあと、自作の歌を刻んだガラスコップを売り歩いた。

口に出しているみたいでしょう」
「そうは言ってもやっぱり難かしいよ、尚美ちゃんはどんな歌をつくっているんだ、見せてほしいな」
私たちは田の畦に腰をおろしていた。尚美は驚いたことに、懐に青い表紙の小さな手帖をしのばせていた。そして鉛筆をなめて、自分の歌を書いて、紙を破って私にくれた。(前掲書、二四八〜二四九ページ)

尚美にすすめられるままに「私」も口語短歌の習作をはじめ、次の二首を尚美にわたしたあと大雪山麓の冬山造材飯場に出稼ぎに行き、約二か月間冬山にこもった。

払えない年貢は証書に　来年のまたも重たい荷物となって
腐れ籾　庭にひろげて乾してある　ゆっくり雲が影おとし行く

その後のことを、再び小説から引用しておこう。

――尚美に見せた私の「ゆっくり雲が影おとし行く」の歌が、小樽新聞の新年文芸で、一位に入選していた。並木凡平選によるものであったが、私は応募したおぼえなかったので驚いた。尚美が出してくれたのであった。お正月に荒滝家へ遊びに行ったとき、

「ふゝ、わたしも吃驚《びっくり》したのよ、まさか一位に入るとは思いませんでしたわ」

と尚美は悪戯《いたずら》っ子のように笑った。

「短歌にすこし自信がついた気がするよ」

「うんと勉強するのよ、造材山に入っても、歌を作って見せて下さいね」（前掲書、二五七〜二五八ページ。ルビは筆者。）


一位になったのは小説の創《つく》りごとではなく、事実である。宮之内一平口語歌集『野草園』で次のように書いている。

腐れ籾　庭にひろげて乾してある　ゆっくり雲の影おとしゆく

注・右の一首は、たしか昭和十年だったと思う。小樽新聞「新年読者文芸募集」で並木凡平選で「雲」の出題、一等に当選した作品である。（『野草園』一三ページ）

一九三六年、宮之内は上京した。作家を目指していたわけではなく、実は落語家志望だったのだ。東京落語協会会長の柳亭左楽師匠に弟子入り、師匠が見つけてきた牛込区神楽坂演舞場の楽屋兼雑役として、演舞場に寝泊まりしながら働いた。落語をおさらいするのには都合のよい場所で、宮之内は長ったらしい名前を暗記しなければならない『寿限無』を覚えて神田立花亭の前座を務めたが、客席がシーンと静まり返ったために一回の高座で落語家志望を断念した。

その後、牛乳配達をはじめ、配達中に見た表札で本庄陸男《ほんじょうむつお》(11)宅を知り、牛乳を二、三本持って訪ねるうちに本庄から執筆をすすめられた。当別生まれの本庄は、近くの浦臼、新十津川で育った宮之内を温かく迎えたようだ。本庄に刺激を受けた宮之内は、文芸雑誌に投稿を続けるようになった。もっとも、初めて原稿料が入ったのは小説ではなかったらしい。

私は今日まで、原稿料というものをあまり稼いではいない。ほんのチョッピリしかもらった覚えがないが最初のそれらしきものは昭和十二年、新潮社から発行されていた「日の出」という大衆雑誌に浮世亭夢楽という筆名で新作落語「山出し」「首屋」というのを投稿して三円づつもらった。そのころは小説を書くつもりもなかったのでこういうものがゼニになったことが不思議であった。（随筆集『被写体』所収、「落語家の卵」一二三ページ）

一九三七年一一月、いったん帰道して余市の住友山で働いたが、一九三八年一〇月に再度上京し、有楽座で舞台照明係をしながら次々と小説を書き、短歌も続けていった。そのころの作品に「南隣北隣」「鶏」「腕」「越年聟」がある。四作とも『造材飯場』に収録されており、「鶏」以外の三作は、北海道の農村や鉱山の貧しくともしたたかな物語である。「南隣北隣」の書き起こしを紹介しよう。

藁屋根藁壁の陽もささぬ堀立小家の大黒柱に帯で縛りつけられていた武坊の激しい泣声が通りすがりの伊藤の女房お熊に聞こえたので火傷でもしているのではないかと駈けこんで見ると武坊は柱をぐるぐる巻にして身動も出来ず自分の糞小便まみれになっているのであった。

（『造材飯場』所収、「南隣北隣」二一六ページ）

お気付きかと思うが、文の途中に句読点が一つもない。この小説の文体は、全体を通して、ひと区切り付けるまでに結構長めの文章が続いている。文体にこだわっていたのか、それとも試行

---

(11)　（一九〇五〜一九三九）北海道石狩郡当別村（現当別町）出身。教員時代から小説を書いていたが、プロレタリア文学が災いして免職となり、作家活動に専念。代表作に『石狩川』など。貧困のなかで先妻を亡くし、自身も結核で三四歳の若さで亡くなった。

錯誤を繰り返していたのだろうか。このころは短編が多く、原稿一〇〇枚を超えたのは「越年聟」で、「初期の作品では最も力を入れたもの」と自著解説をしている。

一九四一年、小樽時代に出会っていた並木凡平の門下生である成田みつが宮之内を頼って上京してきて、二人は結婚した。時代は、戦況が悪化し、生活は苦しくなる一方だった。

戦後、一九五三年に発表した「銀座の歌」は、宮之内の戦時下における屈辱の生活記録でもあった。知り合いから闇市での商売をすすめられ、まだヨチヨチ歩きの長女を妻がつれて銀座通りに立ち、闇の物資で日銭を稼ぐようになる。娘が一人で電車通りに歩いていくのに気付いた妻が走って抱えたので事故は免れたが、偶然目撃していた宮之内は涙を流し、妻と子を旭川の両親のもとへ疎開させた。東京に一人残った宮之内も、無理がたたって肋膜炎になり、妻子の待つ旭川へ帰って終戦を迎えた。

翌年の九月、作家の中山義秀《ぎしゅう》(12)が旭川にやって来て、宮之内を誘って阿寒湖などへ小旅行をしているのだが、それを義秀は小説『迷路』に書き入れた。その一部を紹介しよう。主人公「山崎」が義秀本人で、旅の相棒「宮地」が宮之内のことである。

――宮地は文学青年である。開拓民の何男坊かに生れて普通教育を終えると道内の鉱山を点々した後東京へでてきた。それから種々の職業を経まわり山崎と知りあった時には丸の内辺の

——劇場の照明係をやっていた。宮地が同人雑誌に発表した北海道物を読んで山崎は面白く思い人に吹聴した。宮地がそれを伝えきいて彼の所へ遊びにくるようになった。（前掲書、四ページ。現代語表記は筆者、以下同）

宮之内は、義秀との出会いを随筆に書いている。それによると、同人誌に発表した「越年聟」を義秀が褒めていたと人づてに聞き、喜んだ宮之内が世田谷にあった義秀の家を訪ねるようになったのだ。旭川駅から北見へ汽車で向かうシーンを、同じく『迷路』から紹介しよう。


彼はリュックの中から握飯をとりだした。白飯に酢につけた鮭がのせてある。

「先生、一つどうだ」

山崎は昼食にパンを用意していた。食糧に困る時なので沢山買込んでおいた。彼は宮地からお握を一つ貰って食べてみるとひどく美味だった。

「うまかったらもっと食べて下さい。嬶《かかあ》が先生の分もうんと作っておいたんだ。食べてくれれば嬶も喜ぶよ」（前掲書、二一五〜二一六ページ。ルビは筆者）

(12)（一九〇〇〜一九六九）『厚物咲』で芥川賞受賞。戦後は時代小説を多く書き、『平家物語』の現代語訳もある。故郷の福島県白河市に中山義秀記念文学館があり、優れた歴史小説、時代小説に中山義秀文学賞を贈っている。

このくだりも本当の話である。のちに宮之内が義秀《ぎしゅう》宅を訪問したとき、義秀が「奥さんは達者なのか。終戦直後、君と阿寒の方へ旅をしたとき、奥さんの作ってくれた弁当、あれは旨かったな、とても美味しく思ったので今でも忘れないよ」と言ったと、宮之内は随筆に書いている。

芥川賞作家の義秀は小説のなかで、一方の宮之内は随筆のなかで、お互いのことを書きあっているわけだ。こうして小説を読むと、すべてが〝創《つく》り事〟ではなく、所々に〝実話〟が隠されているということになる。宮之内の小説手法にも、これはホントの話かなと思うところが随所に見受けられる。

小説の舞台がどこなのか、それを探しながら宮之内の作品を読んでいくと、一九四六年三月に発表した「冬の山」はまちがいなく東川と天人峡温泉のことだと思われるので、それらしきところを紹介しよう。

広漠たる草原の涯にその山は聳えていた。西空は赤々と夕焼けて、背戸の硝子戸をかっと照していたが、東方の重畳たる山脈は、青磁色に澄んだ空にかっきりした輪郭を描いていた。それらの主峰の大雪山は、その嶺に雪をかぶって夕陽に映えていた。

「お山はいつ見ても美しいですね。今日はよく火を噴いている煙が見えるでしょう。」

省三は幸子の背に手を置いた。その手を幸子はそっと握った。(『造材飯場』所収、「冬の山」

一一四ページ。現代語表記は筆者、以下同）

幸子の夫、村上大尉は千島から帰還の途中、船団が敵潜水艦に撃沈されて戦死している。何かと励ます省三との仲を、周囲の目は「名誉ある軍人の妻ともあろうものが」と冷たくあたり、二人は冬の山へと消えていくという悲恋物語である。

山は次第に入組み、山の相はいよいよ大きく、峻しく圧倒的に彼等に迫った。左手のそれは長城のように蜿蜒《えんえん》たる断崖絶壁である。仏像のように佇立《ちょりゅう》した岩が、ある間隔をおいてそそり立っているので、その断崖は壁廊のように眺められた。その壁廊も奥深くはいるにしたがって高くなり、ついには幾十丈とも知れぬ、目路《めじ》も届きかねるほどの断崖絶壁となって頭にかぶさってくるのである。（中略）

彼等はふと人間との繋がりが絶たれたようで、一瞬恐怖に似た戦慄《せんりつ》を背すじに感じた。風も出て来た。雪も降って来た。疲れた馬は侘《わび》しげにいないた。彼等の行手に待つものは凍寒と暗黒と、そして絶望である。（前掲書、一一九ページ。ルビは筆者）

天人峡温泉へ向かう途中の柱状節理《ちゅうじょうせつり》を書いていると思われる。そして、暗くなった山奥にはただ一軒の温泉宿があり、宿から曲がりくねった細道を行くと「天津の滝」があるという設定で、その滝については次のように描写している。

夫婦滝とも呼ばれているこの滝は、源は二つに別れて落下していた。そして半ばころから一すじに落ち合って、大岩盤を伝わっていた。水の涸れているせいで、その大岩盤をさらさらと飛沫をあげて落下している水が、なよやかな白絹をひるがえしているように美しかった。滝壺の周囲にも深い雪が積もっていた。そしてほとんどが凍結した滝は素晴らしい氷柱の堆積となっていた。（前掲書、一二三〜一二四ページ）

氷結した羽衣の滝（撮影：坪川博明）

凍結した羽衣の滝を書いていると思う。小説では「天津の滝」となっているが、人気女流浪曲師である天津羽衣《あまつはごろも》(13)の苗字を借用したのではないだろうか。「冬の山」と同じ年の秋に発表した「針」もまた、物語が東川からはじまっていると確信するので紹介しよう。

その道を一台の鉄輪馬車が、がたりごとり揺れながら山の方へ向かって行った。馬車には醬油樽《しょうゆだる》や酒樽、味噌樽や石油缶が積み込まれてあった。これらの日用品は、日が暮れて間もなく、山懐の庄司農場へ運び込まれるのである。馬車の頭には馬追いの栄太郎と、邑《むら》には珍しい都会風のお品が、右左に別れて、両足をぶらんぶらん揺すぶりながら、チョコマカと脚を運ぶ馬の歩みに任せていた。

「ヌタプカムシペはもう雪だわね」

と、お品は、樹林を透かして見え隠れする山脈《やまなみ》の主峰にうっとりした眸《ひとみ》を投げかけていた。

(『造材飯場』所収、「針」一二八ページ。現代語表記、ルビは筆者、以下同)

東川の、どこまでも真っすぐな道を馬車が進んでいくシーンが浮かんでくる。

二人は幼な馴染みだが、お品は大地主の娘、一つ年上の栄太郎は小作人のせがれで、主家の娘には頭は上がらぬものとしつけられていた。東京の女学校を卒業して医者と結婚準備のために村(あえて、東川村としたい)に帰ってきたお品を、A駅(これは旭川駅と思いたい)に迎えに行き、

---

(13)(一九二八～一九八二)。三重県出身。両親ともに浪曲師であったことから一二歳で浪曲師としてデビュー。『九段の母』『瞼の母』などを得意とし、戦後は女優、演歌歌手としても活躍した。

馬車に乗っていてもわがまま放題に振る舞うお品に片思いを隠して従順に従う栄太郎だったが、ちょっとした痴話げんかからもつれ合い、お品が栄太郎の右目を針で突き刺してしまう。
それから場面は一転し、二人は故郷を捨て、遠い炭山町の長屋で暮らしをはじめる。お品はヤマで評判の美しい女房だが、片目の栄太郎はかたくなに心を閉ざしており、二人の先が思いやられる。ある夜、栄太郎はヤマの居酒屋でからんできた若者を蹴り飛ばしてしまうのだが、その若者は炭山中で恐れられている不良集団「血桜組」の兄貴分だというから始末に悪い。この血桜組については、宮之内が千本桜で有名だった東川神社の境内で桜見物しているときに実際に出喰わしている。

花見に添物の喧嘩だ。私はその喧嘩の巻添えを食うほどに近くで見た。原因は分からないが、ワイシャツ姿は三人で、一人は上半身に見事な刺青《いれずみ》をした四人組で、棍《こん》棒や短刀を手にかざしている。その四人組に立ち向っているのは薄シャツ姿の二人組だ。「手前《てめえ》らのような若造に舐められてたまるか、おれたちは旭川の血桜組だ」と啖呵《たんか》を切ったのは背中に刺青の四人組である。（随筆集『被写体』所収、「さくら咲くころ」の「血桜組」七八ページ）

さて、「針」は血桜組の襲撃を読者に予感させたところで終わっている。宮之内は自著解説で、一本の針によって人生の運命を大きく狂わせた男女が、炭鉱や都会のどん底をのたうち回るような小説の展開に疑問を抱き、書く気力を失くしてしまった、と説明している。一〇〇枚余りにもなる下書きでは、男は石狩川の渡し守になるらしいのだが、これから先いったいどうなるのかと読者を心配させておきながら、未完となった。

戦後まもない一九四六年、〈健民〉(14)に発表された「冬の山」と「針」の小説は、なぜか東川が舞台になっていると筆者は思い込んでいるのだが、追認のためにも東川町民には二編を収めた小説集『造材飯場』を読んでいただきたい。さて、その『造材飯場』だが、大雪山ふもとの冬山造材を題材にした宮之内の代表作である。どこの町が舞台になったのか、書き起こしから紹介しよう。

ふだんは世間からも時代からも置忘れられているようにひっそり閑としている山間の小さな町が、やがて冬ともなり造材が始まれば息を吹き返したように活気をよび異常な騒がしさと賑やかさになる。

(14)　一九四四年一一月創刊の月刊総合雑誌。札幌に事務局を置く北東日本厚生協会が発行、地方文化の開拓を目指した道内誌。一九四九年三月まで続いた。

北海道の屋根と呼ばれる大雪山系は観光地帯としても千古斧を入れざる鬱蒼《うっそう》たる大原始林、大渓谷と温泉を包合し広大二十三万町歩全国第一の国立公園であり、この中には実に三千六百万石の大森林資源を包蔵し、この山系に源を発する石狩川は五十万キロワットアワーの発電開発が可能であるというエネルギーを湛えている未開の一大宝庫である。

石北線A駅、仮に上田町と呼ぼう、町とは名ばかり三百戸足らずの一村落であるが、この一村落が冬ともなれば木材の集積地として俄然活況を呈するのである。北国の人々は雪や凍寒を怖れることなく、犬ころのように雪を喜び、積極的に雪と凍寒を利用して逞しい生産意欲を燃えたぎらすのである。

この町では珍しく大きな構えの飲食店ミカドは町の景気に止調（ママ）を合せて、夏場はひっそりとしているが、冬ともなれば五六人の女も置き威勢よくストーブを立て、店と座敷を兼ねて、焼酎、合成酒の安酒、かけソバ、うどん、鍋焼、ラーメン等大衆的なもので労務者や馬夫たちを吸収し、懐具合の良い造材師や木材会社員や営林局関係のお役人など高級人種らは専らお座敷を利用してもらうという抜目のない商策である。女たちも成可《なるべく》ならば綺麗どころをそろえるということも、お座敷族の出入り口は人目につかぬように別にあるという気の配り方でもある。（前掲書、一九八ページ。現代語表記、ルビは筆者）

石北線A駅、上田町について、『北海道文学散歩』は上川町を舞台にしていると紹介している。旭川文学資料館で調査する詩人の東延江は、東が育ったかつての愛別村（現・愛別町）の近く、安足間《あんたろま》が描写にぴったりあてはまる造材集積の町であり、ミカドのような商売の店もあったという。東川村にも造材飯場はあったが、「鉄道、国道、水道」の三つの「道」がないから、残念ながら小説の舞台ではなさそうだ。

物語は、大雪山系の造材飯場で山頭、杣夫《そまふ》らの荒っぽい暮らしや屈強な男たちならではの造材作業が描かれており、労働争議や仕組まれた事故などが次々と起きる。波乱万丈の山の仕事に、ミカドの女たちの艶っぽい話を絡めて物語は進み、最後は主人公が仕切る造材飯場へミカド一番の女が馬そりに揺られて嫁入りしてくる。宮之内には珍しいハッピーエンドの小説だが、いわく因縁の場外編があった。

この小説は、宮之内が北海日日新聞社(15)の編集部の幹部にすすめられて、同社の懸賞小説に「冬山の生活者」と題して応募したものである。応募総数三五編、宮之内の入選はまちがいないという情報まで得ていたが、予定を過ぎても発表がなく、さんざん焦らした挙げ句に「当選者無し」

---

(15)　一九一六年六月二五日、それまでの旭川のローカル紙〈北海めざまし新聞〉を改題して創刊され、号数は前紙から継続した。その後、廃刊、復刊を繰り返し、一九四六年、田中秋声が〈北海日日新聞〉を発刊し、旭川を拠点に七万部以上の発行部数となったが、一九五八年、北海タイムス社が吸収合併した。

となった。宮之内は「選外佳作一席」の三〇〇〇〇円を一晩で飲んでしまったという。北海日日のやり方は面白くない。宮之内の気持ちは収まらず、地元の文芸誌〈朔風《さくふう》〉(16)の同人らに作品を見せると「面白い」となって、一九五三年七月、同誌に発表すると早稲田文学や北海道新聞などの書評で好意的に取り上げられた。

〈朔風〉は旭川刑務所で印刷していたので、服役者も読むことができたらしく、「先生の作品に心打たれた」という服役囚から手紙も届いている。宮之内は生まれて初めて「先生」と呼ばれたわけだ。意を強くしたわけではないだろうが、その後、この作品はローカル誌にとどまらず、さらに全国誌を目指していった。

昭和三十年、私はサンデー毎日の大衆文芸三十周年記念、百万円懸賞小説に、ふと思いついて、「冬山の生活者」を「造材飯場」と改題し、百七十枚を百枚に短縮して応募した。自信がないので迷っていると、妻がどうしても出して見るという。結果的には佳作二位に入った。この時の入選作は「孤島」新田次郎、「あやつり組由来記」町田波津夫（南条範夫）、「鯖」早崎慶三、と力量ある作家と作品で、私の作品は遠く及ばないが、それでも六篇の中に入った。サンデー毎日が昔のように佳作も発表してくれたら私もまた別の道が開けていたかも知れない。新田次郎、南条範夫氏等はすでに直木賞作家となり不動の地位を築いている。私は

サンデー毎日から金三万円也をもらった。（『造材飯場』「序に代えて――ある地方作家の悲哀」六ページ）

「冬山の生活者」が選外佳作一席、『造材飯場』が佳作二席、宮之内の文学略年譜には、ほかにも「選鉱婦」と「佐々木警備手」が〈文芸首都〉の佳作、「談合」が〈サンデー毎日〉の第四九回大衆文芸賞佳作一席となっている。一九六九年、旭川市文化奨励賞を受賞した宮之内は、受賞祝賀会の席上で「私にはどうもいま一歩の力が足りない。わが人生は佳作人生であったと思う」と挨拶している。

宮之内は、佳作人生どころか、素晴らしい業績を残した郷土が誇りとする作家である。まず、旭川の文芸月刊誌〈豊談〉を一人で、一度も休むことなく二七年三か月も続けているが、まさに超人的なことである。次に、口語短歌を理解している

旭川市文化奨励賞を受けた時（写真提供：煙山一恵）

(16)　一九五〇年一二月創刊の同人誌。旭川と稚内《わっかない》の一六人の同人ではじめ、小説、随想、評論、詩など多彩であったが、一七号を出して一九五五年三月に終刊となった。

者でなければできなかった仕事として、『啄木・釧路での七十六日』、『釧路での啄木をめぐる女たち』『二人の並木凡平・その釧路時代』など、新たな文学史の発掘があった。さらに、アイヌの文化にも目を向けている。並木凡平が発掘したアイヌの情熱短命の歌人、違星北斗《いぼしほくと》[17]の生き様と、彼の「アイヌよ、アイヌ」と叫ぶような短歌を紹介したり、差別される側の痛みとアイヌの復讐劇を短編「檻とその周囲」に書くなど、文学業績は計り知れない。

　宮之内が発行し続けることにこだわった〈豊談〉について、三女の福田洋子（東川町在住）が保管している宮之内の手書き原稿「月刊〈豊談〉三四九号で終刊となる」から紹介しよう。

　創刊は昭和二七年四月であって、主に北海日日新聞、後の北海タイムス旭川支社の、横山英志、三浦範男、木内進、木野工《きのたくみ》氏[18]ら編集人が中心に旭川市の有志二二人の同人誌として創刊された。戦後の荒廃した郷土に文化の新風を吹きこみ、自由な発想、奔放な言論機関として芽生えたデモクラシー運動の一翼を担って、華々しい活動を展開してきた。（宮之内の手

一書き原稿、二ページ）

旭川の地元紙として読者が多かった〈北海日日新聞〉が〈北海タイムス〉に吸収合併され、〈豊談〉に名を連ねていた編集人の主力が同社の札幌本社や東京支社へ人事異動となり、主力が旭川を離れたことが影響して第六四号で休刊となった。〈豊談〉は文学志向にとどまらず、地元の政治家たちが右寄りも左寄りも競うように投稿し、経済人、画家、工芸家らといったさまざまな分野の人が投稿していた。それゆえ、このまま消えてなくなるのを惜しむ声が強かった。冷却期間として一年を置き、当時の豊談クラブ理事長の了解を得て、編集、経営の一切が発行人としての宮之内に一任されることになった。

〈豊談〉には旭川のさまざまな人たちが連載を書き、荒井源次郎(19)が著した『アイヌの叫び』など、

(17)（一九〇二～一九二九）北海道余市郡余市町出身。宮之内は「その作品の底に流れているものは一貫して亡びゆく民族の悲痛な慟哭《どうこく》であり、アイヌ民族を勇気づけ、励まし、叱咤している」と評価している。

(18)（一九二〇～二〇〇八）旭川出身。作家。北海日日新聞の文化部長、論説委員、北海タイムスの論説委員を歴任した。新聞社在職時代から小説を発表、「粧《よそお》はれた心」が芥川賞最終候補作となったのを皮切りに芥川賞候補実に四回、直木賞候補二回、『檻褸《らんる》』で北海道新聞文学賞受賞。大雪山を題材にした『樹と雪と甲虫と』では、洞爺丸台風の風倒木で一大事業を企てる青年実業家を描いた。

いくつかは単行本となっている。宮之内は、終刊の理由を次のように書いている。

――別に財政的に行詰まった訳ではなくて、終刊の理由としては、編集者で発行人でもある私の高年令（七十三歳）が理由の第一であって、少し身体に余力の残っているうちにと思ったので、むしろそれは遅過ぎた恨みが残るのである。（前掲手書き原稿、一ページ）

宮之内には『野草園』と『雑草園』という二冊の歌集がある。家族をうたったいくつかを紹介しよう。

ほたる　ほたる　光って消える　涙ほど　光って消える　父と酒酌む
土くれと見れば土くれ　みじめなる　痩せさらばえし　母の寝姿
大雪山　雪深々と野の果に　晴れているけど　妻の病む日々
父とても　ときにけがらわしい　けだものと　冷ややかな娘の目にとまどう

宮之内は、妻と五人の娘たちのことを「銀座の歌」「藁靴」「猫」などに書いている。妻の宮之内紫乃には歌集『花晨』があり、長女煙山一恵も「森夏生」の歌人名で「あたたかき手　母宮之内紫乃の短歌《うた》」を同人誌〈PETANU　ぺたぬぅ〉（No.19、No.20）に寄稿している。

「父のことは、本人が十分に書いて満足していますから、母のことを書きました」と言う。家族に恵まれ、書き続けた宮之内は、二〇〇三年四月一六日、九〇歳で亡くなった。近文台墓地（旭川市内）には、一平と紫乃の夫婦歌碑が建っている。

さて、東川小学の卒業名簿に宮之内と並んで名前が載っている飛弾野数右衛門についても少し紹介しておこう。

「写真文化首都」を宣言している「写真の町」東川町には、地域に根差した写真活動をしてきた写真家を顕彰する「飛弾野数右衛門賞」（二〇一〇年制定）がある。「写真の町」創設に深くかかわった写真家の勇崎哲史が「ある写真家の誕生について　飛弾野数右衛門と東川町」

(19)（一九〇〇～一九九一）北海道出身。「北海道旧土人保護法」の旧土人というアイヌへの偏見、差別に対し、法の撤廃やアイヌ給与地の返還運動に取り組んだ。

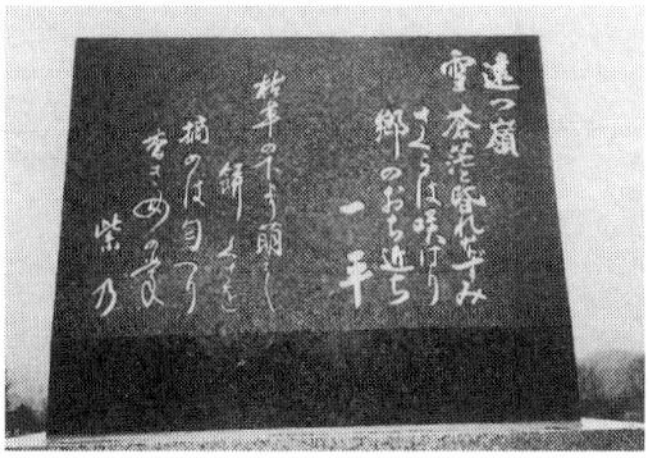

宮之内夫婦の歌碑と宮之内一平（写真提供：煙山一恵）

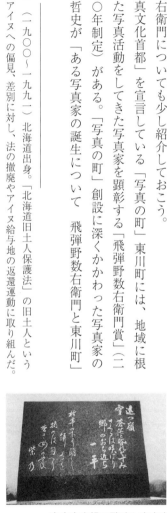

というタイトルで『自然と文化（68）』に寄稿しているので、興味のある方は読んでいただきたい。ここでは、飛弾野が大雪山の観光映画と、大雪山麓の冬の造材飯場の映画を撮ったことに絞って書き進めていくことにする。

東川が映写機と一六ミリの撮影機を購入したのは、開拓からわずか四〇年余りの村のころで、非常に高価なものだったから、他の町村にまだなかったと思われる。村役場では、道路愛護一斉清掃や学校の運動会など、村民が競って参加するような行事を撮って「東川ニュース」として映写会を開いた。そのカメラマンが、もっぱら飛弾野だった。

大雪山の観光映画の撮影は数年にわたって撮影され、一九五〇年ころは白黒の映像で二、三回編集されており、一九五五年ごろになるとカラーでの製作となっている。

白黒のころの映画は、製作が大雪山国立公園と東川村開発期成会で、後援が東川村観光協会、天人峡温泉株式

飛弾野が撮った「冬の旭岳」

会社、道北乗合自動車株式会社、旭川電気軌道株式会社。監督・園田規矩、撮影・飛弾野、企画・金野昌祐、タイトル・森下滋。監督以下は役場の幹部や職員たちである。

映像は、大雪山国立公園の玄関口としての旧国鉄旭川駅の紹介からはじまり、駅前には第七師団へ向かうチンチン電車が走っているという貴重な映像が映し出される。旭川と村を結ぶ電気軌道の電車は、市街地を走り抜けるシーンや田園地帯を通過する遠景映像、そして車内映像などが丁寧に撮影されている。

一方、村内では、旧役場庁舎、旧小学校、旧発電所など今はもうない建物や施設が次々と映り、車体の前部分が付き出たボンネットバスがひどいデコボコ道を右に左に大きく揺れながら天人峡温泉や勇駒別《ゆこまんべつ》温泉（現・旭岳温泉）へと向かっていくシーンを映し出していく。

急カーブの山道では、乗客が降りてバスの前後を歩くという今ではとても考えられないシーンがあるほか、天人峡温泉にはいかにも危なさそうな吊り橋が架かっていて、狭くて揺れる吊り橋を手をつないでわたる子どもや湯治客の姿が撮影されている観光映画である。

当時としては珍しいカラー映画のほうのタイトルは「山は呼ぶ」。製作・旭川電気軌道株式会社、旭岳温泉湧駒荘、企画・中屋義長、撮影・飛弾野。中屋は電気軌道の幹部である。玄関口としての旭川駅から映像ははじまり、旭川市内の名所や忠別川の眺めを写し、お客で満員の電車が東川村に着くというものである。

温泉へ向かう途中の田園風景では、刈り取ったエンバクが乳穂《にゅうほ》に積み上げられている美しい映像が続く。また、忠別川沿いに聳え立つ柱状節理も印象深い。

村の若い女性たちがモデルになって、それぞれがカラフルな衣装で登場する。華やかなその姿は、とても山に登るスタイルには見えないが、ロープウエーがない時代だから、勇駒別温泉から姿見の池まで登り切ったのだろう。それでも疲れを見せず、池周辺を軽やかに散策している。

天人峡温泉地区では、羽衣の滝のさらに奥にある「敷島の滝」まで足を延ばし、モデル嬢たちは圧倒されるような大瀑布の下で水煙を浴びている。当時の敷島の滝は驚くほどの水量があり、「北海のナイアガラ」と宣伝していたのも頷ける映像である。バスが進む道は相変わらずデコボコ道だが、バスの向こうに旭岳がくっきりと美しい。戦後一〇年そこそこで、大雪山のカラー観光映画を製作しているというのは驚きである。

同じ一九五五年ころ、「山の幸」のタイトルで冬山造材の映画も撮っている。製作・石原木材合資会社、後援・旭川林務署、東川村役場、企画・木村重太郎、撮影・飛弾野。大雪山の観光映画もそうだが、造材の映画も音声は入っていない。映画の冒頭に、企画の趣旨がタイトルで流れる。

「この映画は私たちの生活に大切な木材の生産状況を記録したものである。北海道の三大美林の一つである大雪山麓に於ける『山の幸』開発に挑む逞しい冬山造材」[20]

映画は、山の神社に安全を祈るところからはじまる。辺りは深い雪で覆われており、その雪に埋もれるように造材飯場の長い小屋が映り、朝餉《あさげ》をつくるのか、飯場の煙突からは煙が立ち上り、やがて飯場からゾロゾロと男たちが出てきて、賄《まかない》の女性に見送られて山へ入っていく。ずいぶんと大勢の男たちがいる。機械のない時代だから、造材には杣夫《そまふ》、藪《やぶ》出し人夫《にんぷ》、馬追い衆など大勢の人たちがかかわっていた。男たちの足元はカンジキ、ある者はスキーである。大木の幹周りを計る毎木調査、切り出した丸太を運び出す搬出路を均す作業などが初めの作業として映し出されてくる。

そして、いよいよ大木の伐採になるが、「窓ノコ」と呼ばれた刃に四角い穴の開いた大きなノコを見事なリズムで曳いてゆく。ノコの切れ目ができると、そこに狙いを付けて、長い柄の大きなマサカリをぶん回すように叩き付けていく。この力仕事は圧巻のひと言である。

大木の伐り口に「矢」と呼ばれた堅木の三角錐を打ち込んでいくと、さしもの巨木も徐々に傾きはじめ、ものすごい雪煙を上げて一気に倒される。横倒しになった大木の枝を払い、一定の長さに玉切りし、その後、太い丸太を五、六本鎖で束ね、男がそれに跨って雪の斜面を丸太ごと滑り下りるという命がけのシーンが続く。映画を観ているほうが思わずのけぞってしまうような迫

（20）木材会社社長。東川の商工会会長、観光協会会長、町議会議長など務めた。

力に圧倒されてしまう。

この作業の様子を「バチバチ」と言い、人間バチバチのあとは、馬が曳く大掛かりなバチバチに変わる。雪の下り斜面を、重量でコントロールが一層難しくなった丸太の束を人馬一体となって曳いて駆け下りる。馬が少しでも斜面で躓《つまづ》いたなら、人馬とも命はない。すさまじい荒業を、飛弾野は本当によく撮ったものである。

造材山の土場でたき火を囲みながらドカ弁で昼食をとり、一服したあとは、馬橇《ばそり》に丸太を満載して村の製材工場に運ぶ。工場での製材シーンも丁寧に撮影されており、製材がトラックに積まれるまでを丹念に描いた映画である。

飛弾野が撮った馬橇で丸太を運搬する様子

二〇一四年、ＮＨＫ旭川放送局が飛弾野の映画を「なつかしの東川」映像セミナーとして町民に公開した。そのときの旭川放送局長であった那須敦志が、「造材作業やカラーの大雪山観光映画[21]は映像としても歴史的な価値が高い」と評価し、飛弾野の二本の映画をＮＨＫのアーカイブスにも保存する手続を取った。

飛弾野のこうした映像や写真を発掘し、整理したのは勇﨑であり、第一の功労者といえる。そして、「写真の町」にかかわった役場職員らスタッフの努力のたまものである。もう一つ、「写真の町」宣言に至るまでには、天人峡温泉と旭岳温泉の深いかかわりが秘められていた。

大雪山を宣伝し、東川町の二つの温泉街に宿泊客を呼び込む作戦を練っていたのが当時の観光協会会長の木村重太郎と、旭岳温泉「えぞ松荘」支配人の平林元、天人峡温泉「天人閣」の渉外担当をしていた古市源太郎、そして今も旭川で印刷会社を営んでいる「総合企画」社長の宗万忠の四人である。

「写真で何かやれないか」と宗万が発言し、そのうち「カンヌ映画祭だって、もともとは小さな町が始めたこと。カンヌが出来るなら東川だって出来る」、「どうせやるならでっかいことをやろう」と意気盛んとなって、両温泉旅館組合で一〇〇〇万円を揃え、町に申し入れることになった。平林は次のように述懐している。

「忘れもしない、昭和五九年一二月一九日の午後三時、木村、古市、平林の三人で町長室に中川音治町長を訪ね、一〇〇〇万円を寄付するから写真で町おこしをして、天人峡と勇駒別に観光

---

(21)　NHKが保有している映像、音源などで、時代を記録しているものを後世まで残している埼玉県川口市にあるNHK施設。

客を呼び込んでほしいと直訴した。町長は、ちょっと待てと席を外し、一五分後くらいに戻り、『よし、やろう』と答えた。ふるさと創生資金一億円の使い道を考えていたところでもあったようで、その後は、森下滋助役が各省庁へ根回しに向かい、宗万が札幌の写真家の庄司毅を訪ね、庄司が勇崎を紹介するなどして写真の町宣言へ突き進んでいった」

両温泉は、その後も額は減らしながら写真の町事業へ寄付を続けた。金もさることながら、何事にも人のつながりが大切なようだ。

一九二六（大正一五）年三月二二日の東川小学校尋常科第二六回卒業名簿に、「第七二四号、飛弾野数右衛門」「第七二五号、宮之内一平」と仲良く並んでいる二人は（二九〇ページの写真参照）、映像と文学、手法こそ違っていたが、まるで示し合わせたかのように大雪山と大雪山麓の造材飯場という同じテーマで創作に打ち込んでいた。宮之内は小説のためのメモと口語短歌を日記帳代わりにし、飛弾野はカメラを日記帳代わりにして、人生記録を鮮やかに残していった。

---

(22)（一九二四〜一九九九）第一一代東川町長。一九六七年から一九九九年まで連続六期。水田の大型整備事業、農村総合整備モデル事業、公害のない企業誘致、忠別ダム建設、「写真の町」宣言などに取り組んだ。勲四等瑞宝章受章。東川町名誉町民。

3　漂泊の画家高本暁堂——大雪山を描く

絵になる山がある。それすなわち、名山として誰もが納得する山は富士山であろう。そのことに異論をはさむ人はいないだろう。高さといい、姿かたちといい、日本最高の名山にふさわしい。もちろん国立公園だが、世界自然遺産に落ちて世界文化遺産として復活するという不思議な山でもある。

これまでに、富士山を描いた画家や写真に収めた写真家、そして映像に収録した映画関係者は多い。素人でもそれなりのものが描けるし、また撮ることもできる。だからこそ、その表現方法は難しいと言える。『日本百名山』（一九六四年）の著者である深田久弥(23)は、北の利尻岳にはじまり屋久島宮之浦岳まで一〇〇山を選んでいる。その五番目、大雪山には三ページを割いているが、七二番目の富士山は二ページしかない。これは、別格の山である富士山をいかに短くまとめるかと悩み抜いた結果であろう。

(23)（一九〇三～一九七一）は小説家として登場したが、のち山岳関係の著作に専念する。一九七一年三月、山梨県茅ヶ岳に登山中、脳出血で急死する。

ちなみに深田は、『世界百名山』（新潮社、一九七五年）を執筆中に急死し、四一山で中断してしまっている。筆者は思う。富士山は最後のページに掲載するつもりだったのではないか、と。

　それでは、北海道で絵になる名山と言えばどの山だろうか。もちろん、筆者は北海道の最高峰である大雪山の旭岳を挙げたい。北海道に住む人であれば、日本の名山の一つであることに異議を唱えることはないだろう。

　逆に、絵にならない山はどこだろうか。もちろん私見だが、筆者は大雪山の小泉岳を第一候補に挙げたい。茫漠《ぼうばく》として、つかみどころのない山である。どこが最高点なのかも分からないし、飛行場のようにだだっ広い山で、言ってみれば「これが山か」と思うような山である。標識がなければ山とは知らずに通り過ぎてしまうようなこの山は、ほかに例がないと思われるほど奇妙な山である。それでも、『日本山名事典』（三省堂、二〇〇四年）にはしっかりと載っている。

　さて、この絵になる名山「旭岳」を描いた絵画は多い。著名な画家も描いているが、おおむねは山麓から描いたもので登山をしてまで描くという、いわゆる山岳画家となるときわめて少なくなる。そのなか、ここで紹介する高本暁堂《ぎょうどう》は数少ない山岳画家の一人といえる。ただ、無名の画家であっただけに謎も多く、それがまた興味をそそる理由となっている。日本画家であり版画家でもある高本の経歴を、『十勝美術史概観』（帯広市教育委員会、一九八五年）を参考にして、分かりうる範囲で追ってみよう。

コラム 9

絵になる山で結婚式

1982年７月３日、「夏山シーズンを迎えた北海道の最高峰、旭岳の山頂できょう、山好きのカップルが結婚式を挙げました」という明るいニュースがNHKを通じて全国のお茶の間に流れた。新婚カップルは馬場康人と真智子夫妻。馬場は東京出身で、学生時代に旭岳温泉を訪れてから旭岳をはじめ北海道の山々の虜になり、毎年、旭岳などに通うようになった。一方、埼玉県出身の真智子は友禅染めを仕事にしていたが、たまたま同温泉のユースホステルでヘルパーとして働いていた時に二人は知り合い、馬場が教員試験に合格したのを機にプロポーズした。

「私たちは旭岳のふもと勇駒別で知り合い、旭岳の頂上で結婚式を挙げます」という案内に、東京や札幌から友人らがお祝いに駆けつけ、前夜の夜更けまでリハーサルを繰り返して山頂結婚式に備えた。山頂に張ったテントで二人は純白のスーツとウエディングドレスに着替え、ウエディングケーキも山頂でトッピングして形を整えた。友人が演奏するウエディングマーチの中で永遠の愛を誓い、結婚指輪を交わした。参列者は「祝結婚、おめでとう」の一文字、一文字を書いた凧を15枚も用意しており、一斉に凧を揚げて祝福した。NHKのニュースで旭岳山頂の結婚式が報じられたのはこの1回だけ。山頂での凧揚げも、その後に記録はない。

二人は結婚後、大好きな北海道で新生活を始めている。大雪山は何と言っても一番が旭岳、そこから南、新得町に広がるはるかな五色ヶ原のお花畑も気に入っているという。三人の娘に恵まれ、「あさひ」「はるか」「のはら」という名前を付けている。大雪山万歳！

山頂結婚式（写真提供：馬場康人）

高本は一八八八（明治二一）年に広島県で生まれた。本名は平四郎という。少年期のことはよく分からないが、九州に渡ったあと二〇歳代の初めまでは医家の書生をしていたらしい。やがて絵画の世界に興味をもち、京都に行って南画風《なんがふう》(24)の画家のもとを歴訪し、三度の食事のみ与えてもらい、筆洗いや絵具溶きなどを手伝いながら画風を習った。いわゆる、住み込み見習いである。

三〇歳ごろ、画筆一本をたずさえて、北に向けて当てもなく放浪の旅に出る。各地の風物や肖像画を描いて、それを売りながら食費や旅費を得るという毎日で、橋の下や社寺の境内《けいだい》に寝泊まりをしながら津軽海峡を渡った。一時期、滝川や富良野にも滞在したようである。

昭和初期になって帯広に定住しているが、四〇歳くらいであったと思われる。一九四四年に遅い結婚をし、西本願寺帯広別院（西別院）裏の自宅に「画禅道場」の看板を掲げた。観光地向けの手刷り絵はがきや、身近な所を対象にした絵画や版画によって生計を立てた。そして一九四七（昭和二二）年ごろ、占領米軍マッカーサー元帥に画帳を贈って感謝状を受け取っている。

人となりは、無欲、清貧としか言いようがない。画壇的な経歴もないが、十勝地方に多くのファンを得た。一九六四年に帯広を離れ、札幌在住の義子・義雄（妻の連れ子）のもとに身をよせる。一九六六年、札幌丸井デパートで個展を開き、初日に会場に現れたが翌日に病で倒れ、その一か月後、札幌市立病院にて永眠、七七歳であった。高本の作品は、帯広商工会議所、芽室日甜（日本甜菜）、十勝川温泉などに所蔵されているほか、日本画がブリヂストン美術館に収蔵されている。

彼の唯一の弟子である鈴木暁峰《ぎょうほう》（音更町木野在住）のもとに色紙判の版木の一部が保存されており、その刷りと頒布に関して暁峰は、師より生前に認められていた。近年、帯広市内にある弘文堂画廊で、これらの作品展が開催されてもいる。

高本は、平原社美術協会の会員であった。同会は帯広、十勝を代表する公募団体で、洋画、日本画を中心に版画や彫刻を対象にしている。第一回展は一九二七（昭和二）年という、古い歴史をもつ会である。一九五七年ごろの市街地図を見ると、帯広市東一条南四丁目に「高本画房」を開いていたことが分かる。

『平原社美術協会四〇周年記念画集』（一九五五年）には、彼の作品である「雄阿寒岳」が掲載されている。彼はその作品に、次のような言葉を添えている。彼の画心の一端を表したものといえる。

「阿寒双湖台付近からみた雄阿寒岳とペンケトー、パンケトーの総観をまとめてみた作。実体のよさに魅せられ、濃彩を重ねたくなるがうまくゆかない。結局だんだん淡彩にたちもどって、意到筆不到底（ママ）のものを愛するようになる。日本画はやはりこれに甘んずべきだ」

（24）江戸中期以降、南宗画《なんしゅうが》の影響のもとに独自の様式を追求した新興の画派。池大雅や与謝蕪村が代表。

また同書には、一九四五年春、八鍬《やくわ》一郎(25)を中心に高本ら帯広近在の画家六人が、駅頭にベニヤ板三六枚つづきの敵前上陸の大壁画を描いて士気高揚につとめた……とある。敗戦直前のことでもあり、雑なつくりであったと思われるが、さぞかし壮観であったことだろう。

このように、高本は画筆だけで生計を立てるためには心ならずも描かねばならない画材もあったようだが、彼が本来描きたいテーマは山岳画であったはずだ。自ら登山をして描く山の絵である。それを証明するように、彼の絵には必ずと言っていいくらい山が描かれている。背景となっている山も、添景というよりも大きく、彼の目は山に向かっているように思える。また、弟子に「暁峰《ぎょうほう》」の雅号を与えていることにも、彼の山への指向が表れている。

一九八二（昭和五七）年に開館した「帯広百年記念館」(26)では、地域にゆかりのある作家の作品を計画的に購入しているが、高本の作品ももちろん購入され収蔵されている。『国立公園　大雪山と渓谷』と題するもので、木版画一二点が台紙に貼付され、アルバム形式で一冊にまとめたものである。

また同館では、一九九〇年、「帯広・十勝を描く展」を「ふるさとの美、再発見を掲げて」をサブテーマとして開催している。その際には、高本の日本画が五点展示された。「然別湖」という作品をはじめとして、そのほかの絵の背景にはすべて山が描かれている。そのなかに「寛政十年秋　近藤重蔵入東蝦夷地刀勝留邊志別《とかちるべしべつ》開道之圖」という作品があるが、橋を架けて道を造る様子が描かれており、非常に興味深いものである。

一七九八（寛政一〇）年、近藤重蔵[27]がエトロフ島からの帰途、広尾海岸が危険なので資金を投じてルベシベツ（広尾町）よりピタタヌンケ（えりも町）に至る山道を開いた。そのことを、従者であった下野源助[28]が『東《とう》蝦《か》新道記』という本に記録した。蝦夷地道路開削の最初と言われている様子を高本は絵にしたわけである。「歴史画」というべきものだが、彼は歴史も独学で知識を得ていたと思われる。

そのほかに興味をひくのが「開墾之圖」である。豚が農地を耕している絵であるが、豚による開墾は考えられない。依田勉三[29]が詠んだ句に、「開墾のはじめは豚とひとつ鍋」というのがあるが、これから連想してユーモア的に描いたものであろう。この絵にも、やはり背景として残雪の山が描かれている。

---

(25)（一九〇三～一九五九）平原社創立期の会員、独立美術協会展入選、道展会員、帯広市文化賞受賞。

(26) 帯広の開拓一〇〇年を記念して設立された。十勝のアイヌ文化や十勝の自然、開拓や農業の歴史などを紹介している。住所：〒080-0846　帯広市緑ヶ丘2　TEL：0155-24-5352

(27)（一七七一～一八二九）東西蝦夷地、クナシリ、エトロフなどを六回にわたって北方探検。クナシリ、エトロフに木標を立てる（揮筆は下野源助）。

(28)（一七五二～一八一一）本名は木村謙次。近藤重蔵の従者としてクナシリ、エトロフを探検する。

(29)（一八五三～一九二五）晩成社を結成して入植、十勝開拓の先駆者。農馬の導入、養豚業も試みた。

ちなみに、この句の解釈は、きびしい開拓のころは豚の餌とまちがえるような貧しい食事であるという意味らしい。この絵や句は、ラーメンや豚丼のPRに、そして菓子の名前にも活用されているというのが面白い。彼の絵には、後述する画帳も含めて、すべての作品に制作年が表記されていないので作品から彼の動向を追うことは難しい。

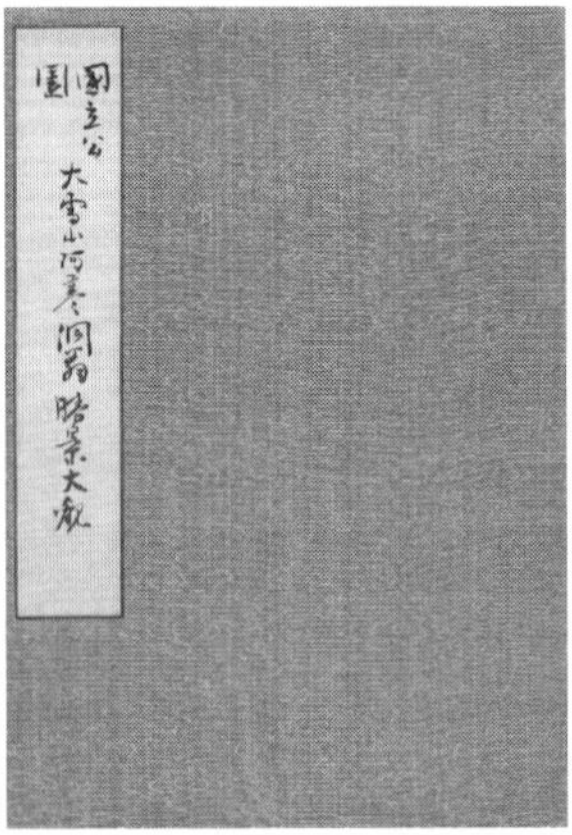

『国立公園　大雪山阿寒洞爺勝景大観』の表紙

さて、高本の大雪山の画であるが、筆者の手元に一冊の画帳がある。『国立公園　大雪山阿寒洞爺勝景大観』である。大きさはタテ三三センチ×ヨコ二四センチ、四方金・正絹表装の折り本・帙《ちつ》入り(30)という豪華本である。見開き全面に掲載されている単彩、淡彩の絵は、大雪山七景のほか阿寒、洞爺、駒ヶ岳で、合わせて表裏一四景だが、大雪山を中心にした画帳と見ることができる。

直筆の画帳で署名落款《らっかん》入りだが、制作年や奥付がないのでいつ描かれたのかは分からない。ただ、支笏洞爺国立公園が指定されたのは一九四九（昭和二四）年であることから、それ以降ということにはなる。そのなかから、大雪山国立公園内の画のみを挙げておこう。

①層雲峡

②大雪山永山岳愛別岳
③大雪山黒岳層雲峡登山口
④大雪山黒岳頂上より屏風岳及武利《むりい》岳武華《むか》岳を望む　八月
⑤大雪山旭岳之残雪及遠く十勝岳連峰を望む　七月上浣《かん》
⑥旭岳中腹より熊岳比布岳北鎮岳凌雲岳黒岳を望む　七月上浣
⑦大雪山系沼之原山千五百米位《くらい》より五色原山トムラウシ山を望む
七月上浣

以上の七景であるが、これらの作品を見ても彼がよく登山をし、山を熟知していることが分かってくる。どうやら雪山には登っていないようだが、大雪山黒岳層雲峡登山口の絵は冬期である。

この種の画帳は家蔵用ではなく、何冊分も描いて頒布していたようである。長野県松本市在住の百瀬武（日本山書の会会員）も同様の画帳を所蔵している。松本の古書店で入手した『国立公園

(30)　書冊の損傷を防ぐための覆い。厚紙に布を貼ってつくるものが多い。

大雪山黒岳層雲峡登山口

大雪山旭岳之残雪及遠く十勝岳連峰を望む

大雪山阿寒勝景大観』という表題の画帳である。前画帳と比べると洞爺が抜けているが、それでも二四景ある。それだけ、大雪山に重きを置いているということになるのだろう。

画帳の体裁は先のものと同じだが、正絹表装の図柄は違う。ただ、二四景と多いのでその分厚くなり四〇ミリ以上にもなる。もちろん、よく似た構図も多いが、そのなかから大雪山関係のみを挙げておこう。

①十勝霊山ニペソツ岳より大雪山五色原山忠別岳を望む

②糠平渓谷より霊山ニペソツ岳を望む　早春

③然別湖

④芦別岳上より十勝岳を望む　六月

⑤十勝岳噴火口より大雪山を望む　六月中浣

⑥十勝川源流沼之原山千五百米位よりトムラウシ山五色原山を望む　七月上浣

⑦旭岳残雪并噴火口を望む　於当麻岳中腹　七月上浣

⑧大雪山旭岳御來迎《ごらいげい》石狩岳熊根尻《クマネシリ》岳を望む　八月上浣

糠平渓谷より霊山ニペソツ岳を望む早春

十勝霊山ニペソツ岳より大雪山五色原山忠別岳を望む

⑨大雪山黒岳
⑩大雪山愛別岳永山岳
⑪層雲峡流星瀧
⑫層雲峡

以上の一二景が数えられるが、両画帳を見比べてみるとまず落款を変えていることが分かる。また、同じ構図のものもいくつかあるが画名が変わっている。しかし、同時期の景観の再現と見てまちがいないだろう。同じ大雪山でも、この画帳の場合は十勝側の東大雪の山が多い。

「①十勝霊山ニペソツ岳より大雪山五色原山忠別岳を望む」は、その名のとおりニペソツ岳[31]から望む大雪山だが、彼の描くものとしては珍しく人物が登場している。ニペソツ岳手前の台地（丸山か）で休んでいる一〇人の登山者が、リュックや背負子を置き、一人はピッケルを地面に突き立てながら自らも立っている。人物は添景ではあるが、円形にみんなが座って食事をしているようにも見られ、非常に興味深い描写となっている。

(31)　標高二〇一三メートル。新得町と上士幌町の境にあり、標高二〇〇〇メートルを超える山としては国内でもっとも東に位置している。

「②糠平渓谷より霊山ニペソツ岳を望む　早春」も含めてニペソツ山を「霊山」と呼んでおり、高本にとってこの山は特別の山であったのだろう。また、「⑧大雪山旭岳御來《ごらい》迎《げい》石狩岳熊根尻《クマネシリ》岳を望む　八月上浣」の、旭岳から東方クマネシリのご来光の絵も珍しいし、「⑪層雲峡流星瀧」では秋の層雲峡の風景が描かれているが、紅葉のシーズンということもあって色彩豊かなものとなっている。

すべての作品を写真として紹介することは紙幅の関係でできないことを申し訳なく思うが、大雪山や阿寒以外の作品もある。変わったところでは、「六月之日勝連峯札内岳ポロシリ岳　於剣岳上」というのがある。日勝連峯は日高山脈のこと、剣岳は「剣山《つるぎやま》」と呼ばれている高さ約一二〇〇メートルの山のことで、日高山脈北端の前山である。たしかに日高の展望台となる山であり、その山上から描いたものだが、雲上に聳える残雪の日高を描く象徴的な画となっている。

それ以外にも、[32]「温泉境《きょう》川湯硫黄山高山植物帯」や「芦別岳之残雪　六月」がある。後者は芦別岳の山頂から夫婦岩の峩々《がが》たる山稜を描いたものだが、先に挙げた「④芦別岳上より十勝岳を

大雪山旭岳御來迎石狩岳熊根尻岳を望む　八月上浣

望む　六月」と同じ時期のものと思っていいだろう。北アルプスの穂高連峰を思わせるような構図となっている。

こうして見ると彼の登山は、大雪山は言うに及ばず、阿寒湖、摩周湖の山、芦別岳や日高の前山剣山、道南の駒ケ岳、支笏湖の樽前山など、かなり広範囲にわたって歩いて登っていることが分かる。日高山脈に向かう計画のことが新聞記事として紹介されていたが、その結果は知らない。

とはいえ、やはり高本のホームグラウンドは大雪山であったと筆者は確信している。高本暁堂の人生は、画壇においては無縁の人であったかもしれないが、「山岳画家」と呼べる数少ない一人であることはまちがいない。今後、高本の作品が多くの人に鑑賞され、その経歴などがもっと詳しく紹介されることを願っている。

（32）北海道夕張山地のほぼ中央に位置し、富良野市・芦別市・南富良野町にまたがる標高一七二六メートルの山。山頂は、富良野市と南富良野町との境界にある。

六月之日勝連峯札内岳ポロシリ岳　於剣岳上

エピローグ　旭岳・硫黄採掘への道

「硫黄」という言葉からいったい何を連想するだろうか。北海道に住む人であれば、硫黄山《いおうざん》(1)か硫黄山温泉(2)を想起するかもしれない。ひょっとしたら、太平洋戦争の悲惨な激戦地となった硫黄島(3)を思い出す人もいるかもしれない。

硫黄山は全国にたくさんあり、いずれも硫黄が存在し、産出されることによって命名されたものである。そして、硫黄山といえば火山となり、火山といえば温泉となる。言うまでもなく日本は火山列島なので、至る所に硫黄があり温泉がある。

一方、地獄谷といえば北海道においては登別温泉が有名だが、同名の地は全国各所にある。硫気孔や煮えたぎる湯沼、泥火山（ボッケ）、草木もなく荒涼とした地獄のように恐ろしい所を意味し、そこにも硫黄があって温泉が湧出している。もちろん、「地獄沼」と呼ばれる場合も同様である。

山岳地帯でも「地獄谷」と称する谷は全国各地にたくさんあり、大雪山の層雲峡にもある。地獄谷という表記は、登るのに険しい谷、通過の難しい谷を意味する場合が多く、必ずしも火山とは直結していない。ここ層雲峡の地獄谷も、危ない崖という難所のことである。

それにしても、硫黄はきわめて身近な存在でありながらその実態があまり知られていないようだ。硫黄は「燃える石」とも呼ばれ、金属ではないが鉱物の一つで、元素記号は「S」となっている。用途は、火薬・マッチ・肥料・薬用・漂白剤・ゴムの製造など、化合物として幅広く用いられている。なかでもマッチは、つい近年まで火を点ける用具として、どこの家庭でもなくてはならない生活必需品であった。

一般的にマッチは、軸木に頭薬をつけたいわゆるマッチ棒と、側薬（箱の側面）を摩擦させて発火させる用具であり、漢字では「燐寸」と書く。「燐」は摩擦面、「寸」は軸木を意味している。これまで、小箱の広告マッチとしても多用され、ラベルのコレクションも一時期かなりはやった。軸木は、マッチ棒遊びやマッチ棒クイズなどとして、大人も子どもも面白く楽しんだものである。なかには、アンデルセン『マッチ売りの少女』の哀しい童話を思い出す人もいるだろう。

言うまでもなく、マッチはみんなに親しまれ愛された実用品であったが、その後ライターや発

（1）北海道上川郡弟子屈町にある第四紀火山で、標高は五一二メートル。「アトサヌプリ」とも呼ばれている。
（2）北海道川上郡弟子屈町にある温泉だが、宿泊施設はない。山間のゴツゴツとした岩の間に露天風呂がある。
（3）小笠原諸島の南端近くに所在する、東西八キロ、南北四キロの島。

火装置付き器具、電子レンジ、電磁調理器などの普及によって現在ではすっかり姿を消してしまった。しかし、マッチは現在も生産されており、卑近な例では神仏の行事などに使用されている。前置きが長くなってしまったが、そろそろ本題に入ることにする。

大雪山域に硫黄の存在することは早くから知られていた。しかし、初期の文献ではその位置についてはあいまいな記述が多い。一八八八（明治二一）年に出版された『北海道鉱床報文』によると「ケンルニ硫黄山」の項がある。ケンルニとは十勝側の呼称で、上川側では「オプタケシケ」と呼ぶとある。文面を一見して大雪山旭岳とも解されるが、『増補大日本地名辞書』（吉田東伍著、冨山房、一九〇九年）によると、「オプタケシケ」の項には「一名ケンルニ、今は十勝岳という」と記されている。そのことから察すると、ケンルニ硫黄山は十勝岳を指していることになる。

一般にはあまり知られていないかもしれないが、もっともよく大雪山の硫黄を説明している初期の文献は『日本名勝地誌』（松原岩五郎著、博文館、一八九九年。一五四ページの**コラム7**参照）である。少々長くなるが、その部分を紹介しておく。

山岳中その高峻なるものを挙ぐれば大雪山（元名ヌタカウシユベ）なり、旭嶽市街の東南十里に聳《そび》へ海を抜くと八千余尺、実に本道第一の高山にして峯頭《ほうとう》七ツに岐《わか》れ中間一大陥谷《かんこく》を成し熱湯を噴出す蓋《けだ》し昔《いにしえ》噴火の跡なり、此の山巓《さんてん》は悉《ことごと》く巉岩《ざんがん》を以て成り白雪常に其上《そのうえ》に被《かむ》

り風丰磈奇《ふうぼうかいき》半腹以上は嵌岢《かんか》岞崿《さくがく》にして攀援《はんえん》すべからず加ふるに硫気坑《いおうこう》（ママ）所々に散在して四辺硫黄の臭気甚だしく澗水《かんすい》為めに硫化して全く魚介を産せざる所あり。（前掲書、一〇八ページ。一部常用漢字に改変）

引用文には読点はあるが句点はなく、旧仮名遣いで難解な文字が並んでいるが、かなり具体的な表現であることは分かるだろう。どうやら、旭岳よりお鉢平を指しているようである。また、唐突に「旭嶽」の名が出現しているが、これは旭川の誤りであると思われる。往々にして物議を醸すところである。

さて、本題の旭岳硫黄採掘であるが、旭岳の西面には大きくえぐられた爆裂火口がある。ここもまた「地獄谷」と呼ばれており、その裾には轟音とともに幾本もの白い噴煙が上がっている光景が今でも見られる。このあたりで硫黄を採掘していたのであるが、七〇年も前のことなのでそのことを知る人も少なくなってしまった。とはいえ、鉱山史や鉱山研究調査に関する論文報告などには記載されているので、それらの記録や関係者の聞き取りから旭岳硫黄採掘の歴史を振り返ってみたい。

北海道地学会、北海道開発庁、北海道商工部、工業技術院（旧通産省）で調査研究報告がなされているが、これらはいずれも専門的かつ学術的なものである。具体的に分かりやすいのは、一九五二（昭和二七）年に発行された『北海道の金属鉱業』（北海道鉱業会編・発行）である。同書から、旭岳硫黄山の項をそのまま転記しておこう。

旭岳硫黄山

鉱区番号及主要鉱種　石狩国採登第二二六号　硫黄

鉱業権者　八木橋末太郎　小樽市色内町六丁目二五

位置交通　石狩国上川郡東川村、大雪山群中の峻峰旭岳二二九〇メートルの西側中腹一六〇〇メートルに位している。旭川市の南東三二キロにあり、ピウケナイ沢と忠別川の合流点より一〇キロの所に湧駒別温泉がある。これから五キロで鉱区に達する。交通不便。

沿革　一九四二（昭和一七）年中川某が採鉱に着手し、精錬所を野花南に建設し、試験製錬着手直前、一九四四年硫黄整備により休業した。一九五一（昭和二六）年現鉱業権者が鉱区を譲り受けて、現在に及んでいる。

地質鉱床　地質は新第三紀石英粗面岩・凝灰岩等よりなりこれを貫いて安山岩類が迸出《ほう》して

硫黄の原石を麻袋に詰めた辺り（撮影：西原義弘）

いる。鉱床は昇華硫黄鉱床と、安山岩に硫黄の鉱染せる鉱染鉱床に大別出来る。露頭は現在七ヶ所に発見せられていて、総埋蔵量約四〇万トン（品位五〇％以上）昇華硫黄の鉱量のみでも約七万トン（品位七五％以上）と鉱業権者は計算している。

操業状況　一九五一年九月から採鉱を開始し、同年一一月上旬まで継続毎日一五トンの粗鉱を産出し、これを処理するため、野花南にダラ煮製錬所を建設して製錬を行ったが、成功しなかったので、一九五二年度は電気製錬法による製錬と、架空索道の建設による本格的操業開始を計画し、準備を進めている。（前掲書、一五九～一六〇ページ）

「旭岳硫黄山」の記述はここで終わっているが、これによってその規模と採掘の推移を知ることができる。余談になるが、同書を発行した北海道鉱業会の会長は大町政利で、かの大町桂月の甥であり、彼の名前は桂月の「層雲峡より大雪山へ」にも登場している。

桂月は層雲峡から登って黒岳から旭岳まで縦走、予定よりかなり遅れて松山温泉（天人峡温泉）に下山した。倶知安に勤務の政利は、網走への出張の帰途、桂月の宿泊する旭川の旅館で待っていたが、桂月は下山せず行方不明となった。明日は捜索隊を出すというので、彼もその一員に加わろうとしていた矢先に下山してきたというエピソードがある（第2章2節、4節を参照）。

大町政利は桂月の次兄政次郎の次男として高知に生まれ、東大工学部鉱山学科を卒業している。

学生時代には、桂月に連れられて富士山麓の旅をしたこともある。卒業後は輪西《わにし》鉱山倶知安事業所に勤務し、それ以後、北海道鉱業関係の業務を続け、鉱業界の要職を歴任した。戦後の一九四八（昭和二三）年に、仁倉鉱山（佐呂間町）の鉱山権を譲り受けて個人経営を開始し、一九五〇年には大町鉱業株式会社（本社・札幌市）を設立して、鉱物や土砂の採掘販売を行った。まさしく、大町政利も大雪山旭岳にゆかりの人物といえるのではないだろうか。

ところで、旭岳の地獄谷の硫黄採掘地は、交通不便な標高一五〇〇メートルもの高地にある。採掘してからどのようにして運搬したのだろうか。このあたりのことについては、地元東川町の資料「東川町古老聴き取り調査報告書」（東川町教育委員会、一九八七年）と『郷土史　ふるさと東川　Ⅱ　激動編』（一九九四年）に有力な手がかりとなる記述がある。要約して紹介しよう。

一九四一（昭和一六）年、中川某なる人物が旭岳硫黄採掘株式会社を設立した。当初は噴火口から採掘して、麓までの搬送はすべて人力によっていた。しかし、それではあまりに効率が悪いので、オート三輪車を姿見の池まで運び上げることで能率アップを図った。そのために、タイヤやエンジンなどを分解し、土橇《どそり》に小分けをして人力で引っ張り上げて現地で組み立てている。採掘した硫黄の原石を麻袋に詰め、第一天人ヶ原まではオート三輪車で運び、ここから精錬所のある野花南《のかなん》までは人力の土橇で運んだという。

のちに運送経路の短縮と効率を上げるため、オート三輪車で現在のロープウエーの「姿見駅」

辺りまで運び、ここから土橇に原石を積み込んでロープで縛りつけ、急斜面を利用して一気に突き落とした。土橇の止まった所からは、丸太を敷き詰めて通路を造り、これに重油などを塗って土橇を滑らせて勇駒別《ゆこまんべつ》（現・旭岳温泉）まで運送したとある。

さらにのちには、姿見駅から勇駒別まで簡易ケーブルを利用して運送されるようになり、姿見駅付近には管理小屋の建物があった。この小屋が、一九六六（昭和四一）年に着工したロープウエーの建設に一役を担ったという。こうした硫黄採掘も、戦争の激化による労力不足で一九四四年に廃鉱となっている。

この硫黄運搬道については、『北海の高峯　大雪山登山案内』（天野市太郎、一九四八年）という本でも触れられている。同書は、一九二六（大正一五）年に小泉秀雄が著した『大雪山　登山法及登山案内』以後初めて出版されたもので、戦後初の大雪山登山案内書である。案内書といっても、昨今のようにビジュアルな写真や画像によるガイドではなく、文字で綴る克明な登山記となっており、懇切丁寧な案内文が長々と続いている。もちろん、要所には手書きの地図や写真が掲載されている。

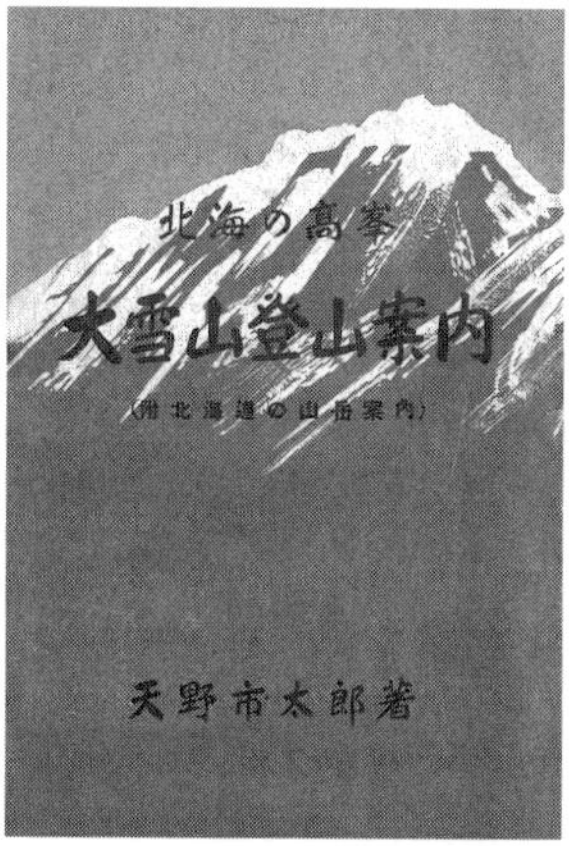

『大雪山登山案内』の表紙

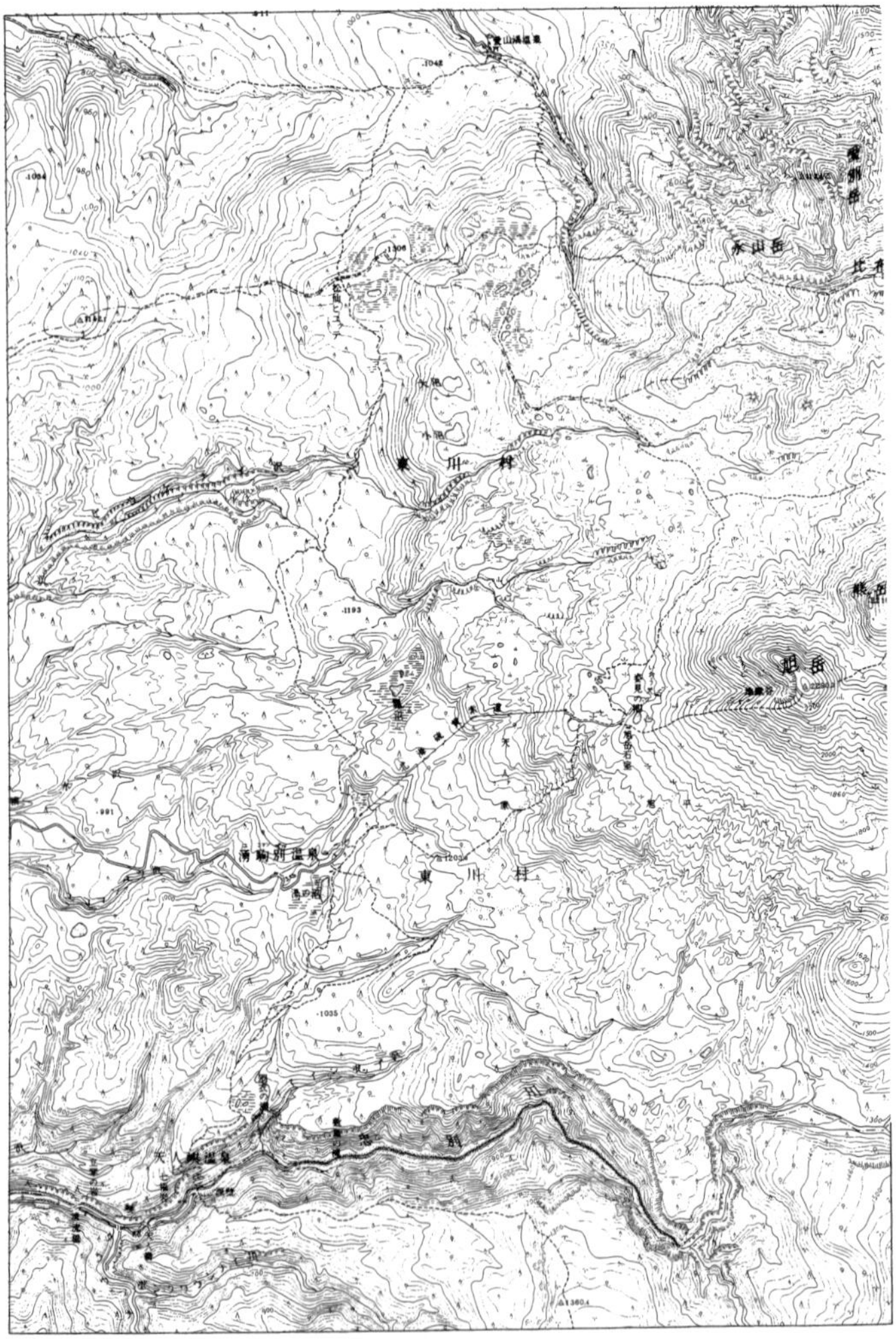

地図に記されている硫黄索道。現在のロープウエーにほぼ重なる（出典：『日本図誌大系　北海道・東北』朝倉書店、1980年、254ページ）

交通機関は、旭川から旭川電気軌道に乗車して東川へとなっている（二一二ページの写真参照）。そこから歩くのは大変なので、東川に駐在する道北貨物のトラックを前もって交渉しておくとよいという記述もある。「トラックは上志比内から材木を搬送するので、上りは空車であるから、かなりの人数を乗せることができる」と、丁寧な説明がされている。

案内も、旭川を六時始発の電車に乗ることからはじまり、七時にトラックに乗車して一時間余りで下車。ユコマンベツ沢の入り口で軽い食事をとり、休憩時間は四〇分となっている。少し長いようだが、服装や足ごしらえの点検、水筒に水の補給など時間の余裕はなく九時出発となっている。

このような調子で、周りの様子や道の状況、どこで休憩、どこで昼食など、至れり尽くせりの案内が続いていく。続けて紹介していこう。

登り口には小さな谷川が流れており、工場らしい建物と硫黄の粉末状のものがこぼれているので、気を付ければ分かりやすいはずだと説明したあと、途中から硫黄運搬道の跡がそのまま登山道になっているという記述がある。

その道路は幅二メートル足らずで、延々と続いているが適当な斜度が保たれているのできわめて歩きやすい。それはちょうど軌道に線路がないようなもので、一定の規格のもとに開削された道であることに気付くであろうと記述している。

長文のなかから硫黄に関する箇所のみを抽出して要約したが、ここを見るだけでも懇切丁寧な記述であることが分かるだろう。この本の著者である天野は、一九〇八（明治四一）年に旭川で生まれている。旭川師範学校の第一回卒業者で、教育者、登山家、郷土史家という肩書きをもち、旭川史編纂委員を務めたほか、福祉事業にも関与したのち一九九一年に亡くなっている。

この原稿を書くためにこのようなことを調べていたのだが、つい先日、当時の採掘や、運搬、また精錬の状況について有力な情報がもたらされた。美瑛町字みどり在住の水上勝からの情報である。一九三五（昭和一〇）年一〇月一〇日、美瑛町忠別地区（忠別ダムの湖底に没した地域）に生まれ育った水上の生々しい証言を読んでいただきたい（話していただいたことを改変して記述）。

「精錬所は、忠別川の向こう岸、東川町野花南にあった。場所はピウケナイ沢の右岸で旧橋を渡った平らな所で、柾葺《まさぶ》きの簡易な造りの平屋であった。精錬工程についてはよく分からない。

水上勝（左）と筆者

精錬所は戦時中からすでにあったが、精錬はしていなかった。当時は、原石のまま旭川に運んでいた。採掘した硫黄は、途中の山の上まで土橇で運んでいた。そこからは、人が背負子で登山道を担いで下ろしてきた。量的にはそんなに多くはなく、溜まると下ろしていたと思う。そういえば、父が下ろしたこともあった。

旧登山道は、現在『大雪山国立公園』の標識のあるあたりからジグザグの稲妻型に切られていて、一気に高い山に登った。戦後の採掘再開時にはこの登り下りが大変だったので、やがて高い山のてっぺんからピウケナイ沢右岸側の小高い山頂へケーブルがつけられ、一気に下ろすようになった。

ケーブルの鉄塔は両方の山頂に一本ずつと、途中に一本あったくらいで、ピウケナイ沢の上を斜めに下がってくるという配置になっていた。ケーブルは一日に一往復か二往復くらいで、ひっきりなしに動くような運搬ではなかった。そして、野花南で精錬がはじまったのである。精錬所からは煙が出ていた。忠別川を挟んだ水上の家まではにおってこなかったものの、近づくとマッチを擦ったときのような刺激臭があった。

ところが、一年を経過して春を迎え、新芽のころになっても煙の通う大雪山側一帯の草木は緑にはならず、黄色や汚い茶色に変色し、それは見事でさえあった。このありさまに野花南の人はもちろんだが、川向うの忠別地区の人たちも『このままでは山がなくなる』と心配して、世話役だった父も動き出し、今で言うところの公害問題となった。

結局、精錬は中止になってしまったが、精錬の期間は一年だったか、それとも二年くらい続けたか覚えていない。緑が回復するまでは一〇年くらいかかったのではないかと思う」

いかがだろうか、まるで目の前で硫黄が運び出されているかのようなリアリティがある。水上は、「ケーブル鉄塔の台座は下の道路からもよく見えたが、今でも残っているはずだ」と言っている。また、旧登山道を登り切ったあたりの谷間は珪藻土の採掘現場で、戦時中には水上の父親も冬に採掘して運んだと言っている。ちなみに、珪藻土は軍隊の非常食用の乾パンに入れられたと聞いているそうである。

これまで文献資料に基づいて述べてきたが、採掘した中川某や鉱業権者の八木橋末太郎の住所は青森県弘前市となっており、いずれもよく分からない人物である。さらに、東川町に住む広瀬常夫が所有している一枚の書面に不思議な人物が登場してくる。短いので、その全文を紹介しておく。

石狩國上川郡旭川村大字忠別小字ユコマベツ仝アイヌポップ仝ピウケナイ

等ノ内硫黄鑛五鑛区出願地　嶋田四郎

和紙に書かれた文面には日付も押印もない。不完全な断片的な文書であるが、地名の表現などから推察して明治中期のものと思われる。この文書の所有者である広瀬の父親は、旭川と東川間を馬橇による運搬業を営んでいた。たぶん、顧客だった旭川の知人から譲り受けたという。嶋田四郎という人物が旭岳の硫黄に着目して出願したらしいが、当時は砂金採りを含む鉱山師（山師）が一攫《いっかく》千金を夢見て北海道全域で山探しをしていたので、嶋田もその一人ではないかと思われる。

補足しておくが、忠別川（天人峡）の支流クワウンナイ川にはかつて国光鉱山があった。一九三七（昭和一二）年ごろから一九四五年まで、金、銀、銅、鉛、亜鉛、硫化鉄を採掘し、操業していたという記録がある。鉱床は大正初期に発見されたようで、北大理学部地質学科鉱物学の石橋正夫が国光鉱山の調査研究報告をしているが、ここでは本題からはずれるので省略させていただく。この石橋は、北大の山岳部で活動したあと北海道教育大学教授を務めたが、一九六二年に亡くなっている。

ここで記したように、旭岳の硫黄採掘については謎の人物も多く、採掘の年次についても記録によって異同がある。しかし、これまでの記述から、おおよそ採掘の実態を知ることはできるのではないだろうか。今では国立公園の中心地で硫黄採掘など考えられることではないが、このことは歴史的事実として記憶に留めておくべきであろう。現在も採掘運搬道の跡は残り、そこには硫黄の粒が落ちているのである。

また、本稿を「エピローグ」として最後に掲載したのも同じ理由である。まだまだ水上勝のように、文献に掲載されていないことを知っている人々が東川町をはじめとして近隣の町にはいる。本書の出版がきっかけとなって、さらなる情報が役場に集められることを願っているし、若い世代の方々には、このような歴史のもとに町が形成されていることを知っていただきたいと筆者は思っている。

もちろん、移住されてきた人たちや観光客の方にも知っていただき、『北海の高峯　大雪山登山案内』を著した天野市太郎のごとく、ゆっくりと旭岳の麓に広がる東川町を楽しんでいただきたい。本書で紹介できなかった自然、歴史、文化があることを力説したい。

あとがき

大雪山という呼び名がまだなかったころ、ここは「北海道中央高地」と呼ばれていた。まさに、北海道の真ん中にある山脈《やまなみ》である。

主峰旭岳の麓に広がる東川町は、二〇一四年に開拓一二〇年を迎えた。また、大雪山が国立公園に指定されてから八〇周年という記念すべき年でもある。節目となっていることをさらに挙げれば、「写真の町」宣言から三〇年、「写真甲子園」をはじめてから二〇年になる。このように、記念が重なるという意義ある年に、東川町はもう一つ「写真文化首都」を宣言した。

第一三代となる松岡市郎町長はネガティブ（否定的）な考えを嫌い、「予算がない」、「前例がない」、「ほかの町ではやっていない」といった「ない」という発想はまったく眼中になく、勇気ある行動をとれば何事も「できる」という考えの持ち主である。つまり、町長の思考回路はすべて「Yes, we can」しかないと思われる。

このように前向きな町長が、国立公園八〇周年にあたって『大雪山——神々の遊ぶ庭《カムイミンタラ》を読む』

の出版を支援する、と行政執行方針に織り込んだ。いったい執筆を誰に頼むのだろうか、と筆者は思っていた。東川町内には自然風景を撮る著名な写真家が数名いらっしゃる。登山者やハイカーから信頼されている優秀なネーチャーガイドも粒ぞろいである。旭岳温泉、天人峡温泉の「生き字引」と言われる方たちも多い。適任者と思われる方は大勢いるのだが、なぜか町長は最後の人選で誤り、町史編さん室に執筆の指示を出してきた。

恥ずかしい話だが、筆者は駆け出し記者のころ、登山者や営林局担当者らから聞き取りをして山開きの記事を書くような体たらくを繰り返していた。ネフローゼ症候群で死ぬ思いをしてから一念発起し、死ぬ前に一度は自分で山に登ってから書こうと思い、愛山渓から八島尾根へ行き、さらに中条岳はどこにあるのかと、まさに初心者の登山よろしく登っていった。このときの相棒もまた、登山経験がまったくない報道カメラマンだった。

あえぎあえぎ永山岳らしき方向に近づき、うしろを振り返ると、見事な夕焼けが西の空を染めていた。感動して、思わず二人は見とれてしまった。しかし、誰でも気が付くように、太陽は間もなく向こうの山に落ちる。そうすれば真っ暗になる。二人とも、慌て、恐怖で震えてしまった。暗闇を手さぐりでの下山となったが、懐中電灯も食料も着替えも持っていない、道さえも知らない無謀な登山で、遭難しなかったのが不思議なくらいである。

カメラマンの名誉のために付け加えておこう。彼はその後、大雪山の大学沼を泳ぎ切るヒグマの写真を撮り、一九八九年、北海道報道写真展で優秀賞に輝いたほか、十勝岳で撮り続けたナキウサギは絵本となっている。

　その後も、筆者は懲りずに素人登山を続けた。赤岳では、雷雲にあっという間に覆われ、目の前で光るのとドドドドカンと響くのがほぼ同時で、死ぬと思った。勇気ある行動をとれば何事もできると言う人もいるが、これは決して褒められた登山ではない。

　こんな惨めな経験をしている筆者だが、新聞社に在職していたころに「大雪山と人と」というコラムを連載したことがあり、活字を読んで大雪山を書くことならできるかもしれないと思うようになった。幸い、岩見沢で「大雪山房」を主宰し、「大雪山の父」である小泉秀雄のことなどをテーマにして大雪山文献書誌を数多く手がけている清水敏一さんから、「応援するから書きましょう」という温かい言葉をいただいた。

　二〇一四年四月から二人がかりで調査・執筆をはじめ、何とか上梓できたわけだが、本書に収められたものは構想時の一部でしかなく、すべてを書くことはできなかった。書けなかったことの一部を挙げると以下のようになる。
①「カムイミンタラ（神々の遊ぶ庭）」と崇めたアイヌ民族と大雪山のかかわり。旭岳温泉では毎年六月、山の祭り「ヌプリコロカムイノミ」が永く行われている。
②北海道東川高校郷土研究部がかつて、白雲岳の石器を調査したことがある。石器はオホーツク

振興局白滝村（現・遠軽町）から産出した黒曜石が多い。今、改めて注目され、「あさひかわジオパークの会」がルート調査など、古代にロマンを馳せている。
③天人峡温泉の顔でもあった旧・天人閣の名物支配人、故・大門金光が書き残した「天人閣史」が存在する。自分史ともいえるこの文面に光を当て、紹介したかった。
④北海道教育大学旭川校の研究施設が一九六〇年に旭岳温泉に建設され、以来、半世紀にわたる研究成果は膨大な量になると思う。遭難救助活動の拠点にもなっており、その歩みに近付きたかった。
⑤忠別川の敷島の滝のさらに奥に入った奥忠別地点に昭和二十年代後半、発電所建設計画が持ち上がり、困難な測量の末に地形図ができあがり、実施設計へ進んだが幻となってしまった。

このように書き切れなかったことはまだまだあるが、調査不足とともに時間切れとなってしまった。何年かのちに、もし本書の続編がつくられるのであれば、是非これらの話を盛り込んでもらいたいと思っている。本書を読まれ、大雪山に興味をもたれた若い世代に期待したい。

なお、東川町が保管している大雪山に関する書籍など約三五〇点については、目録集として「大雪山から育まれる文献書誌集～豊かな自然・さまざまな生命・歴史文化の記録」を二〇一四年三月にまとめ、冊子として発行している。町のホームページでも閲覧できるので参考にしていただきたい。

大雪山と旭岳の本として読者の目に触れられる一冊となったのは、編集を引き受けてくれた株式会社新評論の武市一幸氏のおかげである。また、共著者の清水敏一氏には、生涯、頭を下げげっぱなしとなってしまった。このお二人に感謝するとともに、新情報や文献書誌の提供などにご協力いただいた方々のお名前のみを記載してお礼としたい。

東延江、大久保孝英、神田健三、沓澤章俊、煙山一恵、斎藤均、笹川良江、鮫島惇一郎、宗万忠、高澤光雄、田中一、俵浩三、千廣俊幸、坪川博明、寺島一男、戸川久美、友田教章、中谷良弘、長野茂、野口不二子、馬場康人、春菜秀則、平林元、広瀬常夫、吹上精一、福田和民、福田洋子、松枝大治、水尾昭治、水上勝、百瀬武、山崎敏晴、吉田和子、吉田嗣郎、両瀬渉

そして最後に、町の事業として本書の製作を指示された松岡市郎町長をはじめとして、役場スタッフのみなさまに感謝申し上げたい。

二〇一五年　一月

西原義弘

引用・参考文献一覧

第1章　1　旭岳に降る雪の結晶は美しい——吉田六郎

・『天から送られた手紙　[写真集　雪の結晶]』中谷宇吉郎　雪の科学館、一九九九年。
・吉田六郎「吉田六郎〈記録映画監督・撮影〉受賞と略歴　自己総括」（配付資料）一九九〇年。
・吉田嗣郎の手紙〈師匠、吉田六郎とのえにし〉。
・中谷宇吉郎『雪』岩波書店、一九九四年。
・樋口敬二・池内了編集『中谷宇吉郎集』（全八巻）岩波書店、二〇〇一年。
・樋口敬二編『中谷宇吉郎随筆集』岩波書店、一九八八年。
・東晃『雪と氷の科学者・中谷宇吉郎』北海道大学図書刊行会、一九九七年。
・口野哲夫編集『中谷宇吉郎　ゆかりの地』中谷宇吉郎雪の科学館友の会、二〇〇〇年。
・井上直一『海にも雪があった』（私家版）一九九二年。
・〈低温科学〉北大低温科学研究所、一九七〇年。
・谷川俊太郎・文、吉田六郎・写真、吉田覚・企画、構成『きらきら』アリス館、二〇〇八年。
・吉田六郎・写真、吉田覚・写真解説『雪の結晶』（ポストカードブック）平凡社、二〇〇一年。
・片平孝『雪の手紙』青菁社、二〇一一年。

第1章　2　大雪山に降った雪の日方を測る――中谷宇吉郎

・『北大百年の百人』北海タイムス社、一九七六年。
・中谷宇吉郎『寺田寅彦の追想』甲文社、一九四七年。
・『郷土史　ふるさと東川　Ⅲ　希望編』東川町郷土史編集委員会、一九九四年。
・〈科學〉第一八巻、昭和二三年四月 第四号、岩波書店、一九四八年。
・井上直一『海にも雪があった』（私家版）一九九二年。
・『大雪山水系及び洪水の研究』財団法人農業物理研究所、一九五〇年。
・中谷宇吉郎『イグアノドンの唄』文藝春秋社、一九五二年。

第1章　3　日本一のクロスカントリースキーコース

・〈北海タイムス〉一九八二年一〇月一六日付朝刊、一九八六年一一月二七日付朝刊。
・〈北海道新聞〉一九八六年二月五日付夕刊、二〇〇九年一一月二七日付朝刊。
・〈大雪山「旭岳ノルディックの森」構想〉北海道東川町、旭岳温泉観光協会、東川町観光協会、一九九三年。
・〈広報「写真の町　ひがしかわ」Vol548、一九九九年六月。

第2章　1　旭岳の名付け親――小泉秀雄カムイミンタラを行く

・小泉秀雄『大雪山　登山法及登山案内』大雪山調査會、一九二六年。
・〈学友会雑誌〉第一三号、庁立旭川中学校学友会、一九一八年。

・小泉秀雄著「北海道中央高地の地學的研究」〈山岳〉第一二年第二、三号所収、日本山岳会、一九一八年。
・小泉秀雄『小泉秀雄植物図集』小泉秀雄植物図集刊行会、一九九五年。
・沼佐隆次『大雪山と阿寒』北海道庁景勝地協会、一九三五年。

第2章　2　天人峡の由緒来歴あれこれ

・太田龍太郎『霊山碧水』編集発行・植村外三郎、一九三四年。
・笹川良江編『大雪山国立公園生みの親　太田龍太郎の生涯』北海道出版企画センター、二〇〇四年。
・「陸地測量書類一括」（大正五年以降　及大正十四年土地連絡測量）東川町役場永年保存資料。
・小泉秀雄「大雪山登山記」〈山岳〉第一一年第三号所収、日本山岳会、一九一七年九月。
・『郷土史　ふるさと東川　Ⅰ　創世編』東川町郷土史編集委員会、一九九四年。
・『帝室林野局五十年史』帝室林野局、一九四〇年。

第2章　3　ハゴロモホトトギスの数奇な里帰り

・舘脇操『石狩川上流高原温泉の植生』北海道大学植物園研究報告第2号　別刷：（73-115）一九六九年。
・〈モーリー〉No.24、財団法人北海道新聞野生生物基金、二〇一一年七月二二日号（辻井達一　生物学者小伝　型破りの研究人生で、タテワキア提唱　舘脇操先生収録）。
・『舘脇操文献集』舘脇操還暦記念出版会、一九五九年。
・舘脇操『北海道　カラーガイド』保育社、一九六一年。

・〈植物研究雑誌〉（牧野先生米壽祝賀記念）津村研究所、一九四九年（舘脇操　ハゴロモホトトギス原記載）。
・舘脇操監修、千廣俊幸ほか編集『北海道森林植物写真譜　Ⅰ．草本篇』北海道林務部、一九五四年。
・千広俊幸「モー先生の追憶」〈北の山脈〉№24所収、北海道撮影社、一九七六年一二月一五日号。
・千廣俊幸『北ぐにの森と木に誘《いざな》われ』社団法人北海道造林振興協会、一九九九年。
・吉田友吉「天人峡地区　植物調査報告書」一九八九年七月七日。
・吉田友吉「大正時代新聞連載　中央高地登山記事集」一九九六年。
・〈旭川新聞〉一九二六年七月五日～七月九日（小菅雄七「山岳家の手記　大雪山登山の思ひ出」）。
・梅沢俊『北海道　山の花図鑑　大雪山』北海道新聞社、一九九六年。
・舘脇操「道博高山植物館と植物園」（私家版）一九五〇年。
・舘脇操「高山植物園と高山植物館」〈寒帯林〉一九五〇年八月号所収。
・『石狩川源流原生林総合調査報告書』旭川営林局、一九五五年一〇月。
・鮫島惇一郎「ユニ石狩越え」〈林業技術〉№460所収、社団法人日本林業技術協会、一九八〇年七月一〇日号。
・舘脇操「大雪盆地」〈寒帯林〉一九五〇年六月号所収。

第2章　4　大雪山の生き字引――塩谷忠の人生をたどる

・小泉秀雄『大雪山　登山法及登山案内』大雪山調査會、一九二六年。
・〈北海タイムス〉一九二三年八月二七日付。
・大町桂月「層雲峡より大雪山へ」〈中央公論〉一九二三年八月号所収、中央公論社。

・大町桂月「北海道山水の大観」〈太陽〉第二九巻第八号所収、博文館、一九二三年六月。
・『桂月全集』別巻（「再び北海道より」）興文社、一九二九年。
・田所貢「『逸話』故大町桂月翁の褌」〈土佐協会雑誌〉第五三号所収、土佐協会、一九三五年。
・大町芳文・大町文衛選、編『日本山水紀行』（「北海道山水の大観」）帝国講学会、一九二七年。
・『層雲峡　大町桂月記念號』大雪山調査会、一九五二年。
・〈寒帯林〉一三～三一号（「大町桂月翁を想う」旭川営林会機関誌、一九五一～一九五二年）。

第3章　1　旭岳への学校登山のあゆみ

・栃木義正『突兀七千有余尺』（私家版）一九九四年。
・小池国信編「北海道地勢要覧図」本間清造発行、一九〇六年。
・小林安序「山と水」〈学友会雑誌〉第一号所収、上川中学校学友会、一九〇七年一一月。
・新里文八郎「大雪山探険旅行記」前掲誌所収。
・大平晟「ヌタプカムシュペ山」〈山岳〉第八年第一号所収、日本山岳会、一九〇九年八月。
・小泉秀雄「我が旭中の大雪山」〈学友会雑誌〉第一三号所収、旭川中学校学友会、一九一八年。
・礒部精一『北海道地名解』富貴堂、一九一八年。
・礒部精一『和愛愛和・アイヌ語辞典』東京実業社、一九三八年。
・上川文武館オプタテシケ登山写真説明、一九〇三年。
・『旭川市教育史』（上川文武館生徒の大雪山登山記念写真）東京実業社、一九八五年。

・東川小学校（尋常高等小学校）の旭岳登山（一九三七〜一九三八年ごろの写真、飛弾野数右衛門撮影）

第3章　2　民謡詩人・野口雨情大雪山に登る

・石田三三雄編『大雪山のあゆみ』層雲峡観光協会、一九六五年。
・「黒岳石室宿泊者芳名録」一九二六年七月〜一九二七年九月。
・〈旭川新聞〉一九二七年七月二七日付。
・『定本野口雨情』（全八巻）未来社、一九八五年〜一九八七年。
・野口雨情『全国民謡かるた』普及社、一九二九年。
・野口雨情・創作民謡集『波浮の港』ビクター出版社、一九二九年。
・〈民謡詩人〉一九二八年四月号、民謡詩人社。
・『大雪山のあゆみ』層雲峡観光協会、一九六五年。
・『上川町史』上川町、一九六六年。
・〈旅〉一九三一年七月号（「山を語る座談会」収録）日本交通公社。
・〈朝日新聞〉茨城版、二〇一二年六月一七日付。

第3章　3　「大師堂守、森岡チク」の旭岳霊峰登山

・吉田友吉『吉田友吉の嵐山百科』旭川嵐山ビジターセンター、二〇〇四年。
・〈北海タイムス〉一九八四年八月一日〜一八日付（吉田友吉「大雪縦走」）。

・吉田友吉『中央高地　登山詳述年表稿』（私家版）一九九三年。
・吉田友吉『増補　中央高地　登山詳述年表稿』（私家版）一九九六年。
・吉田友吉〈大正時代　新聞連載　中央高地登山記事集〉一九九六年。
・〈旭川新聞〉一九二三年六月二四日〜七月二日付（「十勝岳探勝記」）。
・〈北海タイムス〉一九二三年八月二四日〜九月二日付（「大雪山　本道山岳の雄たる霊峰の秘を探る」）。
・〈旭川新聞〉一九二六年七月五日〜九日付（小菅雄七「大雪山登山の思ひ出」）。
・石田三三雄編『大雪山のあゆみ』層雲峡観光協会、一九六五年。
・東川町郷土史編集委員会『郷土史　ふるさと東川（Ⅰ　創世編）（Ⅱ　激動編）』東川町、一九九四年。
・証文〈聖徳太子像之件〉一九四三年一一月、好蔵寺保管。
・証文〈聖徳太子祭の由来〉聖徳太子奉賛会、一九六五年七月二八日、好蔵寺保管。
・玉井健吉ら町史編集委員『東旭川町史』東旭川町役場（現・旭川市）、一九六二年。
・記念誌〈東弘寺80年のあゆみ〉一九九六年、東弘寺保管。
・松井國義編集『大日本寺院大鑑　北海道樺太版』恢弘社、一九三八年。
・塩谷忠「松山温泉の開発について」〈寒帯林〉三九号所収、一九五三年。

第3章　4　忠別川の源流を遡って忠別岳へ――石橋恭一郎の探検

・石橋恭一郎「忠別川溯行」〈北大山岳部々報〉第六号所収、北大山岳部、一九三八年九月。
・太田嘉四夫「わが友・石橋恭一郎」〈北の山脈〉四号所収、北海道撮影社、一九七一年。

・石橋恭一郎より筆者宛の書簡（一九七二年ごろ）
・『大雪山積雪水量及び流出調査』経済安定本部資源調査会北海道庁、一九四九年。

第3章　5　砲兵の鎮魂譜

・大雪山国立公園指定五〇周年記念写真集『北海道大雪山』同事業推進協議会、一九八四年。
・『追憶』（副題として、大雪山頂で大砲を撃った兵の鎮魂譜）編集・発行人・砲岳会会員、石原二三朗、初版一九八八年、再版一九九一年。
・示村貞夫・文と構成『旭川明治屋の百年』㈱明治屋、一九八六年。
・〈北海道新聞〉一九八五年四月二十日付夕刊。
・石原二三朗『光と陰　中川一郎最後の電話』（私家版）一九九四年。
・東川町郷土史編集委員会編集『郷土史　ふるさと東川　Ⅱ激動編』東川町発行、一九九四年。
・笹川良江編『「大雪山国立公園」生みの親　太田龍太郎の生涯』、復刊『霊山碧水』（太田龍太郎著）北海道出版企画センター、二〇〇四年。

第3章　6　木文字SOS――旭岳挽歌

・かとうえつろう『歌とともにわが人生』（私家版）一九八八年。
・〈北海道新聞〉一九八九年七月二六～二九日付、八月五日、二七日、一九九一年二月二八日、三月一日。

第4章　1　大雪山の秘境で波瀾万丈——戸川幸夫「山のキバ王」

・〈毎日新聞　夕刊〉一九五六年一二月一三日（社告「新連載物語　山のキバ王」）。
・〈毎日新聞　夕刊〉一九五六年一二月一五日〜一九五七年一二月七日（「山のキバ王」）。
・戸川幸夫『野獣撮影』山と渓谷社、一九七三年。
・戸川幸夫『極北に挑む　白狼物語』潮出版社、一九九〇年。
・戸川幸夫『牙王物語（上・下）』角川書店、一九五七年、一九五八年。
・戸川幸夫『牙王物語（上・下）』国土社、二〇一一年。
・『戸川幸夫動物文学全集（全六巻）』冬樹社、一九六五年。
・〈毎日新聞〉一九五七年一二月一五日付夕刊（「山のキバ王　こぼれ話」）。
・〈毎日新聞〉北海道版、一九五六年一一月三〇日付（「白き神々の座に上りて」）。
・〈毎日新聞〉一九五七年一〇月二〇日付。
・〈読売新聞〉一九五七年一二月一二日付（読書欄・円地文子の書評）
・石川球太『牙王』〈少年マガジン〉講談社、一九六五年五月九日号〜一九六六年三月二七日号。
・『牙王①誕生編、②放浪編、③激闘編』大都社、一九八四年。
・〈毎日新聞〉一九六三年一〇月二一日付。
・戸川幸夫・原作、戸川文《あや》・文、関屋敏隆・型染版画『オホーツクの海に生きる　彦市じいさんの話』ポプラ社、一九九六年。
・戸川幸夫・作、石田武雄・絵『のら犬物語』金の星社、二〇〇六年。

第4章　2　東川町ゆかりの作家——宮之内一平

・木原直彦編『北海道文学散歩Ⅳ　道北編』立風書房、一九八三年。
・宮之内一平第一小説集『造材飯場』（私家版・北方公論社）一九五八年。
・宮之内一平第二小説集『赤い羽根夫人』（私家版・旭川出版社）一九八一年。
・宮之内一平口語短歌集『野草園』（月刊〈豊談〉第244号）旭川豊談クラブ、一九七八年。
・宮之内一平口語短歌集『雑草園』（私家版・旭川出版社）一九九四年。
・宮之内一平随筆集『被写体』（私家版・旭川出版社）一九七一年。
・中山義秀『迷路』共立書房、一九四八年。
・宮之内一平著「冬山の生活者」文藝同人誌〈朔風〉第一三号所収、一九五三年。
・「違星北斗を憶う」〈豊談〉第一七号所収、旭川豊談クラブ、一九五三年。
・宮之内紫乃　歌集『花晨』かぎろひ詩社、一九七七年。
・同人誌〈PETANU　ぺたぬぅ〉No.19、No.20、ぺたぬぅ同人会、二〇一三年、二〇一四年。
・『自然と文化』68（ぼくの日記帳は、カメラだった）勇﨑哲史著「ある写真家の誕生について［飛弾野数右衛門と東川町］」日本観光振興機構、二〇〇一年。

第4章　3　漂泊の画家高本暁堂——大雪山を描く

・深田久弥『日本百名山』新潮社、一九六四年。
・徳久球雄・石井光造・武内正『日本山名事典』三省堂、二〇〇四年。

・『十勝美術史概観』帯広市教育委員会、一九八五年。
・『平原社美術協会四〇周年記念画集』平原社、一九五五年。
・高本暁堂『国立公園　大雪山と渓谷』（私家版）帯広百年記念館蔵。
・高本暁堂『国立公園　大雪山阿寒洞爺勝景大観』（私家版）。
・高本暁堂『国立公園　大雪山阿寒勝景大観』（私家版）。

エピローグ　旭岳――硫黄採掘への道

・『北海道鉱床報文』北海道第二部、一八八八年。
・吉田東伍『増補大日本地名辞書』冨山房、一九〇九年。
・松原岩五郎『日本名勝地誌（第九編北海道之部）』博文館、一八九九年。
・『北海道の金属鉱業』北海道鉱業会、一九五二年。
・〈中央公論〉一九二三年八月号（大町桂月「層雲峡より大雪山へ」収録）中央公論社。
・「東川町古老聴き取り調査報告書」東川町教育委員会、一九八七年。
・『郷土史　ふるさと東川　Ⅱ　激動編』東川町郷土史編集委員会、一九九四年。
・天野市太郎『北海の高峯　大雪山登山案内』日新社、一九四八年。
・山口恵一郎ほか編『日本図誌大系　北海道・東北』朝倉書店、一九八〇年。

執筆者・撮影者（口絵ほか）紹介

清水敏一（しみず・としかず）
1933年、京都に生まれる。1964年、岩見沢に転住。「大雪山房」主宰。
編著書に「大雪山文献書誌」（全４巻）「小泉秀雄植物図集」「知られざる大雪山の画家・村田丹下」「大雪山の父・小泉秀雄」「山岳画家・加藤淘綾―歌と旅の人生」「大町桂月の大雪山―登山の検証とその同行者たち」「小田原と北海道・辻村家の物語」「松浦武四郎研究家　吉田武三私伝」などがある。

西原義弘（にしはら・よしひろ）
1943年、釧路に生まれる。1969年、東川町の女性と結婚して転住。北海タイムス社勤務などを経て、2012年４月、東川町の町史編集専門員。

大塚友記憲（おおつか・ゆきのり）
1979年、千葉県野田市に生まれる。2000年、旭岳温泉・大雪山白樺荘に勤めたことがきっかけで大雪山と出逢い撮影し始める。2009年東京写真学園プロコース科卒業後、再び東川町に戻る。北海道を発信する写真家ネットワーク会員。北海道知事認定アウトドアガイド。
http://yukinori.net

大雪山——神々の遊ぶ庭《カムイミンタラ》を読む　（検印廃止）

2015年２月28日　初版第１刷発行
2017年９月15日　初版第２刷発行

編　者　写真文化首都「写真の町」東川町

発行者　武　市　一　幸

発行所　株式会社　新　評　論

〒169-0051
東京都新宿区西早稲田３-16-28
http://www.shinhyoron.co.jp
電話　03(3202)7391
FAX　03(3202)5832
振替・00160-1-113487

落丁・乱丁はお取り替えします。
定価はカバーに表示してあります。

印刷　フォレスト
製本　松　岳　社
装幀　山田英春

Printed in Japan
ISBN978-4-7948-0996-4